의례 역주 儀禮譯註

색인

【九】

역주자 김용천(金容天)

동국대학교 사학과에서 박사학위 취득. 현재 대진대학교 사학과 교수로 재직.
한대의 종묘제 · 상복례를 중심으로 예학을 연구하고 있다.

역주자 박례경(朴禮慶)

연세대학교 철학과에서 박사학위 취득. 현재 연세대학교 동아시아고전연구소 연구원으로 재직.
역대 예제와 예제 현실의 예경학적 토대에 관한 연구를 진행하고 있다.

역주자 이봉규(李俸珪)

서울대학교 철학과에서 박사학위 취득. 현재 인하대학교 철학과 교수로 재직.
한국유학을 중심으로 동아시아 예학을 연구하고 있다.

역주자 이원택(李元澤)

서울대학교 정치학과에서 박사학위 취득. 현재 동북아역사재단에 재직.
복제 예론을 중심으로 조선시대 정치사상을 연구하고 있다.

역주자 장동우(張東宇)

연세대학교 철학과에서 박사학위 취득. 현재 연세대학교 국학연구원 연구교수로 재직.
조선시대 예송과 상복을 기반으로 『가례』에 대한 연구를 진행하고 있다.

의례 역주【九】 儀禮譯註 九
색인

1판 1쇄 인쇄   2016년 10월 20일
1판 1쇄 발행   2016년 10월 25일

―

역주자 Ⅰ 김용천 · 박례경 · 이봉규 · 이원택 · 장동우
발행인 Ⅰ 이방원

―

발행처 Ⅰ 세창출판사

신고번호 · 제300-1990-63호Ⅰ주소 · 서울 서대문구 경기대로 88 냉천빌딩 4층Ⅰ전화 · (02)723-8660
팩스 · (02)720-4579 Ⅰ http:www.sechangpub.co.kr Ⅰ e-mail: sc1992@empal.com

―

ISBN 978-89-8411-406-7 94380
ISBN 978-89-8411-397-8 (세트)

―

―

이 도서의 국립중앙도서관 출판시도서목록(CIP)은 e-CIP홈페이지(http:www.nl.go.krecip)와 국가자료공동목록시스
템(http:www.nl.go.krkolisnet)에서 이용하실 수 있습니다.(CIP제어번호: CIP2016024885)

의례 역주 儀禮譯註

색인

The Translation and Annotation of "Yili"

【九】

김용천 · 박례경 · 이봉규 · 이원택 · 장동우 역주

세창출판사

　본서는 『의례』 17편의 경문과 이에 대한 최초의 완정한 주석이자 후대 『의례』 주석의 전범이 되었던 '정현鄭玄의 주注'를 함께 우리말로 번역하고 주해한 것이다. 또한 번역과 주해 속에 『의례』의 명물도수名物度數에 관한 도상圖象, 정현의 주석을 둘러싸고 일어났던 예학사 상의 논쟁점, 새롭게 보완된 후대의 주요한 주석 등을 함께 정리함으로써 독자들로 하여금 본 번역을 통해 『의례』와 그 주석사의 맥락을 이해할 수 있도록 하는 데에 주안점을 두었다.

　『의례』는 한초漢初 고당생高堂生으로부터 전승된 것으로, 후에 『예기』, 『주례』와 더불어 '삼례三禮'로 칭해지게 되었다. 후한 말 정현이 『삼례목록三禮目錄』을 작성할 당시 『의례』의 전본傳本에는 '대대본大戴本', '소대본小戴本' 그리고 유향劉向의 '『별록別錄』본本' 등이 있었다. 정현은 '『별록』본'에 의거하여 주석 작업을 하였고, 이것이 오늘날 우리가 보는 『의례』 17편이다.

　정현 '의례 주'의 특징으로는 '훈고訓詁'의 측면에서 ① 여러 이본異本들을 대조하여 글자에 대한 교감을 가하였고, ② 전·후한 시대 금문학파의 번쇄한 주석방식에서 벗어나 여러 학설을 망라하면서도 핵심적인 논점을 중심으로 종합하여 관통시키는 '회통會通'의 방식을 취하였으며, ③ 간략하면서

도 심오한 기록 탓에 난해하였던 고례古禮의 행례 절차와 배경들을 구체적으로 이해할 수 있게 하였다는 점을 들 수 있다. 이와 함께 '의리義理'의 측면에서 보면, ① 외형적 행례 절차를 기록한 '경문'을 가시적으로 형상화시키면서 동시에 경문의 행례 과정이 담고 있는 예학적 의미를 밝혀냈고, ②『의례』외에『주례』와『예기』등 '삼례서三禮書' 전체에 대한 주석 작업을 통해 정현 자신이 도달한 성찰, 즉 고례의 원리와 체계에 대한 구조적 성찰을 반영시킴으로써 고대 예학의 세계상을 이해할 수 있게 하였다. 말하자면 정현의 주는 '삼례'의 원융한 예의 체계를 구축하고, 그 체계 속에 모든 경서를 정합적으로 포괄한다는 정현의 학문적 영위의 일환으로 저술되었던 것이다. 후대에 '예학禮學은 정학鄭學'이라고 칭해질 정도로 정현의 삼례주三禮注는 중국 고대 예학 연구의 토대가 된다. 정현의 주석에 의거함으로써 우리는 비로소 '난독지서難讀之書'・'망이생외望而生畏'로 알려진『의례』에의 접근이 가능하게 된 것이다.『의례』의 경문과 더불어 '정현의 주'를 함께 번역하게 된 이유가 여기에 있다.

최근 한・중・일 동아시아 3국에서 예학연구는 새로운 각도에서 조명받는 학문영역 가운데 하나이다. '근대의 망루'에서 '예'는 동아시아 근대화를 가로막는 사상적 근원이자 제도적 고착으로서 비판받았다. 그러나 근대 자체가 상대화된 이후 이제 오리엔탈리즘의 시각에서 벗어나 그 '예'의 실체가 무엇이었으며 그것으로 지탱되던 전통시대 사회시스템의 실체는 어떠했는지를 객관적으로 구명하고자 하는 것은 시대적 요구가 되고 있다. 학문적 차원에서도 조선시대의 예송논쟁뿐 아니라 국가전례의 구체적 실상, 조선과 중국의 종묘제론, 종법론, 상복제도 나아가 일반 생활사의 영역에서도 예학에 대한 관심이 고조되고 있고, 새로운 시야가 개척되고 있다. 이러한 연구는 당연히 의식의 구체적 행위절차를 규정한『의례』에 대한 접근을

선행 조건으로 해야 하며, 따라서 엄밀한 학문적 차원에서『의례』등 주요한 예서를 역주하는 작업이 바탕이 되어야 할 것이다.

본서는 리쉐친(李學勤) 주편 십삼경주소정리본十三經注疏整理本『의례주소儀禮注疏』(北京, 北京大學出版社, 2000)를 저본으로 삼아 번역한 것이다. 이 저본은 가장 최근에 간행된『의례』본으로『의례』의 경문, 정현의 주, 가공언의 소를 단락별로 제시하였을 뿐 아니라, 다양한 판본에 대한 치밀한 교감이 이루어져 있기 때문이다. 우리말 번역에서도 표점은 기본적으로는 이 저본의 표점 원칙을 수용하였지만, 현재 우리나라에서 진행되는 각종 정본 사업의 표점 원칙을 반영하였고, 또 옮긴이들의 관점에서 필요한 표점 방식을 만들어내어 적용하였으며, 인용부호, 강조점 등은 우리말 어법에 맞추어 바꾸었다. 리쉐친『의례주소』본의 표점에 오류가 있는 경우 역시 정정하였다.

옮긴이들은 정현의 주에 의거하여 경문을 번역하는 방식을 취하였는데, 정현의 해석은 매우 간오簡奧하기 때문에 한대의 언어학적 맥락을 짚어내지 못한다면 그 행간에 담긴 함의를 간취하기 어려운 측면도 있다. 따라서 경문과 정현의 주에 대한 후대 주석가들의 해석을 동원하지 않을 수 없는데, 이 점에서 청대 호배휘胡培彙의『의례정의儀禮正義』는 매우 유용한 정보를 제공해 준다. '표준적 해석'이라는 뜻에 걸맞게『의례정의』에는 송대의 오계공敖繼公·이여규李如圭를 비롯해서 명대의 장이기張爾岐, 청대의 오정화吳廷華·채덕진蔡德晉·저인량著寅亮·호광충胡匡衷 등 역대 주석가들의 논점을 정합적인 논거와 비판적인 안목으로 각각의 정현 주 아래에 덧붙여 소개하고 있다. 약간 번잡한 느낌이 없는 것도 아니지만, 이들 후대 주석가들의 논점을 주석에 상세히 정리함으로써,『의례』해석의 시대적·역사적 변화를 드러낼 수 있도록 함과 동시에, 해석의 정확성을 최대한 높이고자 하였다. 또한 매 편의 표제 아래에 정현의『삼례목록』을 번역하여 넣음으로

써『의례』17편에 실린 각 의례의 역사적 연원을 이해할 수 있도록 하였다. 그리고 각각의 행례 절차가 시작되는 앞머리에 의례의 연원 및 의미, 그리고 각 의례의 행례 장소와 전반적인 행례 과정에 대한 간략한 개요를 제시하여 '해제'로 붙임으로써, 복잡한 각각의 의례 절차와 의의를 일목요연하게 파악한 후 본문 이해에 들어갈 수 있도록 하였다.

『의례』는 상대적으로 예의 이론적 측면을 논하는『예기』와 달리 구체적 의식 절차를 기록한 매뉴얼이다. 따라서 그 번역은 단순히 우리말로 옮기는 것뿐 아니라, 그것의 실체를 입체적이고 구조적으로 이해할 수 있도록 궁실, 의복, 기물, 건축물 등 명물도수名物度數들에 대한 도상圖象과 도해圖解를 제시할 필요가 있다. 따라서 본 번역에서는 송대 양복楊復의『의례도儀禮圖』·섭숭의聶崇義의『삼례도三禮圖』, 명대 유적劉績의『삼례도三禮圖』, 청대의『흠정의례의소欽定儀禮義疏(禮器圖)』·장혜언張惠言의『의례도儀禮圖』·황이주黃以周의『예서통고禮書通考』등에 수록된 도상과 도해뿐 아니라 양톈위(楊天宇), 이케다 스에토시(池田末利), 다니다 다카유키(谷田孝之) 등 현대『의례』연구자들의 성과물을 적극적으로 활용하였다.

'번역'이란 원문의 의미를 손상시키지 않고 타국의 언어로 이를 고스란히 되살려 내는 작업일 뿐 아니라 비전공자들도 쉽게 읽을 수 있도록 가독성을 높여야 한다는 상호 모순을 해소하는 과정이기도 하다.『의례』와 같은 고문헌을 번역할 때에는 그러한 고심이 더욱 깊어질 수밖에 없는데, 특히 제기 등 기물의 명칭을 어떻게 우리말로 옮길 것인가를 두고 번역과정에서 여러 논란이 있었다. 가령 '변籩'과 '두豆'의 경우, '변'과 '두'로 옮기는 것이 가장 정확한 번역일 수 있지만,『의례』안에는 수많은 제기, 궁실, 건축물, 의복, 음식 등의 명칭이 등장하는데 이를 모두 원래의 명칭 그대로 표기하게 될 경우, 번역문은 거의 기호의 나열이나 다름없어 가독성에 심각한 문제가 발

생할 것으로 판단하였다. 이에 따라 본 번역에서는 명물名物에 대한 정현의 해석과 각종 문헌의 기록에 의거하여 그 기물의 특징과 성격을 드러낼 수 있는 적절한 우리말로 표기하기로 하였다. 정현은 '변籩'에 대해 "변은 대나무로 만든 제기이다"(『周禮』, 「天官·籩人」, "籩,竹器"), "말린 고기를 올릴 때에는 변을 사용하는데, 변은 말린 음식을 담는 데에 적당하다"(『儀禮』, 「鄕射禮」, "脯用籩, 籩宜乾物")고 하였고, '두豆'에 대해서는 "고기 젓갈을 올릴 때에는 두를 사용하는데, 두는 젖은 음식을 담는 데에 적당하다"(『儀禮』, 「鄕射禮」, "醢以豆, 豆宜濡物也")고 하였다. 또 『이아爾雅』「석기釋器」에서는 "나무로 만든 제기를 두라 하고, 대나무로 만든 제기를 변이라 한다"(木豆謂之豆, 竹豆謂之籩)고 하였다. 이에 따르면 '변'과 '두'는 그것을 만드는 재료의 측면에서는 '대나무'와 '나무'라는 차이가 있고, 기능적인 측면에서는 '말린 음식을 담는 제기'와 '젖은 음식을 담는 제기'라는 차이가 있다. 이러한 해석에 의거하여 본 번역에서는 '변'을 '대나무제기', '두'를 '나무제기'로 각각 표기하였다.

옮긴이들이 처음 『의례』 번역에 관심을 갖기 시작한 것은 1998년부터였다. 이봉규, 장동우, 이원택 그리고 김용천은 중국 고대철학, 다산 정약용, 조선시대 정치사상사, 중국 고대사 등 각자의 구체적 전공분야는 달리하였지만, 모두 '예학'을 학문의 밑바탕으로 하고 있어 자연스레 모임이 결성되었다. 당시에는 '상례'에 대한 관심이 고조되어 『의례』 「상복」의 번역으로 시작했지만, '삼례서'의 번역을 평생의 업으로 삼아보는 것이 어떻겠느냐는 이봉규 선생의 제안에 따라 청명문화재단의 지원 아래 『예기』 번역에 본격적으로 뛰어들었고, 모임의 이름도 '삼례사락三禮四樂'이라 하였다. 2005년에는 『예기』 전공자인 박례경 선생의 합류로 공부의 즐거움은 배가되었고, '삼례사락'은 '삼례역락三禮亦樂'으로 바뀌었다. 그리고 보면 우리의 공부 모임도 벌써 15년이라는 짧지 않은 세월이 흐른 셈이 되며, 초창기에 비하면

내공도 적지 아니 깊어진 느낌이다. 『예기』의 번역 초고가 마무리 될 즈음, 2008년도에 본서가 한국연구재단의 '명저번역과제'로 선정됨으로써, '삼례서'의 두 번째 작업 『의례』의 번역을 개시하였던 것이다.

예서의 번역은 매주 금요일마다 연세대학교에서 '삼례역락' 모임을 갖고 미리 번역된 초고를 상호 토론하고, 수정하는 과정을 거쳤다. 그러나 난해한 구절이 등장할 경우 한 문장에 대한 해석을 놓고 몇 시간에 걸쳐 논쟁을 벌이는 경우도 다반사였고, 게다가 『의례』의 경우 번역 분량이 워낙 방대한 탓도 있어 이러한 방식으로는 주어진 기간 내에 완역은 불가능하였다. 따라서 모임에서는 용어의 통일 및 문체의 일관성을 유지할 수 있도록 초고에 대한 전반적인 검토 수준에 멈추고, 각자의 전공과 관련된 편들을 배당하여 번역하는 방식을 택하였다. 작업의 분담은 김용천 :「사관례」1 ·「연례」6, 「빙례」8 ·「상복」11 ·「유사철」17, 박례경 :「사혼례」2 ·「사상견례」3 ·「향음주례」4 ·「공사대부례」9 ·「근례」10 ·「특생궤사례」15, 이원택 :「향사례」5 ·「대사의」7, 장동우 :「사상례」12 ·「기석례」13 ·「사우례」14이며, 후에 참여하여 번역에 활기를 불어넣어주신 이봉규 선생께서는 「소뢰궤사례」16의 번역과 더불어 '『의례』 해제'의 집필을 맡아주셨다.

이제 기나긴 번역의 고투 과정을 마치고 탈고를 앞두고 있다. 한국연구재단의 최종 보고 이후 번역문 전체의 체계와 통일성을 기하기 위해 거의 매일같이 연구실의 불빛을 밝히고 몰두하면서 나름대로 열심히 하였다고 자부하지만, 여전히 '망문생의望文生義'의 엉뚱한 오역이 없으리라 장담하지 못하는 불안감도 감출 수 없다. 사계의 질정을 기다리며, 예학 전공자들의 연구에 조그마한 보탬이라도 되었으면 하는 마음뿐이다. 본서를 명저번역과제로 선정해 주고 경제적 지원까지 아끼지 않았던 한국연구재단 관계자 분들께 감사의 말씀을 드린다. 번역과정에서 복식과 관련하여 교열과 많은

자문을 해 주신 최규순 교수님께 고마움의 마음을 표한다. 예정보다 원고의 완성이 늦어져 마음으로 무척 초조했을 텐데도 옮긴이들에게 아무런 압박(?)도 가하지 않고 묵묵히 기다려주신 세창출판사 김명희 실장님께도 미안함과 고마움의 마음을 전한다. 투박한 박석璞石의 문체를 꼼꼼한 교열과 윤문으로 깔끔하게 다듬어 옥조玉藻로 탈바꿈시켜 준 송경아 선생에게 누구보다 고맙다는 말을 전하고 싶다.

2012년 11월 12일

늦가을의 향기 그윽한 왕방산 아랫자락 연구실에서

번역자를 대표하여 김용천 씀

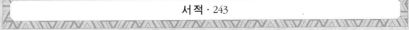

○ 본 번역의 대본은 2000년 12월 북경대학출판사北京大學出版社에서 간행한 리쉐친李學勤 주편,《십삼경주소정리본十三經注疏整理本》가운데『의례주소儀禮注疏』이다.『의례儀禮』경문과 함께 한漢 정현鄭玄 주注와 당唐 가공언賈公彦 소疏가 수록되어 있다. 청淸 완원阮元의 십삼경주소교감기十三經注疏校勘記를 저본으로 하고 손이양孫詒讓의 십삼경주소교기十三經注疏校記, 십삼경청인주소十三經淸人注疏의 성과들을 반영한 교감기가 부기되어 있다.

○ 번역에 가장 많이 참고한 서적은 1993년 7월 강소고적출판사江蘇古籍出版社에서 간행한 청淸 호배휘胡培翬 찬撰,『의례정의儀禮正義』이다.『의례』와 관련된 청대까지의 주요 연구 성과들을 망라하여 경문과 정현 주에 대한 이해를 돕고, 주소에 대한 논리적인 해명과 비판의 근거들을 제시한 저작이다. 번역본에서는 해당 경문의 번역에 직접적인 근거가 될 만한 학설이나 비판적인 이견 등이 있을 경우, 주석에서 직·간접의 형태로 번역하여 인용, 소개하였다.

○ 번역에서 경전이나 제자서諸子書 등을 인용할 경우에는, 인용문을 번역하고 괄호 안에 인용문의 한문 원문을 수록하였다.

○ 본 번역서에 수록된 도상圖象 자료는, 의례도儀禮圖의 경우 기본적으로 청淸『흠정의례의소欽定儀禮義疏』「예절도禮節圖」를 매 편마다 단락별 해제 앞에 수록하였고, 의례의 동선이나 위치 표현이 부족할 경우에는 송宋 양복楊復의『의례도(의례방통도)儀禮圖(儀禮旁通圖)』, 청淸 장혜언張惠言의『의례도儀禮圖』등을 보완적으로 수록하였다. 경문과 정현 주, 각주에 서술된 각 명물도수名物度數에 관한 도상은 송宋 섭숭의聶崇義의『삼례도三禮圖』와 2006년 청화대학출판사淸化大學出版社에서 간행한 정안丁晏 교점·해설의『신정삼례도新定三禮圖』, 청淸『흠정의례의소』「예기도禮器圖」, 청淸 황이주黃以周의『예서통고禮書通考』에서 해당 도상을 찾아서 수록하였다. 이 밖에도 1998년 강소고적출판사江蘇古籍出版社에서 간행한 첸쉬안(錢玄)의『삼례사전三禮辭典』, 이케다 스에토시(池田末利)의『의례儀禮』, 1994년 상해고적출판사上海古籍出版社에서 간행한 양톈위(楊天宇)의『의례역주儀禮譯注』, 최규순崔圭順의『중국역대제왕면복연구中國歷代帝王冕服研究』, 쑨지孫機의『중국고여복논총中國古輿服論

叢」과『한대물질문화자료도설漢代物質文化資料圖說』, 가오밍첸高明乾의『고식물한명고古植物漢名圖考』등 오늘날 예학 연구자들의 저작에서도 보완이 될 만한 도상들을 추출하여 수록하였다.

○ 용어의 번역은 가독성을 위해 가능한 한 우리말로 번역하고 괄호 안에 원문 용어를 병기하는 것을 원칙으로 하였다. 예) 대나무제기(籩), 고기국물(湆), 당 위 서쪽 벽(西序).

○ 문장의 번역은 통일성을 위해 반복적으로 등장하는 행례 과정 등은 일정한 문장으로 정형화하여 통일하는 것을 원칙으로 하였다. 예) 再拜稽首 : 머리를 바닥에 대면서 재배를 한다. 再拜送摯 : 예물을 보내준 후에 재배를 한다.

○ 본 번역에서 교감에 이용한 판본은 다음과 같이 표기한다.
宋宋 엄주嚴州 단주본單注本은 '엄본嚴本', 번각翻刻 송宋 단주본은 '서본徐本', 명明 종인걸鐘人傑의 단주본은 '종본鐘本', 이원양李元陽의 주소본注疏本은 '민본閩本', 명明 국자감國子監 주소본은 '감본監本', 급고각汲古閣 주소본은 '모본毛本', 육덕명陸德明의『경전석문經典釋文』은『석문釋文』, 장순張淳의『의례지오儀禮識誤』는 '장씨張氏', 이여규李如圭의『의례집석儀禮集釋』은『집석集釋』, 주희朱熹의『의례경전통해儀禮經典通解』는『통해通解』, 위료옹魏了翁의 초본抄本『의례요의儀禮要義』는『요의要義』, 양복楊復의『의례도儀禮圖』는 '양씨楊氏', 오계공敖繼公의『의례집설儀禮集說』은 '오씨敖氏'로 각각 표기한다.

○ 본 번역본은『의례』17편의 내용상 의례범주와 번역분량을 고려하여 모두 여덟 권으로 나누고, 색인편을 별도의 한 책으로 엮었다. 1권은「사관례」(제1),「사혼례」(제2),「사상견례」(제3)이다. 2권은「향음주례」(제4),「향사례」(제5)이다. 3권은「연례」(제6),「대사의」(제7)이다. 4권은「빙례」(제8)이다. 5권은「공사대부례」(제9),「근례」(제10)이다. 6권은「상복」(제11)이다. 7권은「사상례」(제12),「기석례」(제13),「사우례」(제14)이다. 8권은「특생궤사례」(제15),「소뢰궤사례」(제16),「유사철」(제17)이다.

색인

용어

ㄱ

가筓 ②-293, 435, 489 ③-419

가嫁 ⑥-36, 184

가각중앙횡목왈궐加脚中央橫木曰麣
⑧-301

가거지마駕車之馬 ⑦-259

가현加見 ⑦-342

가경加扃 ⑦-132

가경어멱상加扃於冪上 ⑦-132

가계假紒 ⑧-310

가곡嘉穀 ④-105

가관加冠 ①-163, 206

가관어동서加冠於東序 ①-206

가기어대부假器於大夫 ④-418

가느다란 갈대(細葦) ⑤-143

가는 갈대자리(崔席) ④-150

가는 베(錫) ③-271

가는 칡베(絺) ③-271

가늘고 성긴 베(繐布) ⑥-196

가늘고 성긴 베로 만든 신발(繐屨)
①-249

가도假道 ④-58

가두加豆 ⑧-333

가례家禮 ①-23

가례嘉禮 ①-29, 32, 73, 273
③-19, 251 ⑤-19

가례加禮 ④-333, 340

가례합인호嘉禮合姻好 ③-252

가로막대(扃) ①-209, 306 ⑤-30,
53 ⑧-75, 392

가륭加隆 ⑥-127

가리假吏 ①-83

가마솥(鑊) ①-201 ⑧-61, 269

가명嘉命 ①-415

가모嫁母 ⑥-94

가무이존家無二尊 ⑥-51

가무제어기상加膴祭於其上 ⑧-443

가방家邦 ②-106, 257

가법家法 ①-26

가벽加璧 ⑤-195

가변加籩 ⑧-568, 573

가변두加籩豆 ④-434

가변지실加籩之實 ⑧-568

가보嘉甫 ①-245

가복加服 ⑥-78, 218

가빈嘉賓 ⑧-202

가사加柶 ①-175, 354

가상家相 ①-96 ⑥-37

가색稼穡 ⑧-111

가생간합歌笙間合 ②-460

가석加席 ②-157, 159, 248 ③-29,
　40, 275 ⑤-95

가석加席 → 덧까는 자리

가석加席 → 위에 까는 자리

가선(純) ①-247

가선(緣) ①-247 ②-474

가소본賈疏本 ⑥-40

가슴걸이(纓) ⑦-418

가슴걸이 끈(纓) ⑦-259

가신家臣 ①-478 ②-213
　④-223 ⑧-249, 518

가신의加新衣 ⑦-358

가어대부嫁於大夫 ⑥-158

가어부항嫁於父行 ⑥-180

가어자항嫁於子行 ⑥-180

가오종歌五終 ②-413

가우기加于斤 ⑧-326

가우기횡지加于斤橫之 ⑧-325

가우복加于楅 ②-325

가우저두加于葅豆 ⑧-337

가우조加于俎 ⑧-350

가운데손가락(將指) ③-420

가원복加元服 ①-236

가이궁加弛弓 ②-378

가자架子 ⑧-213

가작加勺 ①-204, 397

가작嘉爵 ①-242

가작加爵 ⑧-156, 388, 541

가작자작지작加爵者作止爵 ⑧-166

가장 위쪽의 찰기장 밥그릇(上敦黍)
　⑧-321

가재家宰 ①-96

가절각지加折卻之 ⑦-344

가조加俎 ⑧-411, 422

가조석화준加繅席畫純 ⑤-155

가조제지加俎嚌之 ①-212

가죽(皮) ④-141

가죽골무(極) ③-420

가죽과 비단(皮帛) ①-380

가죽신발(皮屨) ①-249

가중성구작歌衆聲俱作 ③-165

가찬加饌 ①-35 ④-103 ⑤-93

가찬을 담은 세발솥(陪鼎) ④-230

가채(次) ①-319, 392

가천嘉薦 ⑦-535, 564 ⑧-79, 309

가천嘉薦 → 맛난 음식

가천단시嘉薦亶時 ①-239

가천영방嘉薦令芳　①-237

가천이포嘉薦伊脯　①-240

가추석심加萑席尋　④-151　⑤-143

가풍송시歌諷誦詩　③-141

가회加灰　⑥-46

각로角胳　②-173, 502　⑦-480
　⑧-144, 229

각로角胳 → 뒷다리 뼈의 중앙 부위

각角　⑧-106

각角 → 뿔

각고角觚　③-70

각사角柶　①-125, 140, 292　⑦-30,
　366

각사角柶 → 뿔 숟가락

각사角柶 → 뿔로 만든 숟가락

각사승角四升　⑧-207

각수卻手　②-335

각우기서卻于其西　⑤-71

각우대남卻于敦南　⑧-78

각우수집비방卻右手執匕枋　⑧-430

각위민角爲民　③-388

각이기작各以其爵　④-428

각좌수卻左手　③-444

각치角觶　③-101, 312　⑦-384

각행사시各行四矢　②-319

간肝　①-339

간間　②-102　③-160

간幹　③-34, 94　⑦-479　⑧-94

간干　⑦-278

간干 → 방패

간肝　①-339　⑧-107, 564

간가間歌　②-102, 150, 257, 260,
　459, 460　③-160, 164

간가삼종間歌三終　③-166

간곡鳱鵠　③-259, 260

간곡간식鳱鵠鳱飾　③-258

간곡지래鳱鵠知來　③-260

간기병여말刊其柄與末　⑦-467

간난艱難　⑦-216

간뇌종肝牢從　⑧-350

간료肝膋　③-174

간문間問　④-450

간병하는 자(養者)　⑦-358

간본척刊本尺　②-510

간약일間若一　②-413　③-477

간역육보間亦六步　④-196

간염병肝鹽并　⑦-486

간오십干五十　③-257

간용인間容人　⑤-84

간자肝炙　①-339　⑧-107

간자肝炙 → 구운 간

간조肝俎　⑦-447

간조肝俎 → 구운 간을 담은 희생제기

간책簡策　④-361　⑦-306

간후豻侯 ③-258

갈髬 ⑦-148

갈대葛帶 ⑦-549

갈대광주리(筥) ③-420

갈두髬豆 ⑦-148

갈비뼈(脅) ②-173, 478

갈비뼈 뒤쪽 부위(短脅) ⑧-349

갈비뼈의 뒤쪽 부위(短脅) ⑧-277,
  355

갈비뼈의 앞쪽 부위(代脅) ⑧-277,
  355

갈비뼈의 중앙 부위(正脅) ⑧-277,
  355

갈질葛絰 ⑥-175 ⑦-548

갈질대葛絰帶 ⑥-247

감고사敢固辭 ①-461, 470

감고이청敢固以請 ①-417

감례유후甘醴惟厚 ①-237

감미군물甘美君物 ③-79

감배사명敢拜賜命 ③-217

감본監本 ①-48

감부종敢不從 ①-471

감불승명敢不承命 ①-421 ④-295

감사敢辭 ①-416

감사지敢辭摯 ①-460

감숙敢宿 ⑧-260

감신령이생感神靈而生 ⑥-109

감이예고敢以禮告 ①-427

갑甲 ⑦-278

갑甲 → 갑옷

갑옷(甲) ⑦-278

강綱 ②-204, 209 ③-410

강杠 ②-492 ⑦-50

강絳 ①-134

강絳 → 진홍색

강계降階 ①-166

강계지설薑桂之屑 ⑦-276

강관降盥 ②-43 ③-65 ⑧-418

강기소종降其小宗 ⑥-109

강당降堂 ①-375 ⑤-132

강렵剛鬣 ⑦-534 ⑧-79, 309

강렵剛鬣 → 돼지고기

강룡降龍 ⑤-221

강무전講武田 ②-315

강배降拜 ③-320

강복降服 ⑥-80

강사여초降辭如初 ②-71

강삼등降三等 ①-171 ③-386

강석降席 ②-48, 224, 436 ③-68

강세降洗 ②-39, 382 ⑧-486

강수江水 ⑦-57

강연降筵 ①-177, 181, 207
  ⑧-475

강유지의剛柔之義 ①-325

강음강식强飲强食 ③-459

강의降衣 ⑦-25

강의우전降衣于前 ⑦-25

강이등降二等 ①-168

강일剛日 ⑦-537

강일剛日 → 홀수의 날짜

강자남방降自南方 ②-182

강자서계降自西階 ①-322

강장삼인杠長三仞 ②-492

강전降奠 ⑦-266

강지置地 ⑥-55

개(狗) ③-220

개介 ①-111 ②-21, 439

개个 ②-508

개閤 ③-362

개鎧 ⑦-278

개蓋 ④-229 ⑦-279

개蓋 → 뚜껑

개가죽(犬皮) ⑦-397

개개유희介皆有餼 ④-59

개거介距 ⑧-295

개궁蓋弓 ⑦-399

개단결수皆袒決燧 ②-295, 333, 339, 342, 377, 385, 399, 400, 403, 426

개독開櫝 ④-73

개멱蓋冪 ⑤-152

개멱蓋羃 ⑧-290

개미 알(蛾子) ④-232

개부자작介不自酌 ②-72

개성석경開成石經 ①-63

개소이전명介紹而傳命 ④-114

개수중빈介酬衆賓 ②-126

개승하체皆升下體 ⑧-349

개안蓋案 ⑦-276

개여대후지례皆如大侯之禮 ③-461

개여빈례皆如儐禮 ⑧-587

개여삼우皆如三耦 ③-474

개여숙복皆如宿服 ①-110

개여승거皆如乘車 ⑦-400

개여시례皆如尸禮 ⑧-472

개여주인皆如主人 ⑧-132

개여초皆如初 ⑧-133, 169, 293

개여초의皆如初儀 ⑧-169

개여하대부준皆如下大夫純 ⑤-155

개여향배皆如饗拜 ⑤-131

개여환옥례皆如還玉禮 ④-291

개유사皆有柶 ⑧-323

개유주皆有酒 ⑧-323

개이경복介爾景福 ①-232

개작주인介酢主人 ②-71

개장改葬 ⑥-256

개장芥醬 ⑤-86

개장芥醬 → 겨자 장

개장시改葬緦 ⑥-256

개지부심漑之釜鬵 ⑧-61

개직이순皆直而順 ⑧-410

개취일개협지改取一个挾之 ③-374

개탁제기漑濯祭器 ⑧-253

개하祴夏 ②-153

개행皆行 ④-220

객례客禮 ④-171

객배예사客拜禮賜 ④-296

객사客舍 ④-76

객삼사客三辭 ④-221

객시지소치례客始之所致禮 ④-102

객약강등客若降等 ④-255

객위客位 ①-225, 257

객입문이좌客入門而左 ①-149

객취서계客就西階 ①-149

갱羹 ②-210 ④-417 ⑤-29

　⑦-518 ⑧-53, 276

갱羹 → 고깃국

갱기羹器 ④-212

갱서更筮 ①-97

갱임羹飪 ④-417 ⑦-510, 511

　⑧-53

갱자중별羹葅中別 ⑤-84

갱정羹定 ②-33, 210 ③-277

　⑧-276

갸자(㭚) ⑧-47

거筥 ①-350 ④-62, 216 ④-87

거筥 → 둥근 대광주리

거腒 ①-465

거腒 → 말린 꿩고기

거虡 ②-259 ③-34, 156

거虡 → 악기걸이

거距 ②-490

거擧 ②-84 ⑧-72, 94, 378, 407,

　561

거袪 ⑥-266

거袪 → 소맷부리

거炬 ⑦-225

거拒 ⑧-295

거車 ⑤-205

거각擧胳 ⑦-480

거간擧肝 ⑧-162

거간擧幹 ⑧-93, 327

거견擧肩 ⑦-480

거경래역숙희莒慶來逆叔姬 ⑥-162

거계사이계去笄纚而紒 ⑦-124

거계이사去笄而纚 ⑦-125

거관居官 ①-497

거관이거去官而居 ①-522

거당원근去堂遠近 ③-258

거란車欄 ④-302

거려擧旅 ③-127, 317

거령車笭 ①-141 ⑦-267

거령車笭 → 수레 다래끼

거로萊蘆 ①-350

거로(萊) ①-350

거무구안居無求安 ⑤-98

거미시생뢰車米視生牢 ④-98

거백옥蘧伯玉 ④-197

거복去扑 ②-368, 395

거복車服 ⑤-204

거부擧膚 ⑧-378

거사의去死衣 ⑦-23

거상居喪 ①-36 ④-270

거상車箱 ⑦-293

거상지복居喪之服 ①-203

거수距隨 ②-490

거수미擧獸尾 ⑧-52

거수장무距隨長武 ②-489

거시뇌격擧尸牢骼 ⑧-327

거악실居堊室 ⑦-177

거위폐척擧謂肺脊 ⑧-94

거의려居倚廬 ⑦-177

거자불관擧者不盥 ⑧-407

거작擧爵 ⑧-544

거장去藏 ③-488

거전擧奠 ⑧-161, 162

거전예종擧前曳踵 ①-519

거정擧旌 ②-315, 393

거정擧鼎 ①-222 ⑤-67 ⑦-460
⑧-289, 407

거정이궁擧旌以宮 ②-315 ③-385

거제去蹄 ①-306 ⑦-118

거조묘문車造廟門 ④-294

거종車從 ⑤-147

거종중앙車從中央 ⑤-147

거진去塵 ⑦-246

거초擧燋 ③-492

거최역관去衰易冠 ④-335

거치擧觶 ②-83, 242, 435 ⑧-171

거치불수擧觶不授 ②-85

거치어기장擧觶於其長 ⑧-166

거치우빈擧觶于賓 ②-83, 242

거치우장형제擧觶于長兄弟 ⑧-166

거치자擧觶者 ②-242, 243, 438

거친 짚신(疏屨) ⑥-70

거친 칡베(綌) ③-27

거폐擧肺 ①-306 ⑤-77 ⑦-511
⑧-231, 277, 278

거폐擧肺 → 중앙 부위를 조금 남기고
자른 허파

거피擧皮 ④-181, 185

거후去侯 ②-412

건巾 ①-308 ⑦-366 ⑧-63, 283

건巾 → 덮개

건거巾車 ③-259, 461 ④-419

건고建鼓 ③-265

건녕본建寧本 ①-51

건대백建大白 ⑦-262

건료乾橑 ⑧-573

건멱巾冪 ②-175

건묘建卯 ⑤-230

건본建本 ①-51

건사建柶 ①-177, 355 ④-157

건사建柶 → 숟가락을 꽂는다

건사순조巾柶鬠蚤 ⑦-95

건상본巾箱本 ①-52

건설조사建設朝事 ⑧-310

건양본建陽本 ①-51

건어(魚) ①-306 ④-100

건어乾魚 ⑤-57

건어근유乾魚近腴 ⑤-57

건육乾肉 ①-209 ⑧-397

건육乾肉 → 말린 희생고기

건육절조乾肉折俎 ①-209 ⑦-543

건육절조乾肉折俎 → 말린 희생고기
　　를 잘라서 올려놓은 희생 제기

건이병지乾餌餅之 ⑧-490

건인建寅 ⑤-230

건자建子 ⑤-230

건작乾鵲 ③-262

건전巾奠 ⑦-419

건전내장巾奠乃牆 ⑦-267

걸러 낸 맑은 예주(淸) ①-194

걸사乞師 ④-24

걸어 둔 악기(縣) ③-154

검煔 ⑧-573

검붉은 무릎가리개(爵韠) ①-119
　　⑧-203

검붉은 색 → 추緅

검은 베로 가선 장식을 한 부들자리
　　(蒲筵) ③-29

검은 빛의 대나무 지팡이(杖) ⑥-21

검은 빛의 암마를 꼬아서 만든 허리
　　띠(絞帶) ⑥-21

검은색 → 현玄

검은색 끈목으로 만든 관끈(緇組紘)
　　①-121

검은색 머리싸개(緇纚) ①-121

검은색 무릎가리개(緇韠) ⑧-202

검은색 베로 만든 웃옷(玄端) ③-219

검은색 비단 웃옷(純衣) ①-116

검은색 비단으로 가선 장식을 한 허
　　리띠(緇帶) ①-80, 117 ⑧-202

검은색 비단으로 만든 관(玄冠)
　　③-219

검은색 비단의 가선 장식을 한 허리
　　띠(緇帶) ③-219

검은색 웃옷(玄衣) ①-320

검은색의 비단 웃옷(純衣) ①-392

검은색 치마(緇裳) ①-278

검은색 치마(玄裳) ①-119 ⑧-203

검은 칠을 한 안석(漆几) ④-150

검지(食指) ②-493

겉옷(景) ①-323

겉옷(上衣) ④-127

겨자 장(芥醬) ⑤-86

격사 紹 ①-310 ⑦-74 ⑧-207, 208

격사 紹 → 거친 칡베

격격 搿 ⑥-25, 26

격격 擊 ⑧-268

격격 骼 ⑧-95, 277, 421, 493

격격 骼 → 뒷다리 뼈의 중앙 부위

격격 鬲 → 솥

격멱 紹幂 ①-310 ②-170, 474

격서 擊筮 ⑧-250

격시 擊豕 ⑧-268

격자창(櫺) ①-141

격장 隔墻 ④-132

격정 擊征 ③-262

격지이동기신 擊之以動其神 ⑧-250

견견 肩 ①-82, 91 ②-478 ⑦-480
　⑧-96, 277, 334, 421

견견 肩 → 앞다리 뼈의 위쪽 부위

견견 見 ⑦-342

견견 見 → 관장식

견견 繭 → 누에옷

견두 肩頭 ⑦-366

견마 牽馬 ④-169, 170

견복 犬服 ⑦-397

견속사구 犬屬司寇 ⑧-273

견우모 見于母 ①-209

견전 遣奠 ⑦-275, 311, 318

견책 遣策 ⑦-331

견촉어부 見鏃於柎 ③-362

견피 犬皮 ⑦-397

견피 犬皮 → 개가죽

결결 缺 ①-121

결결 抉 ②-280

결결 玦 ②-280

결결 決 ②-277, 282, 359 ⑦-61, 380

결결 決 → 깍지

결결 決 → 활깍지

결교불뉴 結絞不紐 ⑦-96

결발 結髮 ①-148

결습기차 決拾旣次 ⑦-62

결영 結纓 ①-164

결자풍성 絜粢豐盛 ⑧-309

겸관 兼官 ②-289

겸권 兼卷 ③-123

겸권중석 兼卷重席 ③-329

겸속대부시 兼束大夫矢 ②-365

겸속지이모 兼束之以茅 ②-364

겸여서집지 兼與筮執之 ⑧-248

겸염산 兼斂筭 ③-437

겸일제지 兼壹祭之 ⑤-90

겸저부兼諸拊 ③-401

겸저현兼諸弦 ②-425 ③-481, 483

겸제우두제兼祭于豆祭 ⑧-429, 478, 569

겸집兼執 ⑧-290

겸집도兼執圖 ②-426

겸집족兼執足 ①-389

겸취승시兼取乘矢 ②-407 ③-472

겸협승시兼挾乘矢 ②-277 ③-403

겹대紾帶 ⑦-93

겹대용혁紾帶用革 ⑦-94

겹치紾緇 ⑦-93

경顈 ①-321

경景 ①-323, 324 ③-34

경景 → 겉옷

경頸 ①-82, 91

경磬 ②-97, 182, 204 ③-24, 154

경磬 → 경쇠

경磬 → 경을 치는 사람

경扃 ①-210, 306 ⑤-30 ⑦-460, 512 ⑧-75

경扃 → 가로막대

경脛 ⑦-366

경脛 → 연궤의 다리

경警 ①-99

경警 → 고지하다

경卿 ①-483 ⑤-176

경계간축류磬階間縮霤 ②-182

경계고어警戒告語 ③-23

경고卿羔 ①-192

경골脛骨 ⑦-325

경단更端 ④-151

경대부왈빈시卿大夫曰賓尸 ⑧-388

경례쇄敬禮殺 ②-183

경로지의卿勞之儀 ④-89

경멱局冪 ④-208 ⑧-280, 392

경문經文 ①-22

경보慶普 ①-31

경복현단更服玄端 ②-161

경빈卿擯 ⑤-157

경사經師 ①-43

경사磬師 ③-247

경사卿士 ⑥-36

경설經說 ①-25

경쇠(磬) ②-96

경외지신竟外之臣 ⑥-198

경을 치는 사람(磬) ②-97

경의更衣 ③-363

경의처更衣處 ①-186

경이등經而等 ④-78

경이위의敬爾威儀 ①-233

경인磬人 ③-198

경작更爵 ①-402 ③-90 ⑧-132, 151

경작자작更爵自酢 ⑧-132

경재이중례輕財而重禮 ④-56

경조景曹 ⑦-291

경종敬宗 ⑥-151

경종왈가耕種曰稼 ⑧-343

경중당횡절脛中當橫節 ⑧-295

경지내자위대대卿之內子爲大帶
⑧-574

경지영지經之營之 ⑦-213

경지적처왈내자卿之適妻曰內子
⑧-574

경지차敬之差 ④-192

경지처卿之妻 ⑧-574

경치更觶 ③-116, 324

경행여종卿行旅從 ④-61

곁말(髻) ⑤-169

계笄 ①-121~123, 135, 136, 161,
168 ⑥-33 ⑧-64

계笄 → 비녀

계紒 ①-148, 222

계紒 → 상투

계啓 ①-337

계戒 ①-99 ②-472 ⑤-22, 138,
176 ⑧-23

계契 ⑦-224

계繫 → 끈

계挈 ⑥-109

계繼 ⑧-518

계간階間 ②-413 ⑦-409, 429
⑧-62

계강季姜 ⑥-122

계강자季康子 ⑦-291

계개엄척繼皆掩尺 ④-335

계거雞距 ⑧-301

계고조繼高祖의 종宗 ①-440

계고조자繼高祖者 ⑥-136

계고조지소종繼高祖之小宗 ⑥-60

계구중지繫鉤中指 ⑦-380

계근기戒謹期 ⑤-164

계기경인戒其驚人 ②-319

계기상인戒其傷人 ②-319

계녜繼禰 ⑥-136

계녜위소종繼禰爲小宗 ⑥-135

계녜繼禰의 종宗 ①-440

계녜자위소종繼禰者爲小宗 ⑥-135

계녜지종繼禰之宗 ⑥-59

계녜지종자繼禰之宗子 ⑥-57

계독啓櫝 ④-119

계례笄禮 ①-383 ⑥-158, 164

계명주鷄鳴酒 ①-139 ⑦-321

계모繼母 ⑥-72

계모가繼母嫁 ⑥-85

계모여모繼母如母 ⑥-72

계백관戒百官 ③-253

계별위대종繼別爲大宗 ⑥-135

계별위종繼別爲宗 ⑥-135

계별지후繼別之後 ⑥-151

계부동繼父同 ⑥-111

계부동거자繼父同居者 ⑥-111

계부부동거자繼父不同居者 ⑥-154

계부지도繼父之道 ⑥-112

계비雞脾 ⑦-314

계빈戒賓 ①-105, 107, 221, 229
⑫-23, 195, 472 ⑤-22

계빈啓殯 ①-37, 455 ⑦-235, 237,
243, 409

계빈이서繼賓以西 ③-138

계사筓纚 ⑦-361

계사戒辭 ②-198

계사繼射 ②-361, 416 ③-427

계사雞斯 ⑦-124

계사지기啓殯之期 ⑦-237

계삼啓三 ⑦-245

계삼등階三等 ①-166

계삼우이립繼三耦而立 ②-329

계상稽顙 ⑦-40

계서階西 ②-398

계서階西 → 서쪽 계단의 서쪽

계속종백雞屬宗伯 ⑧-273

계수稽首 ①-329 ④-91 ⑧-79

계습취시繼拾取矢 ②-408

계예자戒與者 ③-23

계우뢰이추지繫于牢而芻之 ⑧-247

계위啓位 ⑦-351

계유戒侑 ⑧-393

계유수筓有首 ⑥-259

계음繼飮 ③-452

계이례지筓而醴之 ①-347, 383

계이진지戒以進之 ⑧-257

계전읍階前揖 ②-403

계전좌제階前坐祭 ②-265 ③-157

계제관戒諸官 ⑧-257

계조모繼祖母 ⑥-123

계조繼祖의 종宗 ①-440

계좌하강繫左下綱 ②-289

계주인繼主人 ⑦-182

계지경지戒之敬之 ①-434

계지이성이불별繫之以姓而弗別
⑥-110

계지이촉繼之以燭 ⑧-389

계지흔啓之昕 ⑦-409

계체繼體 ⑥-115

계하제중류季夏祭中霤 ⑦-363

계회啓會 ①-336 ⑦-210, 463
⑧-78, 308, 310

계회각우대남啓會卻于敦南 ⑦-463

고孤 ①-127, 222, 483 ②-155, 480
⑤-155

고고 ②-151, 415

고과 ②-90

고고 ③-33

고고 → 북

고고 → 슬의 머리 부분

고고 ③-34

고호 ③-66, 184

고고 ④-105

고고 ⑤-148 ⑦-518 ⑧-208, 209,
    323

고고 → 씀바귀

고고 ⑦-228

고고 ⑦-25

고고 ⑦-95

고호 ③-65, 290 ⑧-156, 271, 541

고호 → 2승 용량의 술잔

고고 ⑧-284, 349

고고 → 엉덩이뼈

고고 ①-482

고고 → 새끼 양

고고 ①-99

고고 → 알리다

고거橋車 ⑦-261

고거橐車 ⑦-285, 418

고결告絜 ⑧-52

고경古經 ①-42

고경孤卿 ③-323, ④-47

고경건전孤卿建旃 ④-47

고계설구告戒設具 ③-23

고골股骨 ⑧-278, 284

고골股骨 → 뒷다리 뼈

고공沽功 ⑥-72 ⑦-432

고굉이목股肱耳目 ⑦-33

고구告具 ⑧-56

고구羔裘 ⑥-253 ⑦-361

고구현관羔裘玄冠 ⑦-361

고구현관불이조羔裘玄冠不以弔
    ⑥-253

고구현관자역지羔裘玄冠者易之
    ⑦-361

고극高克 ④-304

고기가 들어가지 않은 돼지고기 국물
    (豕匕湇) ⑧-409, 411

고기가 들어가지 않은 양고기 국물(羊
    匕湇) ⑧-409, 411

고기가 들어간 돼지고기 국물(豕膏)
    ⑧-409, 411

고기가 들어간 돼지고기 국물(豕肉湇)
    ⑧-409

고기가 들어간 양고기 국물(羊肉湇)
    ⑧-409, 411

고기구이(燔) ⑧-411

고기구이를 담은 희생제기(燔俎)
    ⑧-156

고기국물(大羹湆) ①-309

고기국물(肉汁) ④-231

고기국물(湆) ①-334 ⑤-33

고기를 삶는 부뚜막(雍爨) ⑧-269

고기의 몸체 부위(本) ⑤-56

고기젓갈(醓醢) ④-105, 210
　⑧-304

고기젓갈(醢) ①-125, 178 ②-389

고기죽(酏食) ③-229 ⑧-489

고기즙(醓) ⑤-65

고길告吉 ①-87

고깃국(羹) ②-33 ③-277

고깃국(臛) ⑤-85

고당생高堂生 ①-14, 95

고도苦荼 ⑤-148 ⑦-518

고도苦荼 → 씀바귀

고례 ①-16

고리 → 굴縄

고모보복皐某甫復 ⑦-28, 51

고모복皐某復 ⑦-25

고모수孤某須 ⑦-298

고목鼓木 ③-354

고몽瞽矇 ②-91, 257, 258

고묘考廟 ①-89

고무당어오성鼓無當於五聲 ③-476

고문古文 ①-18

고문庫門 ①-495 ④-24

고문皐門 ④-24

고문본古文本 ①-58

고북鼓北 ③-352

고비지묘考妣之廟 ①-374

고빈告賓 ④-83

고삐(轡) ⑦-418

고사固辭 ①-99, 471, 466, 479
　②-23 ④-407

고사리(薇) ⑤-148 ⑧-208, 323

고사필告事畢 ①-111

고선沽洗 ③-264

고선姑洗 ③-167

고수레 ①-177, 294, 307, 507

고수레를 위한 허파(祭肺) ②-502

고수레를 할 제물(墮) ⑧-341

고시楛矢 ②-365

고시楛矢 → 싸리나무로 만든 화살

고신납빈考神納賓 ③-264

고아(孤子) ①-221

고어鱻魚 ⑧-67

고어복하위대련刲魚腹下爲大臠
　⑧-443

고요皋陶 ③-352

고운 베(錫) ③-27

고월拷越 ②-90 ③-346

고이성告利成 ⑧-179

고이승觚二升 ⑧-207

고이청固以請 ①-460

고인賈人 ④-31, 72

고인鼓人 ③-198, 352

고자姑姊 ①-190

고자孤子 ①-221 ④-283

고자孤子 → 고아

고자관축봉古者冠縮縫 ⑧-410

고자매姑姊妹 ①-190

고자매급종부姑姊妹及宗婦 ⑧-514

고자매여자자무주자姑姊妹女子子無主
　者 ⑥-119

고적告糴 ④-24

고제古制 ②-207

고제증告祭烝 ⑧-174

고조高祖 ①-383

고조위서성高祖爲庶姓 ⑥-136

고지告旨 ②-48, 224 ③-68
　⑧-432

고지자姑之子 ⑥-233

고지하다(警) ①-99

고집피백孤執皮帛 ①-282

고천자부皐天子復 ⑦-51

고청사告聽事 ⑤-200

고취이제선劀取以祭先 ⑧-443

고탁告濯 ⑧-56

고포告飽 ⑧-93, 327

곡鵠 ②-208 ③-259, 260

곡殼 ②-502 ⑦-379

곡殼 → 뒷다리 뼈의 아래쪽 부위

곡斛 ④-217, 437 ④-455

곡哭 ④-344

곡곽哭椁 ⑦-222

곡물(米) ④-62

곡벽穀璧 ①-192 ④-373
　⑤-184

곡우관哭于館 ④-347

곡우항哭于巷 ④-339, 340

곡위哭位 ④-342 ⑥-83

곡위哭位 → 곡을 하는 자리

곡을 하는 자리(哭位) ④-342

곡읍지위哭泣之位 ①-203

곡이쇄曲而殺 ④-78 ⑧-317

곡절穀折 ⑧-233, 582

곡종시哭從尸 ⑦-470

곡주야무시哭晝夜無時 ⑥-25
　⑦-394

곡지哭止 ⑦-472

곤梱 ③-403

곤袞 ⑤-182

곤면袞冕 ①-92, 326 ⑤-190

곤복袞服 ⑦-28

곤복梱復 ③-411

곤삼褌衫 ⑦-376

곤의袞衣 ⑤-186, 187

곤제昆弟 ⑥-103, 104 ⑧-552

곤제일체昆弟一體 ⑥-103

곤제지자昆弟之子 ⑥-105

곤제지하상昆弟之下殤 ⑥-201

골각骨角 ⑦-432

골경骨鯁 ⑤-57

골계骨笄 ⑦-363

골계이사骨笄而纚 ⑦-125

골유귀천骨有貴賤 ②-174

골유육왈효骨有肉曰骹 ⑧-236

골육귀어토骨肉歸於土 ⑥-49

골체骨體 ②-144 ③-174

골촉단위骨鏃短衛 ⑦-434

골풀자리(莞筵) ③-42

골풀자리 → 완석莞席

곰(熊) ②-511

곰 가죽으로 만든 자리 → 웅석熊席

공강公杠 ②-435

공工 ②-432 ③-141

공工 → 악공

공公 ③-27 ⑤-22, 219 ⑥-133
　⑧-23

공公 → 군주

공곤公軒 ⑦-150

공가工歌 ②-92

공고악비工告樂備 ②-115

공관公館 ④-86

공궁公宮 ①-93, 383 ②-518
　⑥-215

공례公禮 ④-129

공묘公廟 ⑥-53

공묘설어사가公廟設於私家 ⑥-53

공무公務 ②-198

공문公門 ④-348

공반불택수共飯不澤手 ⑦-482

공벽본孔壁本 ①-17

공보孔甫 ①-245

공보문백公父文伯 ③-223

공사公事 ①-518 ④-65, 145

공사公士 ②-198, 435, 471

공사公辭 ④-159

공사대부지례公食大夫之禮 ⑤-135

공사위빈公士爲賓 ②-471

공사인工四人 ③-142

공사자얼서公事自闑西 ③-46

공삼중公三重 ②-155

공상工商 ④-379

공상집계工商執雞 ①-282

공소公所 ④-191

공손公孫 ⑥-187

공손수公孫壽 ①-438

공수空手 ①-329 ④-91, 313

공수拱手 ②-116

공승가工升歌 ②-470

공승이등公升二等 ④-122

공시貢矢 ②-366

공신公臣 ①-93

공실시풍비公室視豊碑 ④-230

공야장公治長 ①-409

공양지례供養之禮 ⑧-179

공유사公有司 ①-93 ⑧-143, 144, 254

공이사共而俟 ③-410

공이일空二日 ①-102

공자公子 ⑥-187

공작空爵 ⑧-497

공제共祭 ⑧-100

공지서곤제公之庶昆弟 ⑥-182

공천工賤 ③-350

공첩대부지첩위기자公妾大夫之妾爲其子 ⑥-117

공첩이급사첩위기부모公妾以及士妾爲其父母 ⑥-121

공축工祝 ③-141 ⑧-342

공축軼軸 ⑦-150, 250, 339, 409

공폐公幣 ④-305

공포功布 ⑦-109, 244, 245, 284, 334

공포功布 → 재로 마전한 베

공환규公桓圭 ⑤-184

과果 ⑦-395

과군寡君 ①-491 ③-214, 215

④-174

과군종자寡君從子 ⑤-47

과군지로寡君之老 ①-516 ④-295

과군지모寡君之某 ①-516

과녁(侯) ①-34 ②-204, 389

과녁과 활 쏘는 사람 사이의 거리(侯道) ②-205, 508

과녁을 등지고 있는 사람(負侯者) ③-378

과녁지지대(植) ②-208, 289

과대부寡大夫 ①-517

과소군寡小君 ④-271, 447

과수褒首 ⑦-60

과즉희지過則饎之 ④-452

과처寡妻 ②-106, 257

곽藿 ⑤-148

곽藿 → 콩잎

곽椁 ⑦-221

관冠 ①-123, 142

관管 ③-225

관棺 ④-353

관館 ④-76 ⑤-126

관祼 ⑧-20, 573

관覽 ⑧-351

관錧 ⑦-398

관錧 → 비녀장

관盥 ①-162 ⑦-239, 471

⑧-71, 86

관염盥 → 대야

관각숙기직官各肅其職 ⑧-317

관계官戒 ⑧-253, 262

관곽棺槨 ④-356 ⑦-343

관구菅屨 ⑥-21, 25

관구菅屨 → 엄짚신

관구棺柩 ⑦-306

관권冠卷 ①-142

관기盥器 ⑦-277

관기수冠其受 ⑥-81, 87

관기최冠其衰 ⑥-87

관끈(紘) ①-168

관끈 → 굉紘

관끈(纓) ⑥-25

관끈 → 영纓

관끈의 장식(緌) ①-253

관단현冠端玄 ⑧-25

관대곡불현호官代哭不縣壺 ⑦-138

관량冠梁 ⑥-24, 44

관례冠禮 ①-73 ⑥-164

관면지계冠冕之笄 ①-136

관물훼패棺物毀敗 ⑥-256

관법冠法 ①-213

관변복冠弁服 ①-75

관본官本『의례소儀禮疏』 ①-50

관봉冠縫 ⑥-45

관불용정棺不用釘 ⑦-154

관비菅菲 ⑥-25, 47

관빈館賓 ④-297

관사官師 ④-379 ⑦-241

관사館舍 ⑤-22, 166 ⑧-23

관사일묘官師一廟 ④-380

관상冠箱 ①-127, 128

관세盥洗 ②-41, 117, 218 ③-76

관소菅筲 ⑦-420

관속축이횡삼棺束縮二衡三 ⑦-154

관수우세작盥手又洗爵 ②-218

관승영冠繩纓 ⑥-21, 25, 76

관승영冠繩纓 → 숫마로 만든 끈을 단
　관

관승영조속冠繩纓條屬 ⑥-25

관어세서盥於洗西 ①-155

관을 넣어 두는 상자 → 산匴

관의冠義 ①-253

관의 테두리(武) ⑥-25 ⑦-392

관이세작盥而洗爵 ①-175

관이자지冠而字之 ①-259

관이폐지冠而敝之 ①-253

관이허가關已許嫁 ⑥-32

관인管人 ④-28, 379

관인館人 ④-28

관인關人 ④-67, 331

관자冠者 ①-164, 167

관자대冠者對 ①-184

관자법冠子法 ①-213

관자부즐冠者不櫛 ⑦-362

관장官長 ①-390

관장식(見) ⑦-342

관재사중棺在柩中 ⑦-165

관정館庭 ⑤-126

관주冠主 ①-222, 223

관중지사棺中之賜 ⑦-192

관지館之 ④-363

관지입삼성管之入三成 ③-225

관철궤官徹饋 ⑧-601

관포官布 ②-506

관포영冠布纓 ⑥-70, 76

관포영冠布纓 → 베로 만든 끈을 단
　관

관현단冠玄端 ②-168

관호지목關戶之木 ⑦-451

괄括 ②-285 ③-392

괄括 → 오늬

괄계鬠笄 ⑦-58

괄계용상鬠笄用桑 ⑦-58

괄무계鬠無笄 ⑦-376

괄발括髮 ⑥-33, 66

괄발鬠髮 ⑦-124

괄발단鬠髮袒 ⑦-124

괄발이마括髮以麻 ⑥-33

괄발이마鬠髮以麻 ⑦-124

괄용조鬠用組 ⑦-82

광壙 ⑦-272

광纊 ⑦-60, 359

광纊 → 새솜

광筐 → 네모진 대광주리

광극纊極 ⑦-61

광극纊極 → 명주실로 된 깍지

광무당심廣袤當心 ⑥-272

광위견纊爲繭 ⑦-142

광좌曠左 ⑦-188

광중壙中 ⑦-221

괘卦 ①-84

괘를 기록하는 사람(卦者) ⑦-216

괘우계지挂于季指 ⑧-110, 343

괘이목卦以木 ①-94 ⑧-252

괘자卦者 ①-86 ⑦-216 ⑧-28,
　251, 252

괘자卦者 → 괘를 기록하는 사람

괴魁 ①-248

괴魁 → 대합가루

괴刲 ⑥-76

괴塊 ⑦-378, 394

괴조괴竈塊竈 ⑦-54

굉紘 ①-122, 123, 135~137
　③-267

굉紘 → 관끈

굉굉(관끈) ①-122

굉골肱骨 ⑧-278, 284

굉골肱骨 → 앞다리 뼈

교校 ①-292 ⑦-366

교橋 ①-399

교橋 → 받침대

교郊 ②-518 ⑦-374

교較 ③-259

교絞 ⑦-103, 147

교거橋舉 ①-400

교금용포絞紟用布 ⑦-383

교대絞帶 ⑥-21

교대絞帶 → 검은 빛의 암마를 꼬아서
   만든 허리띠

교로郊勞 ④-303, 331 ⑤-166

교록校錄 ④-31

교록폐校錄幣 ④-72

교룡交龍 ⑤-183

교룡위기交龍爲旂 ⑤-184 ⑦-51

교비交轡 ⑦-259

교빈交擯 ④-130

교빈전사交擯傳辭 ④-130

교사천郊祀天 ⑥-136

교사협과郊舍狹寡 ⑤-166

교우계전交于階前 ②-381 ③-390

교우영북交于楹北 ③-101

교의이석지絞衣以裼之 ④-128

교인郊人 ④-304

교일폭위삼絞一幅爲三 ⑦-103

교제郊祭 ⑤-228

교주지본이제고校周之本以齊古
   ⑧-599

교중骹中 ②-507

교착기수交錯其酬 ⑧-546

교착이변交錯以辯 ⑧-166, 169

구糗 ③-244 ⑧-462, 568

구糗 → 떡

구糗 → 미숫가루

구舅 ⑥-234

구狗 ②-171, 173, 473 ⑦-396

구狗 → 개

구胸 ⑦-545

구具 ④-350 ⑧-65

구具 → 물품

구屨 ①-247

구屨 → 신발

구韭 ⑧-462

구絇 ①-247, 248 ⑦-92

구絇 → 신발의 코 장식

구袧 ⑥-261

구柩 ④-332, 352, 355 ⑥-256
   ⑦-342

구柩 → 널

구거柩車 ⑦-264, 266, 284

구거柩車 → 널을 실을 수레

구경苟敬 ③-126, 221, 333
　④-441

구고舅姑 ①-350 ⑥-115

구고공향부舅姑共饗婦 ①-401

구고지교명舅姑之敎命 ①-434

구곡九穀 ⑧-490

구곡지속九穀之屬 ⑧-490

구관敂關 ④-70

구관찬具官饌 ③-24

구국군舊國君 ⑥-153

구군舊君 ⑥-151, 152, 156

구기(枓) ①-129 ⑤-36 ⑧-212,
　281

구내단위기彄內端爲紀 ⑦-94

구단鉤袒 ⑦-464

구덩이(埩) ⑦-241

구도舊圖 ①-131, 139, 141

구동거환柩動車還 ⑦-287

구릉丘陵 ⑤-223

구마九馬 ⑤-196

구마수지九馬隨之 ⑤-196

구명九命 ②-158

구반九飯 ①-37 ⑤-109 ⑦-481
　⑧-21

구배九拜 ④-91

구변糗籩 ⑧-568

구비저색俱備苴色 ⑥-38

구상유석의裳上有裼衣 ⑦-189

구수기斛水器 ⑧-282

구식屨飾 ⑦-92

구식具食 ⑧-599

구신舊臣 ⑥-161

구실불유족口實不由足 ⑦-88

구영鉤楹 ②-301, 312, 322 ④-288

구옥球玉 ⑦-66

구외납屨外納 ⑦-393

구운 간(肝炙) ⑧-107

구운 간을 담은 희생제기(肝俎)
　⑧-156

구운 고기(燔) ⑦-495

구월영질九月纓絰 ⑥-173

구의摳衣 ②-451

구이(炙) ⑤-85

구이糗餌 ③-229 ⑦-423 ⑧-463,
　489

구이糗餌 → 미숫가루

구일求日 ①-102

구일지의求日之儀 ⑧-33

구자狗藏 ②-147, 452 ③-174

구자해狗藏醢 ③-490

구장九章 ⑤-187

구재조남糗在棗南 ⑧-568

구재조동糗在棗東 ⑧-581

구저韮菹 ④-210 ⑤-65 ⑧-305, 419, 448

구저韮菹 → 부추절임

구조枸組 ①-201

구지우문외柩止于門外 ④-352

구지자舅之子 ⑥-235

구취택인狗取擇人 ②-171, 473

구피연복狗皮緣服 ⑦-400

구하九夏 ②-151, 463

국군國君 ①-384 ④-325 ⑤-41 ⑥-152

국군관다國君官多 ③-410

국궁鞠躬 ④-392

국궁여鞠躬如 ④-391

국궁여야鞠躬如也 ④-391

국그릇(杅) ⑦-277

국그릇(鉶) ④-97, 212

국물에 담겨 있는 생선(湆魚) ⑧-409, 411

국본國本 ①-102

국빈國賓 ④-86, 150

국상國相 ②-25

국야國野 ④-78

국야지도國野之道 ④-79

국자國子 ③-40, 197, 198

국자사업國子司業 ①-21

국자좨주國子祭酒 ①-21

국중國中 ②-517

국중지사國中之士 ③-254

국학國學 ③-39

군君 ⑥-27, 28

군개용칠君蓋用漆 ⑦-150

군거즉질群居則絰 ⑥-252

군구君舅 ①-377

군국郡國 ②-22, 168

군례軍禮 ①-29

군례이후수君禮而後首 ②-259

군례주불건軍禮誅不虔 ③-252

군리羣吏 ①-83

군리群吏 ①-93, 281 ②-42

군모君母 ⑥-139, 213

군모지곤제君母之昆弟 ⑥-236

군모지자매君母之姊妹 ⑥-213

군목량君沐梁 ⑧-442

군묘群廟 ④-38

군물君物 ③-106

군물왈선君物曰膳 ③-55

군봉이형君封以衡 ⑦-345

군불친사君不親食 ④-281

군빈용순君殯用輴 ⑦-150

군사모수君使某羞 ⑦-41

군사인群私人 ⑧-517

군사즉위하君射則爲下 ②-510

군소기종묘君掃其宗廟 ⑥-156

군수부도君綬不倒 ⑦-162

군시대렴君視大斂 ⑦-178

군식어공群食於公 ③-39

군신각취위차君臣各就位次 ③-42

군신관계(義) ⑥-56

군신위학君臣爲謔 ⑦-180

군신유합리지의君臣有合離之義
　⑥-153

군여경도사君與卿圖事 ④-21

군용대반君用大槃 ⑦-83

군용축君容祝 ⑦-343

군이곤君以卷 ⑦-28

군자君子 ①-504 ②-468

군자불망구君子不忘舊 ④-266

군자불식혼유君子不食溷腴 ⑧-279

군자불필君子不必 ②-346

군자자君子子 ⑥-214

군적처君適妻 ⑥-116

군제선반君祭先飯 ①-507

군조君祖 ⑧-27

군주(公) ③-27

군주의 대광주리(膳篚) ③-25, 191

군주의 술동이(瓦大) ③-191

군주의 술잔(象瓤) ③-26

군주의 술잔(象觶) ③-191, 222

군지근신君之近臣 ⑦-27

군지사君之私 ③-215

군지서자君之庶子 ⑥-203

군지외신모사君之外臣某死 ⑦-34

군지존君至尊 ⑥-27

군친사君親辭 ③-114

군행사종君行師從 ④-61

군화일君畫一 ②-488

군황과군君䁵寡君 ④-448

굴뉴(고리) ①-121

굴굴 ①-137 ④-210

굴감掘坎 ⑦-377

굴감우계간掘坎于階間 ⑦-54

굴대(軑) ⑦-250

굴레(羈) ⑦-391

굴림바퀴(轉轓) ⑦-250

굴사현임掘肂見衽 ⑦-149

굴사우掘四隅 ⑦-213

굴사우외기양掘四隅外其壤 ⑦-213

굴신屈申 ⑧-442

굴실窟室 ⑦-182

굴이종기屈而從期 ⑥-94

굴조屈繰 ④-50

굴조위굉屈組爲紘 ①-123

굴조이시경屈繰以示敬 ④-55

굴중掘中 ⑦-213

굴중남기양掘中南其壤 ⑦-213

굴착屈錯 ④-212

궁躬 ②-208, 435, 507

궁弓 ②-282, 507

궁弓 → 활

궁宮 ③-382

궁경弓檠 ⑦-433

궁규躬圭 ①-192 ④-373
　⑤-184

궁남향이묘거좌宮南鄉而廟居左
　④-237

궁말弓末 ②-312

궁묘宮廟 ①-24 ③-38 ④-209
　⑥-112

궁묘이석宮廟以石 ④-209

궁성宮聲 ③-385

궁시기구弓矢旣具 ②-277

궁실지승류宮室之承霤 ⑦-267

궁연弓淵 ③-422

궁위군宮爲君 ②-315

궁유귀신왈묘宮有鬼神曰廟 ⑦-179

궁의弓衣 ⑤-183 ⑦-434

궁인弓人 ③-231

궁장육척弓長六尺 ③-262

궁파弓杷 ③-362

궁필유비宮必有碑 ①-157

궁현宮縣 ②-188 ③-34, 269

권가석卷加席 ⑤-133

권삼생지조卷三牲之俎 ⑤-113

권자말卷自末 ⑤-143

권주勸酒 ②-60, 234

권책卷幘 ①-121, 123, 136

권폐卷幣 ④-40

궐橛 ③-45

궐명厥明 ④-38, 111

궐명멸료厥明滅燎 ⑦-147

궐위지거厥爲之距 ⑧-301

궐적屈狄 ⑦-28

궐적闕狄 ⑦-28

궐조厥俎 ①-201

궤饋 ①-358 ⑦-404

궤簋 ④-87, 100 ⑤-67 ⑧-184,
　191

궤簋 → 둥근 밥그릇

궤簋 → 둥근 밥솥

궤几 ①-277, 323 ④-118
　⑤-33, 168 ⑦-543 ⑧-48, 63,
　271, 415

궤几 → 디딤대

궤几 → 안석

궤纚 ①-121

궤纚 → 비녀가 없는 치포관

궤개簋蓋 ⑤-72

궤례주어시几禮主於尸 ⑧-415

궤사饋食 ④-418 ⑧-20, 24, 306,
　573

궤사지례饋食之禮 ④-418

궤사지변饋食之籩 ⑧-568

궤석几席 → 안석과 자리

궤실簋實 ⑤-124

궤옹희歸饔餼 ④-105, 206

궤족几足 ①-292, 298

궤족几足 → 안석의 다리

궤준繢純 ④-119

궤첨跪襜 ①-91

궤회簋會 ⑤-71

귀견천비貴肩賤髀 ⑦-312

귀귀존존貴貴尊尊 ⑥-56

귀녕내방歸寧乃邦 ⑤-201

귀례歸禮 ④-271

귀례폐歸禮幣 ④-351

귀마개(塡) ⑦-60, 92, 377

귀부지명貴父之命 ⑥-74

귀빈조歸賓俎 ①-200

귀사위조龜蛇爲旐 ⑦-51

귀손歸孫 ⑥-231

귀시유지조歸尸侑之俎 ⑧-550

귀신貴臣 ④-277 ⑥-36, 229

귀신鬼神 ①-316

귀신득신貴臣得伸 ⑥-36

귀신무상鬼神無象 ⑦-31

귀신상거유암鬼神尚居幽闇 ⑦-503

귀신상유암鬼神尚幽闇 ⑦-204

귀신음장우鬼神陰長右 ⑧-417

귀요성貴要成 ⑦-480

귀인貴人 ⑥-214, 215

귀자부중貴者不重 ⑧-236

귀자취귀골貴者取貴骨 ⑧-236

귀자헌이작貴者獻以爵 ⑧-114

귀조歸俎 ⑤-20

귀종歸宗 ⑥-111

귀종貴終 ⑥-85

귀종기은貴終其恩 ⑥-85

귀종모자지은貴終母子之恩 ⑥-98

귀첩貴妾 ⑥-191, 229

규缺 ①-121

규圭 ①-35 ④-43, 52, 369
  ⑤-188

규圭 → 명규

규刲 ⑧-268

규葵 ⑧-208

규葵 → 아욱

규媯 ①-123, 136

규양刲羊 ⑧-268

규옥圭玉 ④-373

규위백채지주葵爲百菜之主 ⑦-520

규이마圭以馬 ①-521

규장특달圭璋特達 ④-52

규저葵菹 ①-211 ⑦-518 ⑧-72

규저葵菹 → 아욱절임

규저우葵菹芋 ⑦-154

규저재쟁葵菹在緻 ⑧-311

규항缺項 ①-121, 135, 164 ⑥-21

규항頯項 ①-167

균衿 ①-321

균니麋臡 ④-231 ⑧-437

균니麋臡 → 뼈 붙은 노루고기 젓갈

균신혜우실중均神惠于室中 ⑧-134

그물망(畢網) ⑧-80

극極 ③-420

극極 → 가죽골무

극비棘匕 → 멧대추나무로 만든 숟가
락

극심棘心 ⑧-74, 209

극심비棘心匕 ⑧-209

극지郤至 ④-227

근卒 ①-310, 311

근覲 ⑤-163, 164

근堇 ⑧-214

근堇 → 바꽃

근경謹敬 ⑧-248

근고왕사勤苦王事 ③-144

근교近郊 ①-522, 523 ④-76, 304

근교각반지近郊各半之 ④-76

근군즉굴近君則屈 ③-126

근도여이堇荼如飴 ⑧-209

근례覲禮 ⑤-166

근로지공勤勞之功 ③-19

근신近臣 ⑥-36

근환菫荁 ⑤-148

금斡 ⑦-100

금禁 ①-204, 214, 310 ⑦-443
⑧-48, 281

금禁 → 술동이 받침대

금斡 ⑦-101

금衾 ⑦-23, 95

금圻 ⑦-380

금衿 ①-434

금衿 → 띠

금紟 ⑦-147, 383

금紟 → 홑이불

금錦 ④-86, 179 ⑤-132

금錦 → 화려한 무늬 비단

금金 ②-257

금고禁錮 ①-74

금대서金敦黍 ⑧-307

금로金路 ⑤-204

금뢰金罍 ①-115, 132

금모보쇄錦冒黼殺 ⑦-63

금문今文 ①-18

금문14가박사今文14家博士 ①-42

금수禽羞 ④-424

금슬불어琴瑟不御 ⑦-362

금슬장이불평琴瑟張而不平 ⑦-271

금시민가今時民家 ④-45

금신錦紳 ①-148

금신병뉴錦紳幷紐 ①-150

금야횡봉今也衡縫 ⑧-410

금연錦緣 ①-148

금자주계禁者酒戒 ⑧-281

금종고금從古 ⑧-599

금주金奏 ③-224

급芨 ①-377

급고각汲古閣 주소본注疏本 ①-51

급교及郊 ④-304

급기석폐及期夕幣 ④-34

급령우대扱領于帶 ⑦-24

급복읍及福揖 ②-404

급상형이사扱上鉶以柶 ⑤-78

급수유急酬侑 ⑧-530

급숭주急崇酒 ⑧-456

급지扱地 ①-375

긍堸 ⑦-424

긍장지색矜莊之色 ②-220

기記 ①-14

기胈 ①-166 ②-216, 435, 490
　⑦-272

기胈 → 시렁

기奇 ②-370 ③-436

기畿 ⑤-166

기斾 ⑤-219

기鰭 ⑤-85

기髺 ⑦-170, 512

기髺 → 생선 등

기旗 ⑦-51

기綦 ⑦-67

기綦 → 신발 끈

기錡 ⑧-332

기胏 ⑧-76, 555, 569

기羈 ⑦-391

기羈 → 굴레

기琷 ①-127, 144

기간용궁其間容弓 ②-489

기결우부綦結于跗 ⑦-92

기계강紀季姜 ⑥-148

기공寄公 ⑥-150

기공위소우寄公爲所寓 ⑥-150

기과이대器寡而大 ④-437

기관불헌旣管不獻 ③-353

기기여운祁祁如雲 ①-321

기내畿內 ④-76 ⑥-152

기년期年 ⑥-255

기대필강석起對必降席 ③-175

기러기(雁) ①-192, 282

기로耆老 ④-283

기문記文 ①-37

기물器物 ①-24

기물己物 ②-55

기배奇拜 ①-329, 490 ④-91

기복期服 ⑥-255

기복倚扑 ②-327

기복지례器服之例 ①-27

기봉既封 ⑦-470

기봉이퇴既封而退 ⑦-346

기빈식죽既殯食粥 ⑥-48

기산岐山 ②-105 ③-161

기산지양岐山之陽 ③-163

기석곡既夕哭 ⑦-237

기소자알제己所自閼除 ⑧-518

기수기棄水器 ①-115

기식지이우음지既食之而又飮之
⑧-336

기여불배其餘不拜 ⑧-496

기월지자幾月之資 ④-365

기이복譏異服 ④-67

기이소상朞而小祥 ⑦-562

기이연期而練 ⑦-137

기이유지棄爾幼志 ①-232

기이제모복期而除母服 ⑥-91

기일己日 ⑧-24

기작이대진既酌而代進 ③-315

기장(黍稷) ④-105

기장밥(普淖) ⑧-79, 309

기장밥(薔黍) ⑧-343

기장밥(粢盛) ⑧-30

기장이제지既葬而除之 ⑥-150

기장제지既葬除之 ⑥-196

기제이빈시既祭而賓尸 ⑧-390

기제즉장기타既祭則藏其墮 ⑦-477

기조肵俎 ①-39 ⑦-481 ⑧-76, 291

기조이이빈시肵俎而以儐尸 ⑧-376

기치자유己稚子幼 ⑥-97

기향제우저既饗祭于苴 ⑦-527

기협주반기묘既祫主反其廟 ⑦-556

길계吉筓 ⑥-35, 259

길계무수吉筓無首 ⑥-259

길계척이촌吉筓尺二寸 ⑥-35

길관吉冠 ⑥-44

길구吉屨 ⑥-208

길구무구吉屨無絇 ⑥-208

길규위희吉圭爲饎 ⑦-554

길기吉器 ⑦-366

길례吉禮 ①-29, 37 ⑧-245

길례경귀신吉禮敬鬼神 ③-252

길배吉拜 ①-329 ④-91

길시공상좌수吉時拱尙左手 ⑥-266

길신(行神) ④-41

길월영진吉月令辰 ①-233, 236

길일吉日 ①-304

길일지갑을吉日之甲乙 ①-425

길제吉祭 ⑦-441, 558, 563 ⑧-74

길제이복침吉祭而復寢 ⑦-449

길흉吉凶 ①-287, 413

길흉상변지의吉凶相變之義　⑧-123

길흉지점요吉凶之占繇　⑧-251

깃발(旌)　②-282, 364

깃발 가장자리 장식(斿)　④-54

깃술(識)　⑦-107, 153

깍지(決)　⑦-94

깔개(藉)　⑦-446

깔개(苴)　⑦-444

꼬리 부분(末)　⑤-143

꼭두서니 → 천茜

꼴(芻)　④-60

꿩(雉)　①-192, 282, 381, 457
　③-490

꿰맨다(縫)　⑥-46

끈(繫)　④-371

끈(纓)　①-163

끈(披)　⑦-268

끌채(輈)　④-218　⑦-257

끌채 앞에 가로 댄 나무(輅)　⑦-321

ⓛ

나무로 만든 숟가락(木枢)　①-142
　⑦-384

나무막대기(木)　⑧-252

나무제기(豆)　①-38, 125　②-376

⑧-271

나물(菜)　⑧-78

나물국(菜羹)　⑦-462

나물을 넣지 않은 고기국물(大羹湆)
　⑤-69　⑧-91

나물죽(糝食)　③-229　⑧-489

나해蠃醢　①-211　⑦-314, 518
　⑧-349

나해蠃醢 → 달팽이 젓갈

낙수물받이(霤)　②-182　⑧-315

낙수물받이가 끝나는 곳(沒霤)
　⑧-402

낙현지지樂賢之志　②-414

난탁澳濯　⑦-81

난탁澳濯 → 목욕시킨 물

난탁기우감澳濯棄于坎　⑦-81

날埒　⑤-216

남男　⑤-219

남각여기男角女羈　⑦-391

남고南鼓　②-151　③-265

남궁南宮　⑥-103

남궁경숙南宮敬叔　③-223

남궁도南宮縚　⑦-125

남녀부동작男女不同爵　⑧-123, 360

남녀불상습男女不相襲　⑧-123

남녀불상습작男女不相襲爵　⑧-123

남녀습용용삼男女拾用踊三　⑦-529

남려南呂 ③-167

남류南雷 ③-36

남면南面 ⑧-71

남반혁여반사男鑿革女鑿絲 ①-435

남방南枋 ①-204 ⑧-146

남방장南方璋 ⑤-218

남병南柄 ⑧-290

남본藍本 ⑧-99

남북이당심南北以堂深 ①-130
　②-29 ③-26 ⑧-205

남북이주南北二注 ①-131 ⑦-28

남빈男賓 ⑦-251

남사南肆 ②-203 ③-25 ⑧-281

남상南上 ⑧-94, 222

남세南洗 ①-332

남솔녀여종남男率女女從男 ①-325

남순南順 ①-205, 215 ⑤-53
　⑦-378 ⑧-47

남시男尸 ⑦-525

남시선사적손男尸先使適孫 ⑦-525

남우세南于洗 ⑧-291

남은 산가지(餘獲) ②-361, 416

남자계수男子稽首 ①-375

남자관이부인계男子冠而婦人笄
　⑥-33 ⑦-244

남자관이불위상男子冠而不爲殤
　⑥-168

남자 무당(巫) ⑦-179

남자문이부인좌男子免而婦人髽
　⑥-33 ⑦-244

남자유우男子由右 ⑤-147

남자제어수男子除於首 ⑥-170

남자지도男子之道 ⑦-113

남자칭명男子稱名 ⑦-25

남정위호외男正位乎外 ⑧-359

남조南俎 ⑧-422

남진南陳 ③-26 ④-208, 210, 212
　⑧-78

남쪽의 밥그릇(下敦) ⑧-345

남축南縮 ⑧-417

남칭형제男稱兄弟 ⑥-140

남포벽男蒲璧 ⑤-184

남학南學 ①-19

납納 ③-43

납공納工 ③-142, 345

납길納吉 ①-282

납빈納賓 ③-58, 224 ④-114

납생納牲 ①-89

납일준우실중納一尊于室中 ⑧-602

납저내納諸內 ⑧-344

납제納祭 ⑧-304

납징納徵 ①-282, 302

납채納采 ①-276, 282

납채용안納采用鴈 ①-276

납하納夏 ②-153

납향 제사(蜡) ⑦-90

낮은 담장(垳) ④-66 ⑤-216

내관대곡乃官代哭 ⑦-138

내렴內廉 ④-208

내렴內廉 → 동서 양 계단 사이의 당 모서리

내류內霤 ④-229 ⑧-318

내류內霤 → 묘문 안쪽의 낙수물받이

내문內文 ①-389

내문內門 ⑦-39

내부內府 ④-265

내불內拂 ③-422

내불궤內拂几 ④-152

내비內篚 ⑧-359, 365

내빈內賓 ⑧-150, 514, 580

내빈자약內賓自若 ⑧-580

내사內史 ②-25 ④-362

내사內事 ⑧-247, 254

내사용유일內事用柔日 ⑧-248

내사이유일內事以柔日 ⑧-254

내삭폭內削幅 ⑥-261

내상內喪 ⑥-175

내설수乃設羞 ⑧-584

내섭지內攝之 ④-141

내세內洗 ①-130 ⑧-72

내소신內小臣 ③-197

내쇄기폭內殺其幅 ⑥-261

내수內羞 ③-229 ⑧-167, 489

내수內豎 ⑦-403

내수재우內羞在右 ⑧-489

내숙빈乃宿賓 ①-107

내신內臣 ③-199

내신이복乃申爾服 ①-233, 240

내어內御 ⑦-376

내여효손來女孝孫 ⑧-342

내옹內饔 ⑧-410

내외개소外內皆埽 ⑦-358

내유자모內有慈母 ⑥-78

내유현결內有弦結 ②-255

내자內子 ⑧-117, 571

내자불천변內子不薦籩 ⑧-571

내장(腺) ⑤-57

내전지內展之 ⑥-262

내제內題 ①-89

내조內朝 ③-33 ④-24

내필內繹 ⑦-401

내현內弦 ②-90, 255 ③-142, 346

내현고월內弦拷越 ③-346

내형제內兄弟 ⑥-235 ⑧-150

내환內還 ③-403

내회상사來會喪事 ⑦-346

널(柩) ④-352 ⑦-49

널을 실을 수레(柩車) ⑦-264

넓적다리(髀) ①-307

넓적다리뼈(髀) ⑦-312 ⑧-276

네모진 대광주리(筐) ④-276

네모진 밥그릇(簠) ④-97, 212

녜禰 ⑤-182 ⑧-86

녜묘禰庿 ①-80

녜묘禰廟 ①-80, 277, 318, 373
　④-38, 43 ⑤-42

녜전禰奠 ⑦-413

노거승마路車乘馬 ⑤-205

노계露紒 ⑥-33, 66

노계露紒 → 맨 상투머리

노규露葵 ⑧-214

노기도로勞其道勞 ⑤-201

노老 ①-281, 376 ④-85, 257

노臑 ②-502 ⑦-396 ⑧-229, 277,
　421

노臑 → 앞다리 뼈의 아래쪽 부위

노路 ⑤-205

노勞 ⑤-208

노도보路堵父 ③-223

노독魯讀 ⑧-599

노독위모魯讀爲某 ⑧-599

노례勞禮 ②-162

노문路門 ①-495 ④-24

노부老婦 ⑧-226

노부지리怒不至詈 ⑦-362

노부지제老婦之祭 ⑧-226

노빈勞賓 ④-202

노사정勞司正 ②-465

노식열전盧植列傳 ⑦-20

노실路室 ④-78

노실유위路室有委 ④-79

노자勞者 ④-83, 84, 86

노절臑折 ⑧-422

노절臑折 → 잘라서 나눈 앞다리 뼈의
　아래쪽 부위

노침路寢 ③-219 ④-24

노침露寢 ③-23, 24

노침이치사路寢以治事 ③-33

노하사路下四 ⑤-205

녹鹿 ②-488

녹鹿 → 사슴

녹니鹿臡 ⑤-65

녹니鹿臡 → 뼈 붙은 사슴고기 젓갈

녹로鹿盧 ④-230

녹멱표직鹿幦豹犆 ⑦-417

녹시鹿豕 ②-435, 487

녹중鹿中 ②-285, 498, 520
　③-188, 347, 435

녹중鹿中 → 사슴 형상의 산가지통

녹중鹿中 → 사슴의 머리를 장식한 산
　가지통

녹천鹿淺 ⑦-417

녹피鹿皮 ①-195, 302

녹피鹿皮 → 사슴가죽

녹하鹿夏 ⑦-417

논정후관論定後官 ③-39

농력지성공農力之成功 ⑧-111

뇌罍 ①-130

뇌牢 ⑧-553

뇌간牢幹 ⑧-324, 334

뇌간牢肝 ⑧-350, 564

뇌거牢舉 ⑧-561

뇌격牢骼 ⑧-327, 334

뇌견牢肩 ⑧-328, 334, 555

뇌문誄文 ①-270

뇌미신추牢米薪芻 ④-70

뇌비牢髀 ⑧-349

뇌사耒耜 ⑦-277

뇌수罍水 ①-129, 130 ⑧-281

뇌수罍水 → 물을 넣어 둔 물 항아리

뇌수罍水 → 물을 담아 둔 물 항아리

뇌수재동罍水在東 ③-25

뇌심牢心 ⑧-293

뇌정척牢正脊 ⑧-334

뇌제祴祭 ⑧-88

뇌폐牢肺 ⑧-321, 323

뇌폐정척牢肺正脊 ⑧-323

뇨淖 ⑥-48

누縷 ①-249

누각漏刻 ①-274

누런색 치마(黃裳) ①-119 ⑧-203

누에옷(繭) ⑦-105

누인 베로 만든 관(練冠) ⑥-247

누인 비단(練繒) ⑥-65

누인 비단(練帛) ⑦-59

뉴紐 ①-89, 90, 143, 148 ⑦-267

뉴약紐約 ①-150

늠인廩人 ⑧-270

늠찬廩爨 ⑧-270

늠찬廩爨 → 밥을 짓는 부뚜막

능자能者 ②-194, 471

니鑈 ④-232

니보尼甫 ①-245

ⓒ

다리(後脛) ⑦-325

다리가 없는 밥솥(廢敦) ⑦-54

다복무강多福無疆 ⑧-342

다왈적多曰積 ④-70

다진지위영多陳之爲榮 ⑦-68

다화즉상우덕多貨則傷于德 ④-397

단簞 ①-124, 138 ⑦-76 ⑧-63, 283

단簞 → 둥근 대광주리

단조 袒 ②-277, 359 ③-363
　⑥-251
단단 壇 ④-63 ⑤-167, 216
단단 團 ⑦-429
단단 摶 ⑦-429
단건 襌巾 ⑧-315
단결수 袒決遂 ②-277, 398 ③-390
단괄발 袒括髮 ④-343
단독(特) ①-125
단명 旦明 ⑧-265
단명행사 旦明行事 ⑧-265
단무현부 短無見膚 ⑦-379
단문 袒免 ⑥-251
단사 簞笥 ①-138 ⑦-76
단선 瑞先 ①-49
단소본 單疏本 ④-165
단수 腶脩 ①-351 ⑧-462
단수 腶脩 → 생강이나 계피를 넣어 말
　린 고기
단수 鍛脩 ①-217 ⑧-397
단수 段脩 → 생강이나 계피를 넣어 말
　린 고기
단시역적차 袒時亦適次 ③-390
단위 丹韋 ②-495
단위 短衛 ⑦-435
단위경 爲絅 ⑦-142
단유궁 壇壝宮 ⑤-224

단의 褖衣 ①-327 ⑦-65, 86
단의 稅衣 ①-327 ⑦-28
단의훈염 稅衣纁袡 ①-327
단이물회 鍛而勿灰 ⑥-25
단일 旦日 ①-111
단일정명 旦日正明 ①-111
단일질명 旦日質明 ⑧-265
단자 襢笫 ⑦-375
단전 單傳 ⑥-40
단조전수 斷爪揃鬚 ⑦-81
단주 袒朱 ③-421
단주본 單注本 ①-49
단주유 袒朱襦 ②-435, 516 ③-421
단즉거관 袒則去冠 ⑥-251
단즉편기중앙 短則編其中央 ⑤-31
단지이수시 搏之以授尸 ⑧-342
단질 丹質 ②-435, 489
단집궁 袒執弓 ②-377, 385 ③-430
단책 襢簀 ⑦-375
단최 端衰 ⑦-396
단치지공 鍛治之功 ⑥-164
단피 單被 ⑦-147
단피유식 單被有識 ⑦-107
단협 短脅 ⑧-229, 233, 277, 421
단협 短脅 → 갈비뼈 뒤쪽 부위
단훈유 袒薰襦 ②-499
달 撻 ⑦-433

달撻 → 화살이 나가는 길

달기충심達其忠心 ④-352

달수(月數) ⑥-149

달자지지達子之志 ⑥-82

달팽이(蝸蠃) ④-232

달팽이 젓갈(蠃醢) ①-211 ⑤-118
⑦-314

달팽이 젓갈(蝸醢) ⑧-71

달팽이 젓갈(蝸蠃醢) ①-211
⑦-153

달팽이 젓갈을 담은 나무제기(醢豆)
⑧-82, 135

담紞 ①-143 ⑦-104

담紞 → 술

담禫 ⑦-563

담월禫月 ⑧-27

담월지길제禫月之吉祭 ⑧-27

담이내무곡禫而內無哭 ⑥-50

담이종어禫而從御 ⑦-449

담제禫祭 ⑥-50 ⑦-563

담주擔主 ⑥-24

답答 ②-510

답군이사答君而俟 ②-510

답배答拜 ①-100, 105, 176, 206, 279
③-320~322 ④-83
⑧-37, 351

답일배答壹拜 ⑧-380

답주인의答主人意 ⑧-432

당堂 ②-490

당當 ②-435, 495

당각堂角 ①-128

당구착지當口鑿之 ⑦-59

당도堂塗 ②-37 ④-134

당도堂途 ③-60 ④-209

당동堂東 ②-280, 403

당동류當東霤 ①-129 ③-25

당동서장위지서堂東西牆謂之序
①-146

당동영當東榮 ①-129, 205

당동영當東楹 ⑤-102

당렴堂廉 ①-130, 166 ③-164

당렴堂廉 → 당 위의 남쪽 끝 모서리

당물지처當物之處 ③-373

당복當福 ②-334 ③-401

당비當碑 ①-280

당비읍當碑揖 ④-122

당사當事 ⑧-219

당사堂事 ⑧-389

당사교호계堂事交乎階 ⑧-389

당사빈시堂事儐尸 ⑧-389

당사즉변질當事則弁絰 ⑥-258

당상가슬堂上歌瑟 ③-165

당상고슬堂上鼓瑟 ③-165

당상불추堂上不趨 ①-489

당상심천堂上深淺 ①-130

당상위지행堂上謂之行 ①-489

당상접무堂上接武 ①-489

당서堂西 ②-276, 280, 284
　③-416

당서堂西 → 서당 아래의 서쪽

당서當序 ②-66

당서렴堂西廉 ②-284

당석경唐石經 ①-48, 63 ④-91
　⑤-59 ⑧-585

당실當室 ⑥-256

당실지백當室之白 ⑧-601

당심堂深 ①-115, 130, 205 ②-29,
　30, 203 ③-26 ④-126
　⑧-205

당심堂深 → 당 위 남쪽 끝 모서리에
　서 북쪽으로 방·실의 벽에 이르는
　길이

당아當阿 ①-280

당 아래 동쪽 담장(東壁) ②-172
　③-173

당 아래의 대광주리(下篚) ②-29,
　482

당여시갱입當與尸更入 ⑧-394

당외렬當外列 ⑧-420

당운唐韻 ⑧-319

당 위 남쪽 끝모서리(堂廉) ③-168

당 위 남쪽 끝 모서리에서 북쪽으로
　방·실의 벽에 이르는 길이(堂深)
　①-115

당 위 동쪽 모서리에 있는 흙 받침대
　(東坫) ④-125

당 위 동쪽 벽(東序) ①-146, 160
　④-125

당 위 동쪽 벽의 남쪽 끝(序端)
　②-237

당 위 서쪽 기둥(西楹) ②-376

당 위 서쪽 벽(西序) ①-163
　②-126

당 위 서쪽 벽의 남쪽 끝(序端)
　②-381

당 위의 남쪽 끝 모서리(堂廉)
　①-130

당 위의 남쪽 끝 모서리 → 당렴堂廉

당 위 남쪽 끝 모서리에서 북쪽으로
　방·실의 벽에 이르는 길이(堂深)
　③-25

당 위의 대광주리(上篚) ②-28, 217,
　262, 482

당 위의 동쪽 기둥(東楹) ①-281, 386

당 위의 서쪽 모서리(西廉) ②-284

당전로當前輅 ⑦-292

당전속當前束 ⑦-266

당정黨正 ②-22

당정堂庭 ④-276

당중서堂中西 ④-222

당즉유영외堂則由楹外 ②-301

당하계간堂下階間 ①-397

당하위지보堂下謂之步 ①-489

당하종경堂下鐘磬 ③-165

당하취생堂下吹笙 ③-165

당하포무堂下布武 ①-489

대戴 ⑦-268

대帶 ①-118, 316

대帶 → 허리띠

대對 ⑧-377

대敦 ①-309 ⑦-445, 462, 479, 481
⑧-48, 62, 184, 270

대敦 → 둥근 밥그릇

대敦 → 밥그릇

대敦 → 밥솥

대개敦蓋 ⑦-463

대갱大羹 ①-309 ⑧-91, 332

대갱성지우등大羹盛之于登 ⑤-74

대갱읍大羹湆 ①-309 ⑤-69
⑧-91

대갱읍大羹湆 → 고기국물

대갱읍大羹湆 → 나물을 넣지 않은 고
기국물

대계회敦啓會 ⑦-210

대곡代哭 ⑦-136

대곡불이관代哭不以官 ⑦-138

대공大功 ⑥-24

대공구월大功九月 ⑥-174

대공복大功服 ①-36, 423

대공상구월칠월大功殤九月七月
⑥-164

대공장大功章 ⑥-78

대공지갈大功之葛 ⑥-175

대공지대大功之帶 ⑥-24

대공지질大功之絰 ⑥-24

대공지친大功之親 ①-385

대공포大功布 ⑥-76, 164

대공포구승大功布九升 ⑥-175

대과大寡 ④-423

대광주리(筐) ①-125, 204 ⑧-271

대구大裘 ⑤-182

대구면大裘冕 ①-92, 326 ⑤-190

대국유고大國有孤 ②-158

대국지고大國之孤 ⑦-182

대기大旂 ⑤-221

대나무(竹) ⑥-42

대나무로 만든 지팡이(竹杖) ⑦-393

대나무 비녀(箭笄) ⑥-35

대나무제기(籩) ①-38, 125
⑧-271

대나무제기 안의 제물(籩祭) ⑧-118

대나무제기와 나무제기 → 천薦

대단행待旦行 ④-32

대대大帶 ①-89 ⑥-21, 39

대대大帶 → 허리띠

대려大呂 ③-167

대련大櫣 ⑧-428

대렴大斂 ①-37 ④-345 ⑥-256
⑦-161

대렴금大斂衾 ⑦-97

대렴기빈지전大斂旣殯之奠 ⑦-240

대렴우조大斂于阼 ⑦-387

대렴전大斂奠 ①-37 ⑦-311, 385,
427

대렴지교大斂之絞 ⑦-107

대렴지숙전大斂之宿奠 ⑦-199

대례大禮 ④-149

대로위지분大路謂之奔 ①-489

대뢰大牢 ④-59

대명왈역大名曰繹 ⑧-396

대목여大木輿 ⑧-47

대문大門 ①-152, 156, 279, 322
⑤-25

대문 → 외문

대물해사건지大物解肆乾之 ④-229

대물해사건지위지건육大物解肆乾之謂
之乾肉 ⑧-397

대반大盤 ⑦-79

대방大房 ①-201 ②-144

대방어교待放於郊 ⑥-156

대벽지본大擘指本 ⑦-94

대보천이주일大報天而主日 ⑤-229

대부大夫 ①-191 ②-143 ⑤-22,
176 ⑧-23, 118

대부개용칠大夫蓋用漆 ⑦-150

대부례사인준大夫禮四人餕 ⑧-377

대부목직大夫沐稷 ⑧-442

대부무조사大夫無朝事 ⑧-420

대부복흘大夫服笏 ⑦-71

대부불감기종大夫不敢降其宗 ⑥-155

대부불입大夫不入 ②-180

대부빈이도大夫殯以幬 ⑦-150

대부사이문大夫士二門 ①-156

대부사이함大夫士以咸 ⑦-345

대부삼사大夫三祀 ④-41

대부석재중大夫席再重 ②-157

대부섭관大夫攝官 ⑧-272

대부십일반大夫十一飯 ⑧-561

대부안大夫鴈 ①-192

대부언사인大夫言私人 ⑧-518

대부용어大夫用梓 ⑧-286

대부용이반大夫用夷槃 ⑦-83

대부용호大夫容壺 ⑦-343

대부월경역녀大夫越竟逆女 ⑥-153

대부위세부모大夫爲世父母 ⑥-181

대부위조부모적손위사자大夫爲祖父

母適孫爲士者 ⑥-120

대부위종자大夫爲宗子 ⑥-155

대부이색우大夫以索牛 ⑧-21

대부이어수문죽大夫以魚須文竹
⑦-66

대부이하왈적자大夫以下曰適子
⑥-56

대부이현정大夫以玄楨 ⑦-28

대부장大夫長 ③-115

대부재중大夫再重 ②-155

대부제제大夫濟濟 ①-167

대부준자천大夫餕者賤 ⑧-380

대부즉특배大夫則特拜 ⑦-42

대부지서자大夫之庶子 ⑥-182

대부지서자위적곤제大夫之庶子爲適昆
弟 ⑥-106

대부지시大夫之矢 ②-365

대부지신불계수大夫之臣不稽首
⑧-519

대부지여체大夫之餘體 ②-502

대부지자大夫之子 ⑥-145

대부지적자위처大夫之適子爲妻
⑥-103

대부지좌식천大夫之佐食賤 ⑧-353

대부지첩위군지서자大夫之妾爲君之庶
子 ⑥-183

대부지첩위서자적인자大夫之妾爲庶子

適人者 ⑥-213

대부축조무폐大夫祝俎無肺 ⑧-350

대부측준용어大夫側尊用椒 ⑧-286

대부포후大夫布侯 ②-487

대부환장大夫還璋 ④-290

대분大盆 ⑧-284

대분大盆 → 큰 동이

대비大比 ②-19

대빈이여명對賓以女名 ①-386

대빙大聘 ①-35 ④-358, 359

대사大射 ②-500

대사大蜡 ⑦-86

대사정大射正 ③-50, 186, 231, 281

대사지의大射之儀 ①-34

대상大祥 ⑧-27

대상제大祥祭 ⑦-563

대서敦黍 ⑧-307, 321

대서敦黍 → 찰기장 밥그릇

대석對席 ⑧-184, 376

대순大詢 ①-489

대야(盥) ⑦-239

대언획大言獲 ②-315

대연帶緣 ⑥-82, 87

대연帶緣 → 베로 만든 허리띠의 가선

대왈신大曰薪 ⑦-247

대용금帶用斳 ⑦-100

대인大人 ①-500

대자리(簟席) ①-186

대자리(蕢) ⑦-272

대장對醬 ①-335

대장전大葬奠 ⑦-311

대적大赤 ④-54

대제왈체大祭曰禘 ⑥-136

대종俗宗 ⑤-231

대종大宗 ①-384 ⑥-109

대종자수족자大宗者收族者 ⑥-109

대종자존지통大宗者尊之統 ⑥-109

대종지가大宗之家 ①-384

대지이문代之以免 ⑥-251

대지첩위서자지장상大之妾爲庶子之長
　殤 ⑥-203

대직敦稷 ⑧-307

대진戴震 ⑤-180

대추(棗) ①-350 ⑦-314 ⑧-568

대추를 담은 대나무제기(棗籩)
　⑧-135

대축大祝 ④-44

대축상시례大祝相尸禮 ⑧-316

대합大蛤 ④-232

대합가루(魁) ①-248

대합가루(蜃蛤) ①-248

대합가루(蜃灰) ②-511

대행인大行人 ⑤-166

대협代脅 ⑧-277, 421

대협代脅 → 갈비뼈의 앞쪽 부위

대회동大會同 ④-36

대후大侯 ③-258, 373

대후구십大侯九十 ③-257

대후재발大侯再發 ③-373

덕불가취어인德不可取於人 ④-287

덕행德行 ②-22

덧까는 자리(加席) ②-248 ③-29,
　40, 275 ⑤-95

덮개(巾) ⑦-366, 415

덮개(羃) ⑦-275

덮개(覆筓) ⑦-417

덮개보(羃) ③-27, 271 ⑤-152
　⑧-207, 289

덮개보(鼏) ⑧-392

덮개보를 잡는 사람(執羃) ③-181

도翿 ②-492

도鼗 ③-267

도鼗 → 땡땡이북

도徒 ①-93 ③-39

도荼 ⑦-420

도荼 → 서

도桃 ⑧-573

도稻 ④-212 ⑤-82

도稻 → 쌀밥

도거道車 ⑦-261, 285 ⑦-418

도곡불용徒哭不踊 ⑦-46

도궁都宮 ①-130 ④-252

도궁지장都宮之牆 ①-130

도끼 문양을 수놓은 가리개(斧依)
　⑤-186

도끼 문양을 수놓은 옷깃(黼領)
　①-321

도례청조稻醴淸糟 ①-195

도로노고道路勞苦 ⑤-173

도발綯髮 ①-320

도발지증綯髮之繒 ⑦-129

도불기우관塗不曁于棺 ⑦-150

도비桃匕 ⑧-430

도비桃匕 → 자루가 긴 숟가락

도빈지의道賓之義 ④-221

도사지심禱祠之心 ⑦-28

도시韜尸 ⑦-63

도시道尸 ⑧-402

도역徒役 ⑦-381

도예道藝 ②-21 ③-197

도오곡搗熬穀 ⑧-490

도육지포搗肉之脯 ⑧-463

도읍지사都邑之士 ⑥-109

도의비刀衣鼻 ①-247, 248, 250
　⑦-92

도장방桃長枋 ⑧-430

도정翿旌 ②-435, 492, 517

도정이획翿旌以獲 ②-520

도제道祭 ④-366

도종徒從 ⑥-139

도주稻酒 ④-213

도주稻酒 → 쌀로 빚은 술

도지석桃枝席 ⑤-192

도지죽桃枝竹 ⑤-192

도진擣珍 ③-177

도척이오度尺而午 ③-365

독(甕) ④-215 ⑤-125

독櫝 ①-85, 95 ⑦-215

독櫝 ④-49

독櫝 → 옥함

독韣 ⑤-184 ⑦-434

독韣 → 점대통

독韣 → 활집

독견讀遣 ⑦-331

독서讀書 ④-31, 61 ⑦-331

독서韣笫 ⑧-252

독유獨侑 ⑧-327

독유은후獨有恩厚 ③-215

독읍시獨揖尸 ⑧-415

독저문외讀諸門外 ④-362

독좌獨坐 ②-28

독환韣丸 ①-85

돈豚 ①-209, 241 ⑥-132
　⑦-118, 152, 172 ⑧-310

돈豚 → 새끼돼지 고기

돈박豚拍 ④-232

돈수頓首 ①-329 ④-91

돈정豚鼎 ①-312

돈해豚解 ⑦-313

동동棟 ①-280 ②-435, 490

동동棟 → 마룻대

동同 ⑤-216

동동桐 ⑥-42

동동桐 → 오동나무

동계東階 ①-146, 149 ②-202

동계同階 ②-434

동고조자시同高祖者緦 ⑥-138

동관東觀 ⑥-40

동교東膠 ②-305

동궁東宮 ⑥-103

동궤彤几 ④-151

동궤彤几 → 붉은 칠을 한 안석

동규冬葵 ⑧-214

동균전董鈞傳 ⑦-20

동당東堂 ①-130, 149 ③-43, 280
　　⑧-211

동당동협지전東堂東夾之前 ⑧-211

동당지하東堂之下 ②-280

동령東嶺 ①-116

동뢰同牢 ①-331, 380

동뢰시친同牢示親 ①-338

동료同僚 ⑦-33

동료와 벗(僚友) ①-99

동류東霤 ①-129 ③-26, 36

동류東霤 → 동쪽 낙수물받이

동리凍梨 ①-235

동면東面 ④-123 ⑧-149

동면남고東面南顧 ③-48

동모同母 ⑥-128

동모제同母弟 ①-439

동반同班 ⑤-22

동방東房 ①-133, 178, 206
　　②-477 ③-87 ⑤-34 ⑧-48, 211,
　　493

동방東房 → 동쪽 방

동방東方 ④-214

동방東枋 ⑧-291, 408

동방규東方圭 ⑤-218

동방지신찬東方之新饌 ⑦-159

동방지찬東方之饌 ⑦-170

동백구冬白蘿 ⑦-67

동벽東壁 ①-181 ②-172, 185, 435,
　　478

동벽東壁 → 당 아래 동쪽 담장

동벽東壁 → 동쪽 담장

동병東柄 ⑦-118

동복상위지명同服相爲之名 ⑥-99

동부同父 ⑥-128

동부자기同父者期 ⑥-138

동비東扉 ⑦-228

동사東肆 ②-28, 202, 324 ③-392

동상東上 ③-53 ⑧-241

동상東箱 ④-104, 152 ⑤-94, 232

동생(弟) ①-439

동서東序 ①-139, 146, 149, 157, 160
　②-56, 227 ⑤-64, 100
　⑧-453

동서東序 → 당 위 동쪽 벽

동서당동영東西當東榮 ②-29, 203
　⑧-205

동서두東序頭 ②-231

동서등東西等 ②-118

동서 양 계단 사이의 당 모서리(內廉)
　④-208

동서위교東西爲交 ⑧-547

동서위종東西爲從 ②-369

동서장위지서東西牆謂之序 ②-56

동서절東西節 ②-118 ⑤-44

동성同姓 ⑤-178

동성금로同姓金路 ⑤-233

동성대국同姓大國 ⑤-210

동성소방同姓小邦 ⑤-210

동성임우종묘同姓臨于宗廟 ⑥-239

동수童豎 ⑦-406

동숙東塾 ①-95, 147, 222 ④-126,
　156 ⑤-94

동숙東塾 → 묘문 밖 동쪽 당

동숙東塾 → 묘문 안의 동쪽 당

동영東榮 ①-115, 129~131, 205
　②-29, 203 ③-36 ⑧-205, 271

동영東榮 → 동쪽 추녀

동영東楹 ①-281 ②-72, 253
　③-27 ④-125 ⑤-102
　⑧-403, 432

동영東楹 → 당 위의 동쪽 기둥

동용東墉 ①-133

동용치하용거冬用雉夏用腒 ①-457

동용환冬用萱 ⑦-518

동우冬遇 ①-455

동이(盆) ⑧-226

동자童子 ①-73, 148 ⑥-23, 24

동자유당실시童子唯當室緦 ⑥-256

동작자상여우同爵自相與耦 ②-328

동장桐杖 ⑦-393

동장桐杖 → 오동나무로 만든 지팡이

동장지東藏之 ④-408

동재同財 ⑥-113

동재지의同財之義 ⑦-45

동점東坫 ①-142 ③-418

동점東坫 → 당 위 동쪽 모서리에 있
　는 흙 받침대

동제우두제同祭于豆祭 ⑧-320, 449

동제행冬祭行 ⑦-363

동조同俎 ⑤-57

동조자대공同祖者大功 ⑥-138

동족同族 ⑥-128

동족우네묘同族于禰廟 ⑥-239

동종同宗 ⑥-29, 30

동종우조묘同宗于祖廟 ⑥-239

동증조자소공同曾祖者小功 ⑥-138

동지同志 ⑦-33

동진東陳 ③-275 ④-214

동쪽 낙수물받이(東霤) ③-25

동쪽 담장(東壁) ①-181

동쪽 방(東房) ③-38

동쪽 추녀(東榮) ①-115, 205
⑧-205, 271

동천소東遷所 ⑤-64

동축東縮 ⑦-458 ⑧-75, 81

동춘용건환冬春用乾葺 ⑦-518

동피구冬皮屨 ⑦-67

동현同玄 ①-321

동현東縣 ③-164, 197

동협同筴 ①-121

동협東夾 ⑤-43, 232 ⑧-211

동협남東夾南 ⑤-44

동협실東夾室 ④-214

동호외지동房戶外之東 ⑧-461

동환冬葺 ⑧-208

동회冬會 ⑤-217

동회동冬會同 ⑤-217

돼지고기(剛鬣) ⑦-564 ⑧-79, 309

돼지고기(豕) ④-100 ⑧-60

돼지고기 구이(豕燔) ⑧-464

돼지고기 구이(豕炙) ⑤-86

돼지고기 구이(炙) ⑧-94

돼지고기 국(臇) ④-103 ⑤-85
⑧-94

돼지고기 국그릇(豕鉶) ⑧-322

돼지고기 국물(豕肴) ⑧-412

돼지고기를 올려놓은 희생제기(豕肴)
⑧-463

돼지고기의 껍질 부위(膚) ④-103
⑧-185

돼지고기의 껍질 부위를 담는 세발솥
(膚鼎) ⑧-276, 291

돼지고기의 부드러운 껍질 부위(倫膚)
⑤-57, ⑧-279

돼지고기 젓갈(醢) ⑧-94

두豆 ①-126, 291 ⑦-445, 461, 476,
479, 542 ⑧-48, 271

두豆 → 나무제기

두枓 ⑧-281, 282

두枓 → 구기

두간豆間 ③-459 ⑧-88

두 겹(再重) ②-248

두괴杜蒯 ③-346

두남豆南 ⑧-478

두동豆東 ①-334

두무兜鍪 ⑦-278

두상頭象 ②-488

두설豆屑 ⑧-490

두수豆數 ⑤-136

두염豆鹽 ⑧-219

두익頭嗌 ⑦-557

두익脰嗌 ⑦-557

두자춘杜子春 ④-232

두 장의 사슴 가죽(儷皮) ④-179

두즉옥익頭卽屋翼 ⑦-28

두천저해豆薦菹醢 ⑧-333

두촉지頭觸地 ⑦-40

둥근 대광주리(筥) ④-240

둥근 대광주리(簞) ①-124 ⑦-74
　⑧-63, 283

둥근 밥그릇(簋) ④-97

둥근 밥그릇(敦) ①-309

둥근 밥솥(簋) ④-211

뒷다리 뼈(股骨) ⑧-277

뒷다리 뼈의 아래쪽 부위(觳)
　②-502

뒷다리 뼈의 위쪽 부위(肫) ②-173
　⑧-421

뒷다리 뼈의 위쪽 부위(膊) ②-502
　⑧-276, 355

뒷다리 뼈의 위쪽 부위(後肫) ⑦-313

뒷다리 뼈의 중앙 부위(胳) ②-173,
　502 ⑧-144

뒷다리 뼈의 중앙 부위(骼) ⑧-276,
　355

득신得申 ②-359

득신기사존得伸其私尊 ⑥-76

득신중복삼년得伸重服三年 ⑥-76

들보(楣) ②-36, 490 ④-124

들보(梁) ⑤-46

등鐙 ①-140 ④-103 ⑤-69
　⑧-332

등滕 ⑦-148

등대갱登大羹 ⑧-333

등뼈(脊) ①-307 ②-173, 478

등뼈의 뒤쪽 부위(橫脊) ⑧-277, 355

등뼈의 앞쪽 부위(正脊) ⑧-277, 355

등뼈의 중앙 부위(脡脊) ⑧-277, 355,
　421

등세鄧繐 ⑥-197

등수騰羞 ⑤-86

등위等位 ④-126

디딤대(几) ①-323

땔나무(柴) ⑤-229

땡땡이북(鼗) ②-96

떡(糗) ⑦-314

뚜껑(蓋) ⑧-289

뚜껑(會) ①-335 ⑤-152

뚜껑 덮인 밥(會飯) ⑤-108

뜰(庭) ①-285 ④-91

뜰에 진설하는 물받이 항아리(庭洗)
　①-205

뜰 중앙(中庭) ②-511 ③-170
　④-60 ⑧-66

띠(衿) ①-435

띠풀(茅) ②-364 ③-431 ⑤-30

려廬 ④-78

려栖 ⑦-50

려栖 → 평고대

령箸 ①-125, 141 ⑦-397

령箸 → 먼지막이 대발

령輪 ①-141 ④-302

령櫳 → 격자창

로勞 ④-303

로輅 → 끌채 앞에 가로 댄 나무

뢰牢 ⑦-61 ⑧-293, 320

뢰罍 → 물 항아리

료燎 → 화톳불

루樓 ⑦-61

류霤 ②-182 ③-36

류霤 → 낙수물받이

류留 ③-423

류旒 ⑤-221

류流 ⑦-277, 446

류柳 ⑦-266

류柳 → 윗덮개

류유포황柳有布荒 ⑦-267

룽䔖 ⑧-573

리麗 ⑦-94

리貍 ③-477

리貍 → 삵

리생麗牲 ④-209

리이부제심離而不提心 ⑦-320

ᄅ

라贏 ④-232

라蓏 ⑦-395

란欒 ③-33

랄埒 ④-66 ⑤-216

랄埒 → 낮은 담장

랄초지신剌草之臣 ①-522

래騋 ⑤-227

래부來婦 ①-374

래욕來辱 ①-379

량梁 ④-212

량례청조梁醴清糟 ①-195

려閭 ②-518

려驢 ②-518

려厲 ④-41

리친부裏親膚 ⑦-380

립笠 ⑦-278

⬛ ⓜ ⬛

마麻 ⑥-21

마馬 ①-316

마馬 → 말

마구麻屨 ⑥-101

마 끈으로 엮어 만든 짚신(繩屨)
　⑥-36

마룻대(棟) ①-280 ②-490
　④-231

마룻대(阿) ①-280

마면麻冕 ①-132

마반기馬絆綦 ⑦-67

마부(僕人) ①-323

마부(御者) ①-323

마부제모馬不齊髦 ⑦-399

마사摩沙 ③-273

마사본麻沙本 ①-51

마시는 술(飲酒) ⑤-34

마시는 음료(漿飲) ⑤-34

마실麻實 ⑥-41

마앙馬鞅 ⑦-259

마의麻衣 ⑥-247

마의여설麻衣如雪 ⑥-248

마의전연麻衣綵緣 ⑥-247

마좌麻髽 ⑥-66

마즉북면馬則北面 ④-29

마질麻絰 ⑥-175

막幕 ④-28

막幕 → 멍석

막인幕人 ④-34

막 잡은 토끼고기(鮮獸) ⑦-313

막포幕布 ⑦-378

만무萬武 ③-226

만무이주지萬武而奏之 ③-226

만악縵樂 ③-247

만이행輓而行 ⑦-151

말(馬) ④-29

말秣 ④-60

말末 → 꼬리 부분

말개末介 ④-113, 114

말린 고기(腊) ①-307 ④-100
　⑧-47

말린 고기(脯) ①-125, 177, 178
　②-389

말린 고기·고기젓갈(薦) ②-389

말린 고기를 담는 세발솥(腊鼎)
　⑧-276

말린 고기를 올려놓은 희생제기(腊俎)
　⑧-82

말린 꿩고기(腒) ①-457

말린 큰사슴고기(腊) ⑧-296

말린 토끼고기(腊) ①-306 ⑧-60

말린 토끼고기(兎腊) ①-307

말린 희생고기(乾肉) ①-211, 212

말린 희생고기를 잘라서 올려놓은 희
  생 제기(乾肉折俎) ①-209

말뱃대끈(樊纓) ⑤-221

말빈末擯 ④-113, 114 ⑤-187

말을 기르는 사람(圉人) ⑦-259

맛난 음식(嘉薦) ⑦-535, 564
  ⑧-79, 309

망반저유望反諸幽 ⑦-28

맞배지붕(夏屋) ①-115

매靺 ①-117

매妹 ⑥-140

매枚 → 조각

매겹靺韐 ①-117, 118, 132, 171
  ⑦-65, 93

매겹靺韐 → 적황색 무릎가리개

매경이석每卿異席 ③-330

매곡每曲 ④-133

매곡읍每曲揖 ①-153, 157 ④-116,
  248

매관지감埋棺之坎 ⑦-150

매기이항每器異桁 ⑦-277

매달 초하루에 정사를 듣는 예(視朔)

①-118

매문每門 ④-133

매씨媒氏 ①-276

매씨媒氏 → 중매인

매우감埋于坎 ⑦-95

매월 초하루에 정사를 듣다(視朔)
  ①-82

매월 초하루에 정사를 듣다(視朝)
  ①-82

매위이지每委異之 ②-370

매일개석일산每一个釋一筭 ②-351

매장埋葬 ①-455

매지서계동埋之西階東 ⑧-602

매폐埋幣 ④-41

매포이위의靺布以爲衣 ④-227

맨 상투머리(露紒) ⑦-125

맹盟 ⑤-217

맹약盟約 ⑤-222

맹회盟會 ④-361

머리끈(總) ⑥-35, 65

머리싸개(纚) ①-161 ⑧-65, 305

머리싸개(縰) ⑥-65

머리싸개(掩) ⑦-59

먹기 위한 허파(離肺) ②-502

먼지막이 대발(筓) ⑦-397

멍석(幕) ④-28

멍에(軏) ⑦-365

멍에(衡) ⑦-418

메기장 밥(稷) ①-309 ④-105, 211

메기장 밥그릇(稷敦) ⑧-307

메추라기(鶉) ③-490

멧대추나무로 만든 숟가락(棘匕) ⑧-214

며느리 집안사람(婦氏人) ①-366

멱幦 ⑤-152

멱幦 → 덮개보

멱幦 → 솥 덮개

멱羃 ③-27, 272 ⑦-443 ⑧-281

멱羃 → 덮개

멱羃 → 덮개보

멱鼏 ①-210, 306 ④-229 ⑤-30, 152 ⑦-460, 512 ⑧-46

멱鼏 → 덮개보

멱鼏 → 솥 덮개

멱幭 ⑦-396

멱목幎目 ⑦-60

멱목幎目 → 얼굴덮개

멱목용치幎目用緇 ⑦-60

멱약속약편鼏若束若編 ⑤-30

멱용격鼏用綌 ⑧-207

멱용공포鼏用功布 ⑦-276

멱용소포鼏用疏布 ⑦-275

멱용위석鼏用葦席 ⑦-100

멱용치포鼏用緇布 ⑦-443

면面 ②-425 ④-358

면面 → 얼굴

면冕 ①-117, 127, 142 ⑤-187

면경面卿 ④-78 ④-254

면고面鼓 ②-255 ③-142

면대부面大夫 ④-78

면방面枋 ①-175, 354 ④-154 ⑦-385

면변冕弁 ①-24

면복冕服 ①-316 ④-129 ⑤-190

면수沔水 ⑦-57

면엽面葉 ①-174

면족집지面足執之 ⑦-210

면지경지勉之敬之 ①-434

면질免絰 ⑦-214

면촉面鏃 ②-425 ③-481

멸료滅燎 ⑦-315

명銘 ⑦-49

명命 ⑧-89

명名 ⑥-60, 103

명名 → 명분

명거후命去侯 ③-382

명규(圭) ①-192

명기明器 ⑦-271, 274, 304, 306, 326

명기괄銘其括 ②-365

명남命男 ⑦-371

명동銘橦 ⑦-50

명동銘橦 → 명의 깃대

명모命某 ①-457

명모위빈命某爲賓 ③-47

명복名服 ⑥-103

명부命婦 ⑥-119, 258

명부命夫 ⑦-370

명부대부지처命婦大夫之妻 ⑧-574

명부성제복命婦成祭服 ⑧-574

명분(名) ⑥-103

명사命士 ①-349

명사命使 ④-21

명서命書 ⑤-205

명서자命筮者 ⑦-214

명수明水 ①-141, 398 ⑦-535

명수命數 ④-281, 284 ⑤-119

명시明視 ⑦-535

명신明神 ⑤-224

명실구천名實俱舛 ⑥-60

명용악命用樂 ③-475

명위구경命爲苟敬 ③-237

명응名鷹 ③-262

명의明衣 ①-324 ⑦-57, 82, 376, 378

명의 깃대(銘橦) ⑦-50

명의단의明衣襌衣 ⑦-93

명의부재산明衣不在算 ⑦-93

명일明日 ⑧-268

명일내서明日乃筮 ⑧-248

명일부어조부明日祔於祖父 ⑦-538

명일이기반부明日以其班祔 ⑦-556

명일이역明日而繹 ⑧-387

명일제어팽이역明日祭於祊而繹 ⑧-390

명일졸전明日卒奠 ⑧-207

명자明粢 ⑦-535

명자왈양明者曰陽 ⑧-199

명작明酌 ①-197

명장命長 ③-100

명장치命長致 ③-335

명정明旌 ⑦-49

명정銘旌 ⑦-49, 166, 245, 286

명제明齊 ⑦-535

명제命祭 ⑧-100

명제수주明齊溲酒 ⑦-535

명주실(絲) ⑥-224

명주실로 된 깍지(纊極) ⑦-61

명중(獲) ③-383

명천지明薦之 ⑧-88

명철멱命徹冪 ③-204

명청蓂菁 ⑤-66

명축이하사命祝以嘏辭 ⑧-342

명화明火 ⑦-224

몌袂 ⑥-265 ⑧-416

몌袂 → 소매

몌촉폭袂屬幅 ⑥-265 ⑦-378

모姆 ①-437

모姆 → 보모

모某 ②-435

모髦 ⑦-391

모冒 ⑦-62

모髦 ⑧-78, 323

모茅 ②-364 ③-431

모茅 → 띠풀

모감납징某敢納徵 ①-421

모군某君 ④-308

모군지사某君之賜 ④-312

모궁某宮 ④-308

모롱侮弄 ②-166

모마牡麻 ⑥-41

모마牡麻 → 숫마

모마결본牡麻結本 ⑦-113

모마질牡麻絰 ⑥-70

모마질영牡麻絰纓 ⑥-174

모모鴇母 ⑤-122

모백毛伯 ④-336

모백래구금毛伯來求金 ④-336

모보某甫 ⑦-215 ⑧-255

모보某甫 → 아무개보

모본毛本 ①-51 ②-431, 450

모부재母不在 ①-227

모부전중母不傳重 ⑥-79

모불감사某不敢辭 ①-410, 418

모불민某不敏 ①-229

모비배모씨某妃配某氏 ⑧-249, 251

모사某死 ⑦-34

모사某事 ⑧-27

모사모수某使某襚 ⑦-46

모사부득명某辭不得命 ①-417

모사유의髦士攸宜 ①-244

모수茅蒐 ①-118

모수茅秀 ⑦-420

모수모자某酬某子 ②-436, 439

모수염위茅蒐染韋 ④-227

모씨某氏 ①-374 ⑧-250

모씨某氏 → 아무개 씨

모씨모지구某氏某之柩 ⑦-49

모어어자某御於子 ③-397

모역불감강야母亦不敢降也 ⑥-75

모위장자母爲長子 ⑥-74

모일某日 ①-425

모자某子 ②-287, 435, 439
　③-397 ⑧-27

모자某子 → 아무개 분

모자수수某子受酬 ②-126

모자지친母子至親 ⑥-84

모재내毛在內 ④-141

모저茅菹 ④-232

모지곤제母之昆弟 ⑥-234

모천세사某薦歲事 ⑧-41

모치질冒緇質 ⑦-62

모포경牡蒲莖 ⑦-397

모필창저貌必蒼苴 ⑥-38

모혈毛血 ④-209

목木 ①-94

목木 → 나무막대기

목鶩 ①-488

목鶩(집오리) ①-282

목간착지木刊鑿之 ⑦-98

목거木車 ⑦-396

목건沐巾 ⑦-74

목관木舘 ⑦-398

목덜미살(脢) ⑦-511

목두위지두木豆謂之豆 ⑧-333

목로木路 ⑤-209

목로木輅 ⑤-233

목불성착木不成斲 ⑦-271

목사木柶 ⑦-148, 384

목사木柶 → 나무로 만든 숟가락

목왈두木曰豆 ⑧-333

목욕시킨 물(澡濯) ⑦-81

목욕제계沐浴齊戒 ④-95

목주木主 ⑤-190

목즐沐櫛 ⑦-80

목판(方) ①-87 ⑧-28

목표木鑣 ⑦-398

목항木桁 ⑦-276

몰계沒階 ④-392

몰기경沒其竟 ④-60

몰례沒禮 ④-397

몰류沒霤 ⑤-106 ⑧-315, 402

몰류沒霤 → 낙수물받이가 끝나는 곳

몰류상읍沒霤相揖 ⑧-402

묘廟 ①-33, 183, 374 ⑤-42

묘庿 ⑧-50

묘茆 ④-232

묘당庿堂 ①-80

묘도墓道 ⑦-339

묘명廟名 ①-89

묘문(礽) ⑧-390

묘문庿門 ①-80

묘문廟門 ①-80, 279, 322 ⑤-30

묘문 밖의 서쪽 당(西塾) ①-83

　④-117 ⑧-26

묘문 안의 동쪽 당(東塾) ④-126, 156

묘문 안의 서쪽 당(西塾) ③-213

묘문 안쪽의 낙수물받이(內霤)

　①-279 ④-229

묘수廟數 ④-101

묘신庿神 ①-80,

묘실廟室 ①-374, 416

묘자리(幽宅) ⑦-215

묘재침동廟在寢東 ④-237

묘저茆菹 ⑧-310, 437

묘저茆菹 → 순채절임

묘조廟祧 ⑤-49

묘중의청廟中宜淸 ④-175

묘중지칭廟中之稱 ④-39

묘지조역墓地兆域 ⑦-213

묘현廟見 ①-377

무武 ①-135, 142 ②-204, 490
　③-260 ⑥-26

무撫 ②-324 ⑧-120

무膴 ⑤-83 ⑧-428

무巫 ⑦-179

무巫 → 남자 무당

무憮 ①-262 ⑦-246

무甒 ①-125, 291, 354 ③-271
　⑦-276, 443, 541 ⑧-281

무甒 → 술동이

무甒 → 질그릇 술동이

무개無介 ②-465

무건無愆 ①-435

무과사열毋過四列 ⑤-119

무당심撫當心 ⑦-183

무릎가리개(韠) ①-89, 120

무명지無名指 ③-420

무명지無名指 → 약손가락

무모無母 ⑤-120

무물無物 ②-492

무반어육毋反魚肉 ⑧-383

무복無服 ⑥-116, 153

무복왈전無輻曰輇 ⑦-431

무복지상無服之殤 ⑥-165

무불취無不醉 ③-175

무빈無儐 ④-281

무사기루無事其縷 ⑥-258

무사우사즉습無事于射則襲 ②-319

무사이음無事而飮 ⑧-153

무사즉중정북면無事則中庭北面
　⑧-354

무산無算 ⑧-172

무산악無算樂 ①-33 ②-148, 435
　③-201, 206

무산작無算爵 ①-33 ②-134, 147,
　435, 452 ③-201 ⑧-21

무상어면毋上於面 ①-501

무생이귀無生而貴 ①-266

무석여부無腊與膚 ⑧-392

무선작無膳爵 ③-222

무선준無膳尊 ③-222

무손즉취동성지적無孫則取同姓之適
　⑦-532

무수無受 ⑥-149

무시無尸 ⑦-527

무시撫矢 ②-324

무시곡無時哭 ⑦-136

무시이승지撫矢而乘之 ②-324

무시체이유부無豕體而有膚 ⑧-427

무역無射 ③-167, 266

무옥撫玉 ⑤-197

무용염금憮用斂衾 ⑦-23

무용이금憮用夷衾 ⑦-246

무위한간武威漢簡 ①-45 ⑥-40

무유현주甒有玄酒 ⑧-281

무읍無浥 ⑧-541

무읍작부지無浥爵不止 ⑧-544

무자자습無藉者襲 ④-400

무자자즉습無藉者則襲 ④-120

무잠공無箴功 ①-91

무장위無腸胃 ⑦-313

무제膴祭 ⑧-428, 443, 521

무제폐유제폐無祭肺有嚌肺 ⑧-427

무조無俎 ②-467

무조위질無藻爲質 ④-137, 401

무종無從 ⑧-156

무주毋周 ②-336

무주無主 ⑥-113, 114

무증無脅 ③-342

무차제지수無次第之數 ⑧-173

무촉단위無鏃短衛 ⑦-435

무퇴毋追 ①-76, 261

무특無特 ⑤-118

무하어대毋下於帶 ①-501

무해無駭 ⑧-249, 250

무행無行 ④-444

무헌無獻 ②-183

묵거墨車 ①-316 ⑤-164, 183
⑦-295

묵은 솜(纊) ⑦-142

묶은 줄(緘耳) ⑦-340

문(戶) ①-178 ④-231

문免 ⑥-251 ⑦-124, 243

문問 ④-358

문門 ④-41

문統 ⑦-124

문경問卿 ④-78

문경지석問卿之夕 ④-271

문내류門內霤 ③-211

문대부問大夫 ④-78, 295

문 말뚝(闑) ①-84 ③-43
④-113

문명問名 ①-282, 287, 386

문명聞命 ①-427

문무부동文武不同 ③-464

문 밖(門外) ①-279

문병지간門屛之間 ④-252

문불욕文不縟 ⑥-165

문비門扉 ⑦-226

문빙問聘 ④-201

문상聞喪 ④-347

문신門神 ④-322

문야問夜 ①-505

문양汶陽 ④-144

문외門外 ①-279

문외門外 → 문 밖

문외서당門外西堂 ①-84

문외위지추門外謂之趨 ①-489

문외지우門外之右 ⑦-446

문욕文縟 ⑥-165

문우門右 ①-467

문우방免于房 ⑦-124

문이이포免而以布 ⑦-124

문좌門左 ①-467 ④-121

문중門中 ④-190

문중지궐門中之橛 ①-95 ③-45

문지방(閾) ①-84 ④-116
　⑦-226

문지양방門之兩旁 ④-131

문질상변文質相變 ④-137

문짝(扉) ①-446

문첨류진처門簷霤盡處 ⑧-405

문측지당門側之堂 ⑧-31

물(玄酒) ①-125, 214 ④-327
　⑧-280

물物 ②-435, 489 ③-230, 380
　⑦-49, 51, 407

물物 → 사대

물物 → 잡색 깃발

물간物間 ②-312, 322

물고기(魚) ⑧-60

물고기를 담은 세발솥(魚鼎) ⑧-72

물당동物當棟 ②-490

물당미物當楣 ②-490

물동이(盆) ⑦-54, 77

물로 씻어 낸 숫마(澡麻) ⑥-200

물몰勿沒 ⑧-214

물받이 그릇(槃) ⑤-32 ⑧-63, 276,
　314

물받이 그릇을 받드는 일(奉槃)
　⑧-218

물받이 항아리(洗) ①-115, 146, 204
　②-395 ⑧-271

물을 넣어 둔 물 항아리(罍水) ③-25

물을 담아 둔 물 항아리(罍水)
　①-129 ⑧-281

물을 담아 둔 물 항아리(水) ①-115
　⑧-205

물을 담은 술동이(玄尊) ③-271

물을 따를 병(瓶) ⑦-54

물장여가物長如笴 ②-489

물주전자(匜) ⑤-32 ⑧-216, 276,
　315

물체인지勿替引之 ⑧-342

물품(具) ④-350

물 항아리(甒) ①-130 ⑧-212, 286

뭇사람(衆) ①-500

미糜 ②-488

미楣 ②-215, 435, 490 ④-124
⑤-46

미楣 → 들보

미米 ④-60, 216

미米 → 곡물

미米 → 쌀

미糜 ⑥-48

미弭 ⑦-432

미薇 ⑤-148 ⑦-518 ⑧-208, 323

미薇 → 고사리

미麛 ①-483

미麛 → 새끼 사슴

미麋 ⑧-280

미麋 → 큰사슴고기

미弭 ⑦-432

미弭 → 활고자

미가未嫁 ⑥-158, 184

미개백거米皆百筥 ④-60

미구麛裘 ④-128

미구청한수麛裘靑犴褎 ④-128

미니麋臡 ④-232 ⑤-65

미니麋臡 → 뼈 붙은 큰사슴고기 젓갈

미니麋臡 → 큰 사슴고기 젓갈

미록麋鹿 ④-141

미록피麋鹿皮 ④-85, 249

미명즉불곡未名則不哭 ⑥-170

미변어신彌變於神 ⑧-428

미석기산未釋其筭 ②-315

미설당문米設當門 ④-243

미수만년眉壽萬年 ①-233 ⑧-342

미숫가루(糗) ⑧-462

미숫가루(糗餌) ③-229 ⑧-462, 489

미육광米六筐 ④-277

미자재중美者在中 ⑦-122

미재패북米在貝北 ⑦-88

미존시彌尊尸 ⑧-340

미후麋侯 ②-208, 435, 487
③-258

민천이왕귀民賤而王貴 ⑥-161

민화연풍民和年豐 ⑧-309

밑 부분(柢) ⑦-512

밑장식(邸) ①-127

ㅂ

바꽃(菫) ①-373 ⑧-209

바꽃(荁) ⑧-208

바퀴살(輻) ⑦-429

바탕(質) ②-487

박(瓟) ②-259 ③-156

박襆 ①-321

박鎛 ②-188 ③-34

박膊 ②-502

박拍 ④-232

박胉 ⑦-118

박인鎛人 ③-198

박절왈포薄折曰脯 ⑧-397

박차기薄借綦 ①-144

반鑿 ①-435

반半 ②-508

반槃 ⑤-32 ⑦-54, 55, 446
  ⑧-63, 283

반槃 → 물받이 그릇

반班 ⑦-355

반飯 ⑦-94

반간담육飯間啗肉 ⑦-480

반곡反哭 ①-453, 455 ⑦-349, 508

반곡승당反哭升堂 ⑦-353

반곡위反哭位 ⑦-455

반곡이퇴反哭而退 ①-453 ⑦-346

반규위장半圭爲璋 ④-56

반낭鑿囊 ①-435

반마反馬 ①-327

반멱反羃 ③-66

반면전이상反面傳而上 ④-131

반면전이하反面傳而下 ④-131

반명反命 ①-387 ③-48, 49

④-304

반명우관反命于館 ④-362

반변反邊 ⑧-569

반비飯匕 ①-142 ⑧-273

반비飯匕 → 밥을 뜨는 숟가락

반삼飯椮 ⑧-430

반석전反釋奠 ④-323

반소식飯素食 ⑥-25

반수潘水 ⑦-84

반승난탁槃承澳濯 ⑦-55

반승취석反升就席 ②-266

반어유하飯於牖下 ④-345

반우사위反于射位 ②-400

반월불은전月半不殷奠 ⑦-209

반위反位 ②-219, 385 ③-113
  ⑧-502, 568

반위지委之 ②-351

반육肦肉 ④-419

반좌反坐 ②-438

반폐反幣 ④-260, 444

반폭半幅 ⑦-49

반폭일척半幅一尺 ⑦-49

반함飯含 ①-140 ⑦-30, 54, 59, 95,
  375

반함을 할 침상(含牀) ⑦-86

반합牉合 ⑥-103

반환反還 ④-172

받침대(橋) ①-399

발(箅) ⑧-274

발軷 ④-366

발기發氣 ④-391

발등(足跗) ⑦-379

발섭산천軷涉山川 ④-367

발여전색勃如戰色 ④-391

발자국(迹) ②-204

발제軷祭 ④-366

발주단왈거發酒端曰擧 ②-84

밤(栗) ①-350 ⑦-314

밤을 담은 대나무제기(栗籩) ⑧-135

밥그릇(敦) ⑧-48, 270, 307

밥솥(敦) ⑦-208

밥을 뜨는 숟가락(飯匕) ⑧-214

밥을 짓는 부뚜막(廩爨) ⑧-270

방房 ①-342 ⑧-72

방方 ①-87, 94 ③-423 ④-361
  ⑧-28

방方 → 목판

방放 ⑧-272

방거駹車 ⑦-399

방계方階 ①-495

방동房東 ⑧-461

방명方明 ⑤-216

방목旁目 ①-502

방문(房戶) ④-231

방문邦門 ⑦-335

방 밖(房外) ①-225

방식어손方食魚飧 ④-96

방악方岳 ③-294

방악方嶽 ⑤-217

방안方案 ⑧-286

방왈사方曰筲 ⑦-76

방외房外 ①-225

방외房外 → 방 밖

방이문放而文 ④-78

방이불치方而不致 ④-78 ⑧-230

방인邦人 ⑥-254

방조房俎 ①-201

방존旁尊 ⑥-103, 104

방존강旁尊降 ⑥-104

방중房中 ①-148 ③-233

방중악가房中樂歌 ②-105 ③-161

방중원외왈벽方中圓外曰璧 ④-56

방중지수房中之羞 ⑧-489, 534

방중지악房中之樂 ③-233

방지方持 ②-280

방지현시方持弦矢 ②-277, 428
  ③-363

방측旁側 ①-140

방친旁親 ⑥-63, 121

방친비속지복旁親卑屬之服 ⑥-130

방패(干) ⑦-278

방형 술동이(方壺) ③-26, 27

방호房戶 ①-178, 204

방호房戶 → 방문

방호方壺 ②-207 ③-27, 93, 271,
    307

방호方壺 → 방형 술동이

방호方壺 → 신하의 술동이

방호간房戶閒 ①-204

방호지간房戶之間 ⑧-281

방호지주方壺之酒 ③-307

방환호헌무멱方圜壺獻無冪 ③-284

배陪 ④-97

배配 ⑧-250

배계상拜稽顙 ⑦-40, 351

배고주미拜告酒美 ⑧-432

배군명지욕拜君命之辱 ④-447

배기拜旣 ⑧-436

배기욕拜其辱 ④-316

배기작拜旣爵 ②-177

배기작기拜其酌己 ③-95

배례拜禮 ①-179

배사拜賜 ②-160, 435 ②-464
    ⑤-116

배사拜祀 ⑤-230

배설陪設 ⑧-437

배세拜洗 ⑧-436

배송拜送 ①-100, 182 ②-78

④-265 ⑧-42, 200, 348, 351, 436,
    530

배송궤拜送几 ⑧-417

배송례拜送禮 ④-162

배송작拜送爵 ②-222, 390
    ③-147, 303 ⑧-128, 358, 367,
    418, 462

배송지拜送之 ⑧-549

배수拜受 ①-182, 206, 207, 237
    ④-159 ⑧-436

배수내설석拜受乃設席 ⑧-576

배수작拜受爵 ②-390 ③-72
    ⑧-128

배수제지拜受祭之 ①-237

배수치拜受觶 ②-243

배승금拜乘禽 ④-299

배욕拜辱 ②-23, 160, 435, 464
    ④-265

배욕어문외拜辱於門外 ②-161

배욕어조拜辱於朝 ④-298

배욕우조拜辱于朝 ④-296

배이후헌拜而後獻 ⑧-358

배장수치拜將受觶 ②-84

배정陪鼎 ④-97, 208

배정陪鼎 → 가찬을 담은 세발솥

배주拜酒 ③-88, 224

배지拜至 ②-247 ⑧-403, 436

배쵀주拜啐酒 ⑧-472

배타시拜妥尸 ⑧-317

배풍초排風草 ①-377

배향配享 ⑧-552

배화倍禾 ④-218

백帛 ④-52

백白 ⑧-420, 462

백白 → 볶은 쌀

백백伯 ⑤-219

백거百筥 ④-60

백견피白犬皮 ⑦-397

백견피白犬皮 → 흰 개가죽

백광白纊 ⑦-60

백구伯舅 ⑤-210

백구白屨 ③-219

백구白屨 → 흰색 신발

백구멱白狗幦 ⑦-396

백구섭복白狗攝服 ⑦-399

백구피白狗皮 ⑦-396

백구피白狗皮 → 흰 강아지가죽

백궁규伯躬圭 ⑤-184

백금보伯禽父 ①-246

백록白鹿 ①-119

백록피白鹿皮 ①-119

백마白馬 ⑤-199

백모伯某 ⑧-250

백모보伯某甫 ①-245, 377

백부伯父 ⑤-173, 188

백부기승伯父其升 ⑤-189

백성(衆) ①-497

백세불천百世不遷 ⑥-151

백세불천자百世不遷者 ⑥-135

백세불천지종百世不遷之宗 ⑥-135

백세혼인불통百世昏姻不通 ⑥-110

백여흑위지보白與黑謂之黼 ①-321

백엽百葉 ⑦-314

백엽百葉 → 소의 위

백우白羽 ②-492

백위습帛爲褶 ⑦-142

백위필白韋韠 ①-83

백주(醭) ④-272

백주白酒 ④-272

백즉백초거白則白招拒 ⑥-136

백질白質 ②-435, 487

백초거白招拒 ⑥-136

백포白布 ②-488

백포관白布冠 ①-68, 254

백포관白布冠 → 흰 베로 만든 관

백포심의白布深衣 ⑥-270

백포의소상白布衣素裳 ⑦-64

백호白虎 ⑤-225

번藩 ⑦-397

번燔 ⑦-495 ⑧-119, 434

번燔 → 고기구이

번燔 → 구운 고기

번국蕃國 ⑤-233

번국목로蕃國木路 ⑤-233

번료燔燎 ⑧-226

번료어찬燔燎於爨 ⑧-226

번료전향燔燎羶薌 ⑧-310

번수繁豎 ②-518

번시燔柴 ⑤-228 ⑧-227

번시제천燔柴祭天 ⑤-229

번영樊纓 ⑤-221, 222

번영樊纓 → 말뱃대끈

번조燔俎 ⑦-447

번조燔俎 → 고기구이를 담은 희생제
기

번종燔從 ⑧-133

벌작罰爵 ②-387 ③-443

범려불세凡旅不洗 ②-183, 504

범소왈소汎埽曰埽 ⑧-391

범제泛齊 ①-139

법복法服 ⑦-96

법천지지종수法天地之終數 ⑦-107

베로 만든 끈을 단 관(冠布纓) ⑥-70

베로 만든 허리띠(布帶) ⑥-36

베로 만든 허리띠의 가선(帶緣)
⑥-81

베로 만든 휘장(帷幕) ①-186

벽(牆) ①-116, 360

벽壁 ④-51 ⑤-166

벽綼 ⑦-379

벽堛 ⑥-48 ⑦-378, 394

벽堛 → 흙덩이

벽辟 ①-119 ⑧-120

벽령辟領 ⑥-263

벽색壁色 ④-52

벽수辟垂 ①-91

벽옥壁玉 ④-35

벽옹辟雍 ①-76 ③-219

벽이백壁以帛 ①-521

벽적襞積 ①-76, 264

벽적무수襞積無數 ⑥-261

벽제辟除 ①-83

벽종유가璧琮有加 ④-52

벽축기요중辟蹙其要中 ①-119

벽환상천璧圜象天 ④-56

변笲 ①-350 ⑦-73

변笲 → 폐백바구니

변辯 ②-80, 100, 128 ③-194

변邊 ①-126, 291 ⑦-492, 542
⑧-48, 111, 271

변邊 → 대나무제기

변抃 ⑧-391

변辨 ⑧-146

변개笲蓋 ①-400

변개笲蓋 → 폐백바구니의 덮개

별면鷩冕 ①-92 ⑤-190

별어남자別於男子 ⑥-32

별자別子 ④-252 ⑥-135

별자위조別子爲祖 ⑥-135

별자지후別子之後 ⑥-135

별존비別尊卑 ③-122

별체別體 ①-142

별치어기조別致於斨俎 ⑧-383

별친別親 ⑥-110

별친소서소목別親疏序昭穆 ⑥-110

별행빈시어당別行儐尸於堂 ⑧-388

볏단(秉) ④-456

볏짚(禾) ④-60

병瓶 ⑦-54 ⑧-226

병瓶 → 물을 따를 병

병瓶 → 병

병병秉 ④-217, 455

병병秉 → 볏단

병병屏 ⑤-201

병개서축並皆西縮 ⑧-411

병복兵服 ④-206

병복지유색兵服之遺色 ④-227

병수屏樹 ④-252

병수수並授受 ④-410

병이급수瓶以汲水 ⑦-55

병재兵災 ③-185

병절기족並絶其族 ⑥-96

병졸지간폐상病卒之間廢牀 ⑦-364

병지並持 ②-280

병지왈자餠之曰餈 ⑧-490

병풍자리(依) ④-118

병풍자리 → 의扆

병행並行 ②-310

보黼 ①-321 ⑤-186

보簠 ④-100, 212 ⑤-81

보簠 → 네모진 밥그릇

보報 ⑥-98, 249

보고문서(要) ③-27

보뇨普淖 ⑦-534, 535 ⑧-79, 309

보뇨普淖 → 기장밥

보령黼領 ①-321

보령黼領 → 도끼 문양을 수놓은 옷깃

보령위지박黼領謂之襮 ①-321

보모(姆) ①-320, 437

보모保母 ⑥-215

보병輔病 ⑥-24

보복報服 ⑥-79, 244

보불黼黻 ⑤-205

보안步案 ①-400

보요步繇 ⑧-310

보의黼依 ④-135

보천普薦 ⑦-559

복復 ①-319 ⑦-23, 24

복福 ②-282, 430 ③-364

복菔 → 화살꽂이 통

복箙 ②-285

복扑 ②-304

복扑 → 종아리채

복服 ⑥-115 ⑦-293

복服 → 포갑

복輻 ⑦-429

복輻 → 바퀴살

복僕 ③-346

복갈자위부기服葛者爲祔期 ⑦-548

복기服期 ①-423 ⑥-111

복기택조卜其宅兆 ⑦-216

복남菔南 ③-404

복두幞頭 ⑦-70

복령覆笭 ⑦-396, 417

복령覆笭 → 덮개

복례僕隸 ①-371

복명復命 ①-295, 387 ④-317, 353

복모지의服母之義 ⑥-54

복변질服弁絰 ⑥-252

복불服不 ③-274, 456

복불부후服不負侯 ③-458

복불씨服不氏 ③-378

복불지준服不之尊 ③-274

복비覆匕 ⑦-118

복사卜師 ⑦-224

복석復席 ②-121

복소적소필服素積素韠 ①-169

복수覆手 ②-336

복수이수빈覆手以授賓 ⑧-431

복술服術 ⑥-125

복시覆尸 ⑦-27

복시구지금覆尸柩之衾 ⑦-126

복시지금覆尸之衾 ⑦-115

복위復位 ①-164 ②-221

　　③-164 ⑧-110, 376

복위復位 → 본래 위치로 돌아간다

복의復衣 ⑦-25

복이소비覆二疏匕 ⑧-409

복이식정服以飾情 ⑥-20

복인僕人 ③-33, 198

복인僕人 → 마부

복인卜人 ⑦-224

복인사僕人士 ③-197, 345

복인사僕人師 ③-197

복인정僕人正 ③-197, 345

복인포귀초卜人抱龜燋 ⑦-227

복일卜日 ⑦-224

복자조복復者朝服 ⑦-28

복작교형扑作教刑 ②-496

복제服制 ⑥-86

복참服斬 ⑥-115

복초위復初位 ①-184

복현단服玄端 ②-465

복혼復魂 ⑦-364

볶은 기장(熬黍) ⑧-420

볶은 기장(黑) ⑧-419

볶은 마씨(蕡) ⑧-419

볶은 마씨(熬枲實) ⑧-420

볶은 보리(熬麥) ⑧-420

볶은 보리(糳) ⑧-419

볶은 쌀(白) ⑧-419

볶은 쌀(熬稻) ⑧-420

본本 ②-47, 174

본本 → 고기의 몸체 부위

본래 위치(初位) ①-165, 184

본래 위치로 돌아간다(復位) ①-164

본성本姓 ⑥-109

봉蜂 ⑦-314

봉賵 ⑦-44, 291, 304

봉縫 → 꿰맨다

봉구송지奉柩送之 ④-353

봉납지회중奉納之懷中 ⑧-110

봉단건奉簞巾 ⑧-315

봉물예경奉物禮輕 ④-407

봉반奉槃 ⑧-315

봉반奉槃 → 물받이 그릇을 받드는 일

봉서賵書 ⑦-330, 331

봉선封禪 ③-294

봉속백가벽향奉束帛加璧享 ④-140

봉시염우관奉尸斂于棺 ⑦-165

봉이거마賵以車馬 ⑦-44

봉이부전賵而不奠 ⑦-305

봉이수奉匜水 ⑧-315

봉지이마賵之以馬 ⑦-291

봉폐奉幣 ④-171, 254 ⑦-292

봉헌장명奉獻將命 ④-406

부副 ①-319 ⑧-310

부府 ①-83, 93 ③-39 ⑧-408

부負 ⑥-262, 263

부赴 ⑦-33, 368

부祔 ⑦-355

부賻 ⑦-44, 301

부跗 ⑦-92

부柎 ⑦-92

부釜 ⑧-332

부釜 → 작은 가마솥

부斧 ①-262

부弣 ②-335 ③-363

부弣 → 줌통

부弣 → 활의 줌통

부膚 ④-208 ⑤-58, 67 ⑧-232,
   234, 276, 493

부膚 → 돼지고기의 껍질 부위

부鮒 ⑧-296

부거(貳車) ⑤-221

부거副車 ⑦-188

부고赴告 ④-340 ⑦-33

부공婦功 ①-384

부공扶工 ②-255

부관궤婦盥饋 ①-358

부광출어적촌負廣出於適寸 ⑥-262

부구이조膚九而俎 ⑧-297

부단훈유不袒薰襦 ②-521

부답배不答拜 ⑤-24, 167

부당무용父黨無容 ④-136

부당실즉무시不當室則無緦 ⑥-257

부덕婦德 ①-384

부도婦道 ①-320

부도父道 ⑧-86

부도작不徒作 ②-177, 476

부도작不徒爵 ②-180

부동비負東扉 ⑦-228

부두鳧頭 ①-140

부드러운 가죽(柔皮) ④-227

부득녜不得禰 ⑥-187

부득명不得命 ①-460

부득사별자不得祀別子 ⑥-187

부득조不得祖 ⑥-187

부들자리(蒲筵) ①-124 ④-150

부들자리 → 포석蒲席

부뚜막(竈) ⑧-60

부뚜막(爨) ①-309

부련상집사용상차祔練祥執事用桑叉
⑧-74

부모傅母 ⑥-215

부모조졸父母早卒 ⑥-250

부몰父沒 ⑥-94

부묘父廟 ④-43

부부방란夫婦方亂 ⑦-32

부부시접夫婦始接 ①-332

부부지도夫婦之道 ③-163

부불궤婦不饋 ①-407

부사復射 ③-505

부사父師 ②-22

부사副史 ⑦-330

부사서도府史胥徒 ③-39

부사자계父死子繼 ①-266

부사종자夫死從子 ⑥-137

부삼膚三 ⑧-230

부서負序 ④-125

부서符瑞 ④-373

부석敷席 ②-27

부세婦洗 ⑧-358

부속 수레(貳車) ⑦-187

부승이궤婦乘以几 ①-324

부심拊心 ⑦-197

부심釜鬵 ⑧-61

부심불곡拊心不哭 ⑦-197

부씨인婦氏人 ①-366

부씨인婦氏人 → 며느리 집안사람

부어조부祔於祖父 ⑦-449

부언婦言 ①-384

부용婦容 ①-384

부우방이립負右房而立 ④-289

부위구고婦爲舅姑 ⑥-116

부위장자父爲長子 ⑥-28

부의斧依 ④-135 ⑤-186

부의斧依 → 도끼 문양을 수놓은 가리
　개

부의賻儀 ⑦-42, 45, 139, 291, 298,
　303

부의負依 ⑧-355

부의남면負依南面 ⑧-355

부이복우침祔已復于寢 ⑦-556

부이화재賻以貨財 ⑦-44

부인夫人 ④-271

부인婦人 ⑥-151

부인급지婦人扱地 ①-375

부인노계婦人露紒 ⑦-125

부인동자부장婦人童子不杖 ⑥-43

부인무작婦人無爵 ⑥-142

부인부철婦人不徹 ⑧-550

부인불갈대婦人不葛帶 ⑦-549

부인불수상婦人不殊裳 ⑥-33

부인상향婦人相饗 ①-403

부인십오허가婦人十五許嫁 ①-343

부인이궐적夫人以屈狄 ⑦-28

부인이부위천婦人以夫爲天 ⑥-63

부인자婦人子 ⑥-183

부인제어대婦人除於帶 ⑥-170

부인즉배양차婦人則拜兩次 ⑧-345

부인지계婦人之紒 ⑧-306

부인지대婦人之帶 ⑦-113

부인지빙夫人之聘 ④-295

부인지장상婦人之長殤 ⑥-202

부인찬자婦人贊者 ⑧-585

부인철지婦人徹之 ⑧-604

부인칭부왈량婦人稱夫曰良 ①-343

부인칭자婦人稱字 ⑦-25

부인협상婦人俠牀 ⑦-35

부자관계(恩) ⑥-56

부자일체父子一體 ⑥-57

부자지천사夫子之賤私 ①-478

부장기不杖期 ⑥-88

부장명不將命 ⑦-45

부장불승어당祔杖不升於堂 ⑦-459

부재父在 ⑥-94

부재위모父在爲母 ⑥-82

부쟁不繒 ⑦-57

부전不腆 ③-216

부전지주不腆之酒 ③-214

부절기본不絶其本 ⑥-200

부정膚鼎 ⑧-276, 279, 298, 392

부정膚鼎 → 돼지고기의 껍질 부위를
　담는 세발솥

부정족俯正足 ②-302

부제祔祭 ①-453, 455 ⑦-355, 441,
538, 548, 549, 552, 558

부제不祭 ⑤-79

부제줴不嚌啐 ③-222

부제폐不嚌肺 ②-68, 249

부조膚俎 ⑤-73 ⑧-307

부족습례不足習禮 ①-461

부존어조夫尊於朝 ⑥-119

부졸副倅 ⑧-285

부졸즉위모父卒則爲母 ⑥-72

부종고문不從古文 ⑧-599

부종시膚從豕 ⑧-276

부주跗注 ④-227

부준婦餕 ①-360

부증不贈 ④-333

부증賻贈 ⑦-298

부지고父之姑 ⑥-231

부지곤제지자夫之昆弟之子 ⑥-116

부지사구고婦之事舅姑 ⑥-115

부지신지소재不知神之所在 ⑧-396

부지적장자父之適長子 ⑥-137

부지적처父之適妻 ⑥-213

부지제조부모夫之諸祖父母 ⑥-236

부지조부모夫之祖父母 ⑥-179

부지존夫至尊 ⑥-30

부진인지환不盡人之歡 ②-62

부집不緝 ⑥-40

부집변조률婦執笲棗栗 ①-350

부차不借 ⑥-37

부찬성제婦贊成祭 ①-359

부찬자婦贊者 ⑧-307, 357, 453, 461,
585

부찬자수婦贊者受 ⑧-357

부채(翣) ⑦-278

부채(扇) ⑦-279

부처일체夫妻一體 ⑥-103

부추절임(韭菹) ④-105, 210
⑧-304

부측시도祔側矢道 ⑦-434

부토負土 ⑦-345

부판負板 ⑥-264

부필이기소목祔必以其昭穆 ⑦-556

부현復見 ①-469

부형父兄 ①-81

부후負侯 ②-390 ③-378

부후이사負侯而俟 ②-393

부후자負侯者 ③-408

부후자負侯者 → 과녁을 등지고 있는
사람

북(鼓) ②-96

북계北階 ③-53

북계北階 → 북쪽 계단

북괄北括 ②-284

북교北郊 ⑤-223

북궁北宮 ⑥-103

북당北堂 ①-130, 175, 215, 365
　⑧-72, 358, 515

북당北唐 ②-518

북당이려北唐以閭 ②-518

북류北雷 ①-129

북면北面 ④-121 ⑧-117, 143, 147

북면고지北面鼓之 ②-182

북면삼호北面三號 ⑦-28

북면시산北面視筭 ②-368

북면전안北面奠鴈 ①-322

북방황北方璜 ⑤-218

북상北上 ①-116 ⑧-62, 222, 515

북상투(鬊) ⑥-65 ⑦-243

북세北洗 ①-214, 332

북용北墉 ①-310 ④-214, 215

북용北墉 → 북쪽 벽

북조北俎 ⑧-425

북주北輈 ④-218

북쪽 계단(北階) ③-53

북쪽 벽(北墉) ④-215 ⑦-23

북쪽의 밥그릇(上敦) ⑧-345

북학北學 ①-19

분盆 ⑦-55

분盆 → 동이

분盆 → 물동이

분蕡 ⑧-419, 420

분蕡 → 볶은 마씨

분궤分簋 ⑧-184

분균즉불편分均則不偏 ⑥-52

분상奔喪 ④-348

분유존비分有尊卑 ⑥-89

분이粉酏 ⑦-423

분이성수盆以盛水 ⑦-55

분이여자粉餌與餈 ⑧-490

분자粉餈 ③-229 ⑧-489

분자粉餈 → 인절미

분재풍남蕡在豐南 ⑧-478

분즉위첩奔則爲妾 ⑥-64

분홍색(纁) ①-117 ⑥-247, 270
　⑦-268

분홍색 → 전纁

분홍색으로 물들인 관(纁冠) ⑥-247

불拂 ①-292 ⑦-246

불紼 ⑦-268

불韍 ①-91, 118, 135

불가不歌 ②-257

불간不間 ②-257

불갈인지충不竭人之忠 ②-62

불감강기적不敢降其適 ⑥-107

불감강기조不敢降其祖 ⑥-118

불감고사不敢固辭 ①-476

불감광좌不敢曠左 ⑦-188

불감독거당不敢獨居堂 ②-237

불감망명不敢忘命 ①-430

불감신기사은不敢伸其私恩 ⑦-179

불감신기사존不敢伸其私尊 ⑥-82

불거不擧 ⑧-562

불거정不去旌 ②-302

불결수不決遂 ②-311

불계상不稽顙 ⑥-126

불계조不繼祖 ⑥-28, 59

불계조여녜不繼祖與禰 ⑥-29

불계좌하강不繫左下綱 ②-205

불고不顧 ⑤-111 ⑧-549

불고불석不皷不釋 ②-413 ③-245

불고지不告旨 ②-55, 68, 249
    ③-298 ⑧-317, 472

불공기不空起 ②-476

불과오거不過五擧 ⑧-327

불과이등不過二等 ③-227

불관불거不盥不擧 ⑧-289

불관불석不貫不釋 ②-348

불교로不郊勞 ④-331

불궁拂弓 ③-418

불규수不樛垂 ⑥-166

불급지무不及地武 ②-204

불민不敏 ①-229

불반본처不反本處 ⑧-383

불방拂扚 ⑦-247

불방족不方足 ②-302

불배기작不拜旣爵 ②-79, 94, 239,
    265, 392 ③-137, 157 ⑧-350,
    496, 509

불배세不拜洗 ②-60, 61, 467
    ③-94

불배송不拜送 ⑧-38, 549

불배수작不拜受爵 ②-79, 94
    ⑧-380

불배졸치不拜卒觶 ②-121

불배주不拜酒 ③-298

불배중빈不拜衆賓 ②-467

불배지不拜至 ②-467 ④-402

불비不裨 ①-91

불빈빈不擯賓 ④-251

불빈시不儐尸 ⑧-552

불빈시례不儐尸禮 ⑧-552

불빙즉불복不聘卽不服 ⑥-199

불사기당不俟其黨 ②-377

불사세不辭洗 ②-59, 234

불사이협시不射而挾矢 ③-374

불사이협지不射而挾之 ②-304

불살不殺 ②-466

불살즉무조不殺則無俎 ②-162

불상형不嘗鉶 ⑧-317

불생不笙 ②-257

불석不釋 ③-412

불석궁시不釋弓矢 ②-287

불석귀不釋龜 ⑦-230

불석산不釋算 ②-413

불성칭不成稱 ⑦-93

불속不速 ⑤-138

불속주인시不束主人矢 ②-365

불수향사不受饗食 ④-340

불숙계不宿戒 ⑤-138, 140

불숭주不崇酒 ③-299

불습급연보不拾級連步 ⑤-47

불습급이하不拾級而下 ⑤-47

불습사사不習私事 ④-65

불승당不升堂 ④-341

불승자선강不勝者先降 ②-380

불승자집이궁不勝者執弛弓 ②-423

불승지당무불음不勝之黨無不飮
  ③-445

불식채과不食菜果 ⑦-395

불식혼유不食溷腴 ⑦-313

불역불세不易不洗 ③-321

불영후不寧侯 ③-459

불예빈不禮賓 ④-332

불예옥不禮玉 ④-333

불욕기방不欲其妨 ②-178

불의군不疑君 ①-493

불이건拂以巾 ③-420

불이관대지不以官待之 ⑧-509

불이기통不二其統 ⑥-59

불이사상생不以死傷生 ⑦-137

불이순흉접순길不以純凶接純吉
  ④-335

불이참不貳斬 ⑥-109

불이천不貳天 ⑥-111

불차不借 ⑥-37

불착不鑿 ⑦-59

불촉不屬 ②-28

불쵀이졸작不啐而卒爵 ⑧-353

불쵀주不啐酒 ②-68, 249

불쵀준不啐奠 ⑧-317

불추不趨 ①-519

불추일不諏日 ⑧-24

불치뢰不致牢 ④-273

불칭가작不稱加爵 ⑧-541

불타기신不惰其身 ⑦-558

불탈구不說屨 ⑦-521

불탈대不說帶 ⑦-549

불탈율不說繘 ⑦-77

불탈인지정례不奪人之正禮 ②-251

불탈질대不說絰帶 ⑦-394

불편不緶 ⑥-40

불헌서자不獻庶子 ③-505

불헌좌식不獻佐食 ⑧-369

불협不挾 ②-303, 316, 426

불회不賄 ④-333

불훼묘不毀廟 ①-385

붉은 대나무자리(次席) ⑤-186

붉은 대나무자리 → 차석次席

붉은 칠을 한 안석(彤几) ④-150

붉은색 → 주朱

붕어(鮒) ①-380 ⑧-67, 296

붕우朋友 ①-453 ⑥-251

붕우마朋友麻 ⑥-251

붕우수朋友襚 ⑦-46

붕우우부朋友虞祔 ⑥-251

붕우우부이퇴朋友虞祔而退 ①-453

비筐 ①-125, 126, 139, 291

　②-41, 233 ③-77, 275

　⑦-384, 444, 470, 476, 479~481,

　489, 498, 546, 547 ⑧-112, 271,

　493, 506

비筐 → 대광주리

비匕 ①-125, 126, 142, 332 ⑤-54

　⑦-447, 460 ⑧-73, 270, 408

비匕 → 숟가락

비碑 ①-154, 157, 279 ④-122, 208

　⑤-43

비臂 ②-173, 478 ⑧-229, 233, 277,

　421

비臂 → 앞다리 뼈의 중앙 부위

비蠶 ③-265

비廬 ④-232

비比 ②-287 ④-424

비扉 ⑦-226

비扉 → 문짝

비脾 ⑦-314 ⑧-232

비蜱 ⑦-314

비秘 ⑦-433

비秘 → 활도지개

비厞 ⑦-502 ⑧-197

비髀 ⑦-512 ⑧-277

비髀 → 넓적다리뼈

비枇 ⑧-73, 74, 76

비轡 ④-168 ⑦-398

비轡 → 고삐

비급문比及門 ①-512

비남筐南 ③-76

비내碑內 ④-289

비녀(笄) ①-121, 161 ⑥-65

　⑧-65, 305

비녀 → 잠簪

비녀가 없는 치포관(纚) ①-121

비녀장(錧) ⑦-398

비단(繒) ⑦-267

비단(絹) ①-320

비단(幣) ①-519

비단 열 단(束帛) ①-195, 302, 380

　⑤-166

비단옷(絲衣) ①-327

비단 옷깃을 한 검은색 웃웃(宵衣)
　①-320　⑧-64

비단 웃웃(純衣)　⑦-24

비단으로 만든 머리끈(縞總)　⑥-65

비마왈참騑馬曰驂　⑤-170

비면裨冕　⑤-182

비방匕枋　⑧-430

비병유각식匕柄有刻飾　⑧-409

비부秘府　①-78

비불승牌不升　⑦-312　⑧-278, 294

비불통어존卑不統於尊　⑧-510

비사인준備四人餕　⑧-377

비서秘書　⑥-40

비석脾析　④-232　⑦-314

비석脾析 → 천엽

비속卑屬　⑦-371

비시匕豕　⑧-423

비애초췌悲哀憔悴　⑦-136

비약부사備若復射　③-485

비양匕羊　⑧-421

비어자比於子　⑧-265

비옷(笠)　⑦-278

비옷(襄笠)　⑦-418

비용극枇用棘　⑦-467

비용극심朼用棘心　⑧-74

비용상朼用桑　⑧-74

비용석匪用席　⑧-601

비우肥牛　⑧-21

비은지처匪隱之處　⑧-198

비읍위무육匕湆謂無肉　⑧-412

비읍중무육匕湆中無肉　⑧-412

비의褘衣　⑤-182

비이상枇以桑　⑦-467

비자枇者　⑦-460

비자거각卑者擧角　⑧-114

비자용비체卑者用卑體　⑧-498

비자존통하卑者尊統下　⑥-109

비재朼載　⑦-133

비재세동篚在洗東　①-175

비재세서篚在洗西　②-203

비전比奠　⑦-404

비조종설匕俎從設　①-332

비중우比衆耦　②-329

비차조안比次早晏　⑧-265

비하篚下　③-76

비해蜱醢　⑦-314

비해蜱醢 → 조개 젓갈

빈擯　①-111　⑧-37, 401

빈賓　①-99　②-21, 211　③-297　⑤
　-168　⑧-42

빈殯　④-341, 345　⑦-165

빈강賓降　①-206

빈객賓客　②-215, 414　⑧-36

빈객시이영지賓客尸而迎之　⑧-401

빈객지례賓客之例 ①-27

빈계賓階 ①-149, 155

빈계형제賓繼兄弟 ⑦-544

빈고사賓固辭 ④-190

빈관賓館 ④-297 ⑤-113, 126

빈궁殯宮 ①-455 ④-332
　⑦-470

빈당賓黨 ②-180, 282, 435, 446

빈당지소자賓黨之少者 ②-486

빈대賓對 ②-233

빈례賓禮 ①-29, 33, 453 ②-230
　④-19, 351 ⑤-163

빈례儐禮 ④-85 ⑤-127, 163, 207
　⑧-564

빈례친빈객賓禮親賓客 ③-252

빈명賓命 ①-160

빈번蘋蘩 ⑦-190

빈벽賓辟 ③-60

빈복향복賓服鄕服 ②-160

빈봉賓賵 ⑦-298

빈불고賓不顧 ④-198

빈불예賓不與 ②-468

빈비불감작賓卑不敢酢 ⑧-501

빈사賓辭 ①-417 ②-236

빈사賓射 ②-435, 488, 500

빈사儐使 ⑤-169

빈삼헌賓三獻 ⑧-21, 127

빈삼헌시賓三獻尸 ⑧-127

빈소殯所 ④-345, 350

빈수배지賓殊拜之 ④-222

빈수주인賓酬主人 ②-120

빈승연賓升筵 ③-292

빈시儐尸 ①-39 ⑧-369

빈시賓尸 ⑧-420

빈시례儐尸禮 ①-89 ⑧-370

빈시례쇄儐尸禮殺 ⑧-539

빈시어당儐尸於堂 ⑧-387

빈시이시익비賓尸而尸益卑 ⑧-521

빈시지례쇄어초賓尸之禮殺於初
　⑧-393

빈식찬삼반賓食饌三飯 ⑤-20

빈어객위殯於客位 ⑦-165

빈자擯者 ①-107, 110, 112, 147,
　152, 278, 409, 463 ②-467
　③-58 ④-112 ⑤-29, 187

빈자고擯者告 ①-112, 152

빈자작賓自醮 ⑧-127

빈자작賓自酢 ⑧-584

빈자지賓字之 ①-184

빈자집상폐擯者執上幣 ④-187

빈자청사擯者請事 ①-392

빈자출청擯者出請 ①-287

빈자출청사擯者出請事 ①-278

빈작주인賓酢主人 ②-53, 467

③-75

빈작지작賓作止爵 ⑧-127

빈장賓長 ①-37 ⑧-73, 367, 429,
　482

빈장삼헌賓長三獻 ⑧-584

빈장설양조賓長設羊俎 ⑧-414

빈장세작헌우시賓長洗爵獻于尸
　⑧-367

빈장수뇌간賓長羞牢肝 ⑧-336

빈장언전長賓言奠 ⑧-539

빈장종헌賓長終獻 ⑧-367

빈장헌시賓長獻尸 ⑧-367, 591

빈장헌축賓長獻祝 ⑧-369, 591

빈재우賓在右 ③-115

빈적賓覿 ④-168

빈전이불거賓奠而不舉 ⑧-552

빈제가찬賓祭加饌 ⑤-20

빈제정찬賓祭正饌 ⑤-20

빈조賓朝 ②-435

빈조자賓弔者 ⑦-350

빈지儐之 ④-85

빈지찬관자賓之贊冠者 ①-161

빈집사賓執事 ⑦-453, 471

빈집안종賓執鴈從 ①-322

빈찬전명자擯贊傳命者 ②-213

빈치작우주인주부賓致爵于主人主婦
　⑧-127

빈치작주인賓致爵主人 ⑧-584

빈칭면賓稱面 ④-256

빈헌시賓獻尸 ⑧-584

빈헌축賓獻祝 ⑧-127

빈헌축좌식賓獻祝佐食 ⑧-584

빗(櫛) ①-124, 161 ⑥-65
　⑦-74

빗물받이(承霤) ⑦-267

빗물받이 장식(池) ⑦-266

빙聘 ①-35 ④-19

빙고聘故 ④-21

빙군聘君 ④-35, 65

빙규聘圭 ④-373

빙례聘禮 ①-516 ④-21 ⑤-182

빙문聘問 ②-148 ③-21

빙빈聘賓 ④-252

빙사聘使 ④-258

빙사경聘使卿 ④-21

빙시憑尸 ⑦-184, 387, 388

빙시憑尸 → 시신 껴안기

빙일치옹聘日致饔 ④-421

빙조상聘遭喪 ④-331

빙즉위처聘則爲妻 ⑥-64

빙향聘享 ④-362

뼈 붙은 노루고기 젓갈(麋臡) ④-105

뼈 붙은 사슴고기 젓갈(鹿臡)
　④-105, 232

뼈 붙은 큰사슴고기 젓갈(麋臡)
　⑧-419
뼈 붙은 희생고기(骰) ⑤-95
뿔(角) ⑦-391
뿔로 만든 숟가락(角柶) ①-142
뿔 수저(楔) ⑦-365
뿔 순가락(角柶) ①-125, 292
　⑦-30

ㅅ

사纚 ①-123, 161 ⑧-65
사纚 → 머리싸개
사筲 ①-124 ③-420 ⑦-76
사筲 → 갈대광주리
사柶 ①-126, 177, 179 ④-154, 156
　⑤-78 ⑦-478 ⑧-464
사柶(숟가락) ①-125
사柶 → 숟가락
사俟 ①-325 ⑧-394
사史 ①-83, 93 ③-39 ⑧-249
사榭 ②-194
사絲 ②-257
사絲 → 명주실
사謝 ②-301, 491
사辭 ②-40 ⑧-88

사私 ③-215 ⑥-133
사肆 ③-25 ④-371 ⑧-20, 573
사舍 ④-28 ⑤-166, 180
사師 ④-61
사羳 ⑦-149, 150, 245
사羳 → 구덩이
사社 ⑦-374
사蜡 ⑦-90
사蜡 → 납향 제사
사士 ⑧-50
사가私家 ②-198
사간俟間 ④-95
사강辭降 ②-228, 233
사개士介 ④-191
사개불용칠士蓋不用漆 ⑦-150
사거뇌체四擧牢體 ⑧-328
사거전嗣擧奠 ⑧-21, 161
사거천시士擧遷尸 ⑦-122
사계纚笄 ⑧-306
사계초의纚笄宵衣 ⑧-64
사고이성俟告利成 ⑧-196
사공司空 ⑤-173
사공봉시司空奉豕 ⑧-273
사관司關 ④-70
사괘寫卦 ⑧-28
사교蛇交 ②-495
사구射鞲 ②-277 ③-362

사구반士九飯 ⑧-561

사구족이달辭苟足以達 ④-377

사군嗣君 ⑥-37

사궁射宮 ②-196 ③-256

사궁司宮 ③-26, 27, 330, 366
　⑧-271, 281, 453

사궁겸장제기司宮兼掌祭器 ⑧-272

사궁사司宮士 ③-442

사궁소제司宮埽祭 ⑧-602

사궤연司几筵 ③-29

사귀경신事鬼敬神 ⑦-101

사귀지조俟龜之兆 ⑦-229

사금斯禁 ①-214 ②-28, 202

사금斯禁 → 술동이 받침대

사기射器 ②-282 ③-364, 405

사기射器 → 활쏘기에 필요한 기물

사기四器 ④-386

사기舍氣 ④-393

사다즉사辭多則史 ④-376

사당유은死當有恩 ⑦-33

사대(物) ②-311, 489

사대전훈후치士戴前纁後緇 ⑦-268

사대지사辭對之辭 ①-162

사도司徒 ①-96 ②-20 ③-39

사독四瀆 ⑤-223

사독서史讀書 ④-61

사독서전폐史讀書展幣 ④-31

사동왈양事同曰讓 ②-40

사두四豆 ④-273

사두역쟁四豆亦絳 ⑧-325

사두이비似豆而卑 ②-376

사려四閭 ②-25

사령辭令 ④-124

사례士禮 ①-14

사례射例 ①-27

사례射禮 ①-33 ②-385

사례私禮 ④-129

사례食禮 ①-35 ④-210, 280
　⑤-22, 212 ⑧-23

사례의숙食禮宜孰 ⑤-56

사례필射禮畢 ②-426

사뢰死牢 ④-98, 240

사뢰死牢 → 죽은 희생

사룡蛇龍 ②-495

사리司里 ⑤-175

사립蓑笠 ⑦-418, 425

사립蓑笠 → 비옷

사마司馬 ①-33 ②-289, 290, 364
　③-254 ⑧-268

사마四馬 ④-254

사마거양정司馬擧羊鼎 ⑧-407

사마비양司馬朼羊 ⑧-421

사마사司馬師 ③-45, 378

사마수육읍司馬羞肉湆 ⑧-414

사마수읍어司馬羞湆魚 ⑧-522

사마수주인육읍司馬羞主人肉湆
⑧-452

사마재양조司馬載羊俎 ⑧-414

사마현지司馬縣之 ⑦-138

사망四望 ①-92

사맹司盟 ⑤-217

사면私面 ④-66, 301

사명賜命 ①-415

사명위지공四命謂之公 ②-155

사모師母 ⑥-215

사목량士沐梁 ⑧-442

사무산射無筭 ②-503

사무상辭無常 ④-376

사문舍門 ④-83

사문관四門館 ①-68

사문조교四門助教 ①-67

사문학四門學 ①-68

사물공조四物共俎 ⑧-349

사민四民 ①-73

사방지빈四方之賓 ③-220

사방지사자四方之使者 ③-214

사변四邊 ④-273

사부姒婦 ⑥-211

사부주피射不主皮 ②-500

사부지첩士父之妾 ⑥-242

사불입士不入 ②-184

사빈俟賓 ④-117

사빈이폐食賓以幣 ④-284

사사私事 ①-517, 518 ④-168

사사司射 ②-276, 277, 279, 358, 361
③-186, 363

사사司士 ③-254 ⑧-268, 290

사사賜舍 ⑤-164, 173

사사거시정司士舉豕鼎 ⑧-407

사사비삼우司射比三耦 ②-287

사사비시司士枇豕 ⑧-423

사사비어司士枇魚 ⑧-428

사사수읍어司士羞湆魚 ⑧-521

사사수일읍어司士羞一湆魚 ⑧-523

사사여생지의事死如生之義 ⑧-30

사사위열四四爲列 ⑤-118

사사유사司射誘射 ②-300

사사자얼동私事自闑東 ③-46

사사찬자司士贊者 ⑧-408

사사청사司射請射 ②-276

사삼헌士三獻 ④-324

사상私喪 ④-336, 347

사색우방寫嗇于房 ⑧-111

사서자士庶子 ③-40

사석용토士腊用兔 ⑧-73

사세辭洗 ②-219, 233 ③-76
⑧-452

사수俟數 ②-362

사슬四瑟 ③-345

사슴(鹿) ②-285

사슴가죽(鹿皮) ①-231

사슴가죽 두 장(儷皮) ①-195, 302, 380

사슴의 머리를 장식한 산가지통(鹿中) ②-520

사슴 형상의 산가지통(鹿中) ②-346, 498

사승왈각四升曰角 ⑧-114

사시반혜四矢反兮 ③-373

사시상심설事尸尙心舌 ⑧-293

사시상제四時常祭 ①-406

사시세侯尸洗 ⑧-475

사시신물四時新物 ④-280

사시오보士視五步 ①-502

사시이재侯時而載 ⑧-423

사시작侯尸酌 ⑧-476

사시제四時祭 ⑦-207

사시제사四時祭祀 ⑥-242

사시조근四時朝覲 ⑤-217

사시지례事尸之禮 ⑧-373

사시지진이四時之珍異 ⑦-405

사시진미신물四時珍美新物 ④-424

사신私臣 ①-93, 96, 98 ⑥-55 ⑧-235, 518

사신使臣 ③-23

사아四阿 ③-36

사아士訝 ⑤-116

사어궁중사어궁중死於宮中 ⑥-227

사어서射於序 ②-201

사어어대부士禦於大夫 ③-363

사어태조묘舍於大祖廟 ④-219

사언사신士言私臣 ⑧-518

사언이이仕焉而已 ⑥-152

사여수록우천使女受祿于天 ⑧-342

사여식士旅食 ③-38

사여식자士旅食者 ③-43, 280

사여작士旅酌 ③-195, 503

사왈화용四曰和容 ②-199

사외침舍外寢 ⑥-25

사용금士用禁 ⑧-286

사용무士容甒 ⑦-343

사용수치(成) ③-27

사용철士用鐵 ①-115

사용하고 남은 희생의 뼈 가운데 헤아려 쓸 만한 것(儀) ⑧-144

사우교舍于郊 ④-299

사우당서侯于堂西 ②-276

사우대부묘舍于大夫廟 ④-219

사우례士虞禮 ⑦-441

사우적실死于適室 ⑦-23

사우제공묘舍于諸公廟 ④-219

사우조舍于朝 ④-32

사위射位 ②-204, 254, 377

사위四衛 ⑤-233

사위서모士爲庶母 ⑥-228

사위혁로四衛革路 ⑤-233

사은혜謝恩惠 ②-464

사읍士揖 ⑤-226

사읍서생士揖庶姓 ⑤-220

사의絲衣 ①-118, 134

사의絲衣 → 비단옷

사의射儀 ③-254

사이미유록자仕而未有祿者 ③-39

사이시死而諡 ①-269

사이양시士以羊豕 ⑧-21

사이왈사事異曰辭 ②-40

사이작변士以爵弁 ⑦-28

사이죽본상士以竹本象 ⑦-66

사이천지당유하死而遷之當牖下
⑦-23

사인私人 ①-517 ⑧-510

사인射人 ③-29, 30, 363

사인지장배어하私人之長拜於下
⑧-532

사자使者 ①-276, 278 ③-214

사자嗣子 ①-38 ⑧-161

사자射慈 ⑥-199

사자영간射自楹間 ②-489

사자지명死者之名 ⑦-25

사자지문使者之門 ④-315

사자호객使者護客 ④-384

사작射爵 ②-387 ③-442, 451

사작변射爵辯 ③-452

사작합근四爵合巹 ①-310

사장士長 ③-180

사적私覿 ④-66, 75

사전빈四傳擯 ⑤-221

사절射節 ③-476

사절사습四節四拾 ②-413

사정司正 ②-112, 269, 441
③-170, 356

사정射正 ③-365

사정리지射正莅之 ③-365

사정실치司正實觶 ②-116

사정안빈司正安賓 ②-112

사정위빈司正爲賓 ②-162

사정위사마司正爲司馬 ②-289

사정찬통使正饌統 ⑧-448

사정표위司正表位 ②-116

사제왈세사士祭曰歲事 ⑧-27

사제후거복賜諸侯車服 ⑤-164

사제후수부조자諸侯首不朝者
③-477

사조복史朝服 ⑧-248

사조위시四組爲尸 ⑧-408

사존私尊 ⑥-82

사주沙酒 ③-273, 274

사주四周 ⑦-429

사주事酒 ⑧-153

사주악상충만謝酒惡相充滿 ②-231

사주위옥四注爲屋 ⑦-28

사주유사이음事酒有事而飮 ⑧-153

사중식士衆食 ③-28

사즉경일삼우士則庚日三虞 ⑦-538

사즉동혈死則同穴 ⑥-97

사지고절射之鼓節 ③-476

사지난중射之難中 ③-260

사지언시死之言澌 ⑥-20

사지유지射之有志 ⑦-435

사지재복士之齊服 ⑧-203

사지제일당래使知祭日當來 ⑧-257

사직社稷 ⑤-26

사집정실士執庭實 ④-65

사집중폐士執衆幣 ④-187

사창창士蹌蹌 ①-167

사처의간士妻儀簡 ⑧-117

사처이단의士妻以税衣 ⑦-28

사천직설士賤職褻 ⑧-24

사체四體 ⑥-103

사체四鬄 ⑦-118

사축史祝 ④-44

사측준용금士側尊用禁 ⑧-286

사치士雉 ①-192

사치어자성嗣齒於子姓 ⑧-163

사친私親 ④-320 ⑥-84

사친묘四親廟 ①-385

사친위기모私親謂其母 ⑥-242

사폐私幣 ④-305

사폐辭幣 ④-158

사폐불고私幣不告 ④-312

사포후士布侯 ②-487

사피四皮 ④-249

사필事畢 ⑧-29

사필역퇴事畢逆退 ①-334

사하肆夏 ②-153

사행위착邪行爲錯 ⑧-547

사헌私獻 ④-358

사형四鉶 ④-97

사형제私兄弟 ⑥-257

사호四壺 ④-273

사혼례士昏禮 ①-273

사획射獲 ②-314, 319 ③-384

사후射侯 ③-261

삭비朔鼙 ③-265

삭월朔月 ⑦-206

삭월소뢰朔月少牢 ⑦-212

삭월월반朔月月半 ⑦-207

삭월전朔月奠 ①-37 ⑦-403

삭위사방削爲四方 ⑥-42

삭장削杖 ⑥-23, 24

삭장削杖 → 오동나무 지팡이

삭전朔奠 ⑦-210, 406

산솔 ②-348, 430 ③-365 ⑦-330

산솔 → 산가지

산솔 → 주판

산산算 ③-201 ⑥-255

산散 ③-93, 307 ⑧-177

산散 → 술동이

산散 → 신하의 술동이

산궤匱 ①-127, 128, 166

산궤匱(관을 넣어 두는 상자) ①-127

산궤匱 → 상자

산가지(筭) ②-363, 430

산가지(籌) ②-282

산가지통(中) ②-282, 368, 430

산대散帶 ⑥-166

산대수散帶垂 ⑦-112

산대지수散帶之垂 ⑦-113

산륜散輪 ⑦-155

산수散綏 ③-97

산오승散五升 ⑧-207

산의散衣 ⑦-105, 122

산이하수散而下垂 ①-255

산재散齋 ⑧-254, 263

산즉개명두散則皆名豆 ⑧-333

산천山川 ⑤-223

살생성찬왈거殺牲盛饌曰擧 ⑧-562

살아 있는 희생(生牢) ④-98

살아 있는 희생(牷) ④-97

살왈옹殺曰饔 ⑤-128

살이미팽殺而未烹 ④-231

삵(貍) ③-257

삶는다(煮) ⑧-60

삼緣 ⑦-51

삼緣 → 정폭

삼三 ②-276

삼가三家 ①-16

삼가三加 ①-68, 131, 208, 234

삼가三筓 ②-292

삼가례三加禮 ①-134

삼가미존三加彌尊 ①-259

삼가시三家詩 ①-136

삼가시환영三家視桓楹 ④-230

삼각三刻 ①-273, 274

삼간三諫 ⑥-156

삼간부종三諫不從 ⑥-156

삼감三監 ③-125

삼개三介 ④-266, 268, 359

삼경三卿 ④-24

삼경지석三卿之席 ③-127

삼고三孤 ②-158

삼고출척三考黜陟 ⑥-53

삼관三冠 ①-262

삼년즉대비三年則大比 ②-20

삼년칭자三年稱子 ④-337

삼덕三德 ①-172

삼두慘頭 ⑥-33

삼례三禮 ①-18 ⑦-20

삼례서三禮書 ①-15, 19

삼례주三禮注 ①-74

삼례학三禮學 ①-20

삼명三命 ②-156 ⑤-119, 155

삼명이불치三命而不齒 ②-158

삼반三飯 ①-338 ⑤-93, 95
⑧-93, 95, 324

삼반이성례三飯而成禮 ①-338

삼반이지三飯而止 ⑤-95

삼배三拜 ②-77, 237 ④-299
⑧-50, 492

삼배중빈三拜衆賓 ⑧-142

삼분정일參分庭一 ④-184

삼분정일재남參分庭一在南 ①-389
⑦-259

삼분정지북參分庭之北 ⑦-293

삼사三辭 ①-99, 512 ⑤-23

삼사三祀 ④-41

삼삼위열三三爲列 ⑤-118

삼상三商 ①-274

삼생三牲 ④-209

삼생어석三牲魚腊 ⑤-196

삼생일화三笙一和 ②-435, 482

삼생지조三牲之俎 ⑤-113

삼생지폐불리三牲之肺不離 ⑤-77

삼성三成 ③-225, 239

삼수화일월繡首畫日月 ⑤-222

삼승왈치三升日絺 ⑧-114

3승 용량의 술잔(觶) ⑧-271

삼시겸어부三矢兼於弣 ②-428

삼시병어부三矢並於弣 ②-428

삼시불해三時不害 ⑧-309

삼식糝食 ③-229 ⑧-489

삼식糝食 → 나물죽

삼실일패三實一貝 ⑦-89

삼십리유숙三十里有宿 ④-79

삼양三讓 ①-154, 279 ②-36, 215
④-122, 221 ⑤-43

삼역三易 ⑦-220

삼왈주피三曰主皮 ②-199

삼용구도三踊九跳 ⑦-43

삼우三耦 ②-276, 358, 361 ③-365

삼우三虞 ⑦-328, 354, 508, 537

삼우개집궁三耦皆執弓 ②-296

삼우동입차三耦同入次 ③-401

삼우사三耦射 ②-309

삼우습취시三耦拾取矢 ②-338

삼우졸사三耦卒射 ②-346, 361, 416

삼우졸음三耦卒飮 ②-382

삼우지후제명三虞之後祭名 ⑥-49

삼월三月 ⑥-88

삼월기장제지三月旣葬除之 ⑥-239

삼월명三月名 ①-288

삼월변마三月變麻 ⑥-208

삼월이목三月而沐 ⑦-137

삼월이장三月而葬 ⑦-552

삼월이장기복三月而葬其服 ⑥-150

삼월천하복三月天下服 ⑥-162

삼윤三酳 ①-340

삼윤용근三酳用斚 ①-340

삼음三飮 ⑤-108

삼읍三揖 ①-154, 279 ②-36, 215
　④-122 ⑤-43, 167

삼일구목三日具沐 ④-379 ⑦-405

삼일성복三日成服 ⑦-192

삼일수자장三日授子杖 ⑥-43

삼일이빈三日而殯 ⑦-552

삼일이식三日而食 ⑦-137

삼일축선복三日祝先服 ⑥-162

삼임삼속三衽三束 ⑦-150

삼작三爵 ③-356

삼작이부도작三作而不徒爵 ②-180

삼적三積 ④-228

삼정三鼎 ⑧-392

삼제三祭 ②-389

삼제이안지三祭以安之 ⑦-448

삼조三朝 ④-24

삼족三族 ①-423

삼족지불우三族之不虞 ①-423

삼종三終 ③-164, 349 ③-225

삼종三從 ⑥-110

삼종지의三從之義 ⑥-111

삼주육호三酒六壺 ④-272

삼준역관승三餕亦盥升 ⑧-377

삼중三重 ②-155 ⑤-217

삼채육등三采六等 ④-369

삼초三醮 ①-209, 241

3층 시루(甑) ⑧-270

삼칠십參七十 ③-257

삼태기(筲) ⑦-420

삼퇴三退 ④-125

삼행三行 ①-172

삼향三享 ⑤-196

삼헌三獻 ①-194, 195 ④-324
　⑧-127, 522

삼헌답배三獻答拜 ⑧-523

삼헌례三獻禮 ⑧-127

삼헌례성三獻禮成 ⑧-127

삼헌이례소성三獻而禮小成 ⑧-528

삼헌작지三獻作之 ⑧-521

삼헌작지작三獻作止爵 ⑧-132

삼헌지작三獻之爵 ⑧-521

삼후穆侯 ③-260

삼후參侯 ③-256

삽핵 ⑦-278, 343

삽핵 → 부채

상相 ②-34, 37, 90, 112, 213, 255, 268~270 ③-142

상庠 ②-34, 347, 491

상庠 → 향의 학교

상商 ③-382

상常 ⑤-143 ⑧-251

상殤 ⑥-164

상裳 ⑥-21

상裳 → 치마

상裳 → 하의

상嘗 ⑦-374

상桑 ⑦-58

상간착진相間錯陳 ④-233

상갑上甲 ⑧-308

상강上綱 → 윗줄

상강배象降拜 ④-84

상개上个 ②-506

상개上介 ③-215 ④-42 ⑤-22, 104, 168, 178 ⑧-23

상개상비上个象臂 ②-509

상개오심上个五尋 ②-506

상견相見 ⑦-346

상견례相見禮 ①-453, 455

상계象笄 ⑥-260

상고象觚 ③-26, 70, 84, 191, 302

상고象觚 → 군주의 술잔

상골象骨 ③-86

상공上工 ③-345

상공上公 ④-76

상공相公 ④-124

상공오적上公五積 ④-204

상공칠개上公七介 ④-70

상관喪冠 ①-254 ⑥-44

상관조속喪冠條屬 ⑥-26

상구喪屨 ①-249 ⑥-47

상규上圭 ⑤-218

상규하벽上圭下璧 ⑤-225

상기喪期 ①-36

상내최외裳內衰外 ⑥-262

상단上簞 ⑦-90, 121

상대上敦 ⑧-331

상대上敦 → 북쪽의 밥그릇

상대부上大夫 ①-482, 517 ③-100 ⑤-119

상대부왈경上大夫曰卿 ⑧-395

상대서上敦黍 ⑧-321, 331

상대서上敦黍 → 가장 위쪽의 찰기장 밥그릇

상독上櫝 ①-85 ⑦-219 ⑧-248

상독上櫝 → 위통

상독上韣 → 위통

상두지간제上豆之間祭 ⑤-76

상려相旅 ②-435

상렵尙攝 ④-156

상례喪禮 ①-27, 31 ④-45

상례嘗禮 ②-226

상로象輅 ⑤-204

상로象路 ⑦-187

상리上利 ⑧-292, 293

상리집양조上利執羊俎 ⑧-307

상문相問 ①-455 ⑦-346

상문庠門 ②-37

상문庠門 → 향의 학교 문

상문덕尙文德 ②-518

상문성명相聞姓名 ⑦-346

상문장尙文章 ②-519

상문지빈相問之賓 ⑦-342

상배相拜 ④-190, 408

상벽하종上璧下琮 ⑤-225

상복殤服 ⑥-203

상복喪服 ⑥-21

상복上服 ⑦-523

상복경전喪服經傳 ⑥-20

상부지어미喪不志於味 ⑦-486

상불비제殤不備祭 ⑧-197

상비上篚 ①-139 ②-217, 482

상비上篚 → 당 위의 대광주리

상비삼작上篚三爵 ②-181

상비헌공上篚獻工 ②-262

상빈上擯 ④-112, 113 ⑤-187

상빈上儐 ⑤-41

상빈上賓 ⑧-429, 482, 521

상빈격上賓骼 ⑧-144

상빈삼헌上賓三獻 ⑧-482

상빈소헌작上賓所獻爵 ⑧-521

상빈헌유上賓獻侑 ⑧-542

상빙常聘 ④-24

상사上射 ②-287, 359 ③-368

상사上士 ③-39

상사관尙使官 ⑧-602

상사어우上射於右 ②-337

상사우우上射于右 ②-494

상사이묘上士異廟 ⑥-60

상사이묘上士異庿 ⑦-411

상사작象射爵 ③-451

상사재좌上射在左 ③-379

상사전거우上射轉居右 ②-337

상사칭씨上射稱氏 ②-288

상상上庠 ②-305

상상대사지처相翔待事之處 ⑤-232

상상질喪尙質 ⑦-119

상상혜유嘗相惠遺 ⑦-346

상생불상미尙牲不尙味 ⑧-325

상석上席 ②-157

상설上舌 ②-435, 508

상성商聲 ③-385

상소공오월殤小功五月 ⑥-200

상송商頌 ②-97

상수변相酬辯 ⑧-533

상시공상우수喪時拱尙右手 ⑥-266

상아象牙 ⑦-70

상악上握 ②-364

상양형嘗羊鉶 ⑧-323

상여의 덮개휘장(輤) ⑦-402

상여휘장(裧) ⑦-399

상왈양上曰揚 ③-423

상왈질上曰質 ⑦-63

상우上耦 ②-310, 316, 361

상위본上爲本 ②-223

상위신商爲臣 ②-315

상위지융商謂之肜 ⑧-388

상음지위相飮之位 ②-379

상읍相揖 ①-455 ⑦-346

상의(裵) ⑥-21

상의上衣 → 겉옷

상이무복殤而無服 ⑥-165

상이부조傷而不弔 ⑦-308

상이외무곡祥而外無哭 ⑥-50

상인우相人偶 ④-116 ⑤-43

상자(匡) ①-127

상자(篋) ⑤-207 ⑦-75

상자相者 ②-89, 254 ③-346
　④-190

상자相者 → 악공을 부축하는 사람

상자牀第 ⑦-364

상작相爵 ⑦-487

상장喪杖 ⑥-92

상절려지의相切厲之義 ④-287

상제常祭 ①-406

상제上制 ③-262

상제喪祭 ⑦-441

상제왈전喪祭曰奠 ④-356

상제진저喪祭進柢 ⑦-486

상존이약비詳尊而略卑 ④-306

상좌수尙左手 ②-47

상좌식上佐食 ⑧-320

상좌식거시일어上佐食擧尸一魚
　⑧-325

상좌식이타제上佐食以綏祭 ⑧-340

상좌식타제上佐食綏祭 ⑧-570

상주喪主 ①-453

상주진觴酒陳 ④-323

상준上蕇 ⑧-188

상준지上蕇止 ⑧-381

상준친하上蕇親煆 ⑧-381

상지기친殤之期親 ⑥-171

상지이기즙嘗之以其汁 ⑧-432

상지질불규수殤之絰不樛垂 ⑥-165

상집지상견嘗執摯相見 ⑦-346

상차桑叉 ⑧-74

상차喪次 ⑦-176

상찬上贊 ⑤-157

상체 부분(質) ⑦-62

상촉尙鏃 ③-481

상추相趨 ①-455 ⑦-346

상축商祝 ⑦-83, 86, 244, 266

상축어구商祝御柩 ⑦-284

상치象觶 ③-103, 191, 314

상치象觶 → 군주의 술잔

상치象齒 ③-86

상치하격上絺下綌 ⑦-76

상친지사相親之辭 ①-229

상투(紒) ⑧-305

상폐上幣 ④-181, 264

상폐相幣 ④-157 ⑤-101

상하사방지신上下四方之神 ⑤-217

상하악작上下樂作 ③-356

상향尙饗 ⑦-464 ⑧-27, 249

상현주尙玄酒 ①-141

상현하황上玄下黃 ⑤-218

상현하훈上玄下纁 ⑦-63

상형嘗鉶 ⑧-472

상형불배嘗鉶不拜 ⑧-472

상형지간제上鉶之間祭 ⑤-78

상혜常惠 ①-94

상호봉시桑弧蓬矢 ②-306

상회어타嘗會於他 ⑦-346

새끼돼지 고기(豚) ①-306

새끼돼지 한 마리(特豚) ①-306
　⑦-118

새끼 사슴(麛) ①-483

새끼손가락(小指) ③-420

새끼 양(羔) ①-192

새로 길어온 물(新水) ①-204

새벽(昕) ①-381

새솜(纊) ⑦-142

색삼(穡) ⑧-111

색삼(穡) → 찰기장 밥

색부穡夫 ⑤-187

색부치穡夫馳 ⑤-187

색서穡黍 ⑧-344

색서穡黍 → 기장밥

색우索牛 ⑧-21

색제축우팽索祭祝于祊 ⑦-504

생笙 ②-97, 98, 181, 256, 482
　③-154, 164

생甥 ⑥-232

생牲 ⑧-47

생牲 → 희생

생강과 계피 가루(屑) ⑦-275

생강이나 계피를 넣어 말린 고기(段
　脩) ①-351

생강이나 계피를 넣어 말린 고기(腶
　脩) ⑧-462

생규生葵 ⑦-518

생규生葵 → 생아욱

생기生器 ⑦-271

생뢰牲牢 ④-345

생뢰生牢 ④-98

생뢰生牢 → 살아 있는 희생

생민지본生民之本 ③-163

생비牲匕 ①-142 ⑧-273

생비牲匕 → 세발솥에서 희생을 건져
 내는 숟가락

생사필이귀사시生事畢而鬼事始
 ⑦-450

생선(鮮魚) ⑤-125

생선(魚) ⑧-296

생선 등(鬐) ⑦-512

생선을 담는 세발솥(魚鼎) ⑧-276

생선을 올려놓은 희생제기(魚俎)
 ⑧-82

생선회(魚膾) ⑤-86

생소笙簫 ③-267

생아욱(生葵) ⑦-518

생어生魚 ⑤-125

생어生魚 → 활어

생여내일生與來日 ⑦-192

생왈희生曰饎 ⑤-128

생을 부는 악공(笙) ②-97, 255, 482
 ③-154

생인양장좌生人陽長左 ⑧-417

생일위특牲一爲特 ⑧-556

생입笙入 ③-240

생입삼성笙入三成 ③-225

생입삼종笙入三終 ③-166

생정牲鼎 ①-24

생주笙奏 ②-97, 150, 260 ③-154,
 240

생찬牲爨 ⑧-210

생체牲體 ⑧-229, 577

생체골牲體骨 ③-67

생체지포牲體之脯 ⑦-543

생폐牲幣 ④-43

서(茶) ⑦-66

서瑁 ①-323 ⑥-232

서胥 ①-93 ③-39, 138, 342

서序 ①-146, 149 ②-355 ③-83

서序 → 주의 학교

서瑞 ④-56

서瑞 → 신표

서誓 ⑤-224

서筮 ①-80, 83 ⑧-27

서筮 → 시초

서筮 → 점을 친다

서黍 ①-309, 334 ④-272 ⑤-67
 ⑦-477, 481

서黍 → 찰기장 밥

서黍 → 찰기장으로 빚은 술

서가壻家 ①-325

서걸술西乞術 ④-444

서견어책書遣於策 ⑦-306

서계西階 ①-181, 227 ②-215, 221, 270, 439 ③-62, 303 ⑧-51, 71, 283

서계상헌중빈西階上獻衆賓 ②-238

서계지동렴西階之東廉 ④-229

서곤제庶昆弟 ①-439

서괘書卦 ①-86, 97 ⑧-252

서괘우목書卦于木 ⑧-252

서괘지구書卦之具 ①-94

서구抒臼 ⑧-444

서궁西宮 ⑥-103

서내序內 ③-83 ⑤-64

서녀庶女 ⑥-213

서단序端 ①-154, 157, 222 ②-231, 381 ③-175 ④-127 ⑧-493

서단序端 → 당 위 동쪽 벽의 남쪽 끝

서단序端 → 당 위 서쪽 벽의 남쪽 끝

서당西堂 ①-84, 130, 149 ②-276, 358, 398 ③-364 ⑧-48

서당 아래의 서쪽(堂西) ②-511

서도胥徒 ⑦-294

서독筮牘 ⑧-32

서렴西廉 ②-284

서렴西廉 → 당 위의 서쪽 모서리

서령西領 ⑦-57

서례청조黍醴清糟 ①-195

서류西霤 ③-36

서면西面 ⑧-118

서면착西面錯 ②-390 ⑦-132

서명우말書銘于末 ⑦-49

서모庶母 ①-435

서물어기중抒物於器中 ⑧-430

서민무사례庶民無射禮 ②-199

서방西房 ①-178

서방西枋 ⑧-409

서방호西方琥 ⑤-218

서본徐本 ①-49 ②-450

서봉어방書贈於方 ⑦-305

서부庶婦 ①-407 ⑥-190, 213, 248

서부壻父 ①-424

서부작지이주庶婦酌之以酒 ①-407

서부장庶不杖 ⑥-86

서북우西北隅 ⑧-197

서빈筮賓 ①-102, 106~108

서빈의序賓意 ⑧-501

서사筮史 ⑦-219

서사西肆 ⑧-291

서상西箱 ④-104

서상西上 ④-121 ⑧-78

서서西序　①-154, 176　②-41, 219, 237　③-299, 367　⑧-48, 400

서서西序 → 당 위 서쪽 벽

서서지석西序之席　②-474

서석筮席　①-88

서성徐姓　①-49

서손庶孫　⑥-108, 177

서손지부庶孫之婦　⑥-225

서손지중상庶孫之中殤　⑥-225

서수庶羞　③-52, 174　④-209 ⑤-82　⑧-94, 393, 489

서수庶羞 → 여러 가지 맛난 음식

서수庶襚　⑦-105

서수개유대庶羞皆有大　⑧-443

서수계진庶襚繼陳　⑦-68

서수재좌庶羞在左　⑧-489

서숙西塾　①-83, 84, 95, 98　④-117 ⑧-26

서숙西塾 → 묘문 밖의 서쪽 당

서숙西塾 → 묘문 안의 서쪽 당

서순西順　⑦-118

서순유일일筮旬有一日　⑧-248

서시筮尸　⑧-20, 33, 257, 258

서안舒雁　④-394

서양舒揚　①-167

서어부거壻御婦車　①-323

서어판書於版　⑧-252

서영西楹　①-281　②-72, 253, 377 ③-102　④-123　⑤-102　⑧-447

서영西楹 → 당 위 서쪽 기둥

서옥瑞玉　①-192　⑤-183

서용西墉　①-116, 133　④-214 ⑧-515

서용西墉 → 서쪽 벽

서우기경誓于其竟　④-61

서원일筮遠日　①-88

서인筮人　①-85, 87, 96　⑦-216 ⑧-26

서인筮人 → 점을 치는 사람

서인무첩庶人無妾　⑥-242

서인왈사庶人曰死　⑥-20

서인위국군庶人爲國君　⑥-152

서인재관자庶人在官者　③-28

서인지지필庶人之摯匹　①-192, 282, 464

서인집목庶人執鶩　①-282

서인초초庶人僬僬　①-167

서일筮日　①-102　⑧-20, 25, 247, 258

서일어묘문筮日於廟門　①-80

서일여초筮日如初　⑧-253

서자庶子　①-225　③-40, 197, 292 ⑥-28, 29

서자筮者　⑧-28

서자筮者 → 점을 치는 사람

서자위부후庶子爲父後 ⑥-242

서자위부후자위기모庶子爲父後者爲其
母 ⑥-227

서자정庶子正 ③-488

서자지부庶子之婦 ①-407

서장西墻 ⑦-54

서절瑞節 ④-369

서점西坫 ①-127, 142

서점西坫 → 흙 받침대

서지남두왈서단序之南頭曰序端
①-157

서직黍稷 ⑧-97, 271, 463

서직黍稷 → 기장

서직지제위타제黍稷之祭爲墮祭
⑧-321

서진序進 ③-103 ⑤-55

서진西陳 ④-210, 215

서진관序進盥 ⑤-55

서진관세序進盥洗 ②-135

서쪽 계단의 서쪽(階西) ②-511

서쪽 벽(西墉) ④-234

서체序體 ⑧-422

서추徐趨 ①-521

서축西縮 ⑧-294, 408

서택筮宅 ⑦-213

서폐書幣 ④-27

서필새지書必璽之 ④-362

서행이불반徐行而不反 ④-347

서현西縣 ③-197, 348

서협西夾 ②-285 ④-97, 214

서형제庶兄弟 ⑦-46

석石 ②-257

석裼 ②-318 ④-114, 119

석錫 ③-272 ⑥-258

석錫 → 가는 베

석錫 → 고운 베

석夕 ④-271

석夕 → 저녁

석緆 ⑦-379

석淅 ⑦-77

석腊 ①-217, 294, 306, 307
④-100, 208 ⑤-56 ⑦-480, 481,
512 ⑧-47, 60, 276, 397

석腊 → 말린 고기

석腊 → 말린 큰사슴고기

석腊 → 말린 토끼고기

석席 ②-45 ⑤-33 ⑦-253, 503,
543 ⑧-63

석席 → 자리

석거각회의石渠閣會議 ①-31

석고북면席孤北面 ③-125

석곡夕哭 ⑦-235

석궁釋弓 ②-313, 324, 364 ③-386

석궁거복釋弓去扑 ③-434

석궁반위釋弓反位 ②-419

석궁시釋弓矢 ②-395

석궁시산釋弓視筭 ②-421

석궁우당서釋弓于堂西 ②-359

석귀釋龜 ⑦-230

석기말析其末 ⑦-59

석노腊臑 ⑧-581

석단席端 ②-142

석독釋牘 ⑧-251

석독입서釋牘立筮 ⑧-251

석례夕禮 ①-135, 278 ④-28

석말席末 ⑧-131

석말답배席末答拜 ②-442

석말좌쵀주席末坐啐酒 ②-224

석미淅米 ⑦-375

석미우당淅米于堂 ⑦-77

석발釋軷 ④-366

석복釋服 ②-161, 435, 465 ④-348

석북동면席北東面 ⑧-580

석비石碑 ④-230

석비腊臂 ⑧-576

석산釋筭 ②-416

석소물전건腊小物全乾 ⑧-397

석숙夕宿 ③-261

석양비속우고腊兩髀屬于尻 ⑧-349

석여부腊與膚 ⑧-392

석여생골腊如牲骨 ⑧-232

석여생체腊如牲體 ⑧-577

석외족釋外足 ④-142

석외족현문釋外足見文 ①-390

석용미腊用麋 ⑧-73, 397

석우析羽 ③-378

석우위정析羽爲旌 ②-518 ⑦-51

석우준동席于尊東 ②-248

석우호유간席于戶牖間 ①-353

석위서수腊爲庶羞 ⑧-393

석유수미席有首尾 ①-277

석의裼衣 ④-127, 128

석의지상유습의裼衣之上有襲衣
⑦-189

석이건지析而乾之 ④-229

석이미건析而未乾 ④-229

석일순이조腊一純而俎 ⑧-296

석일일미夕一溢米 ⑦-395

석자방래席自房來 ③-123

석재중席再重 ②-157

석전釋奠 ④-43, 322, 323

석전夕奠 ⑦-204

석전체일夕奠逮日 ⑦-385

석정腊鼎 ①-312 ⑧-73, 80

석정腊鼎 → 말린 고기를 담는 세발솥

석정腊鼎 → 토끼고기를 담은 세발솥

석조腊俎 ⑦-481 ⑧-92, 237

석조腊俎 → 말린 고기를 올려놓은 희생제기

석조복釋朝服 ②-161

석주昔酒 ⑧-153

석주무사이음昔酒無事而飲 ⑧-153

석진폐이시지夕陳幣而視之 ④-28

석채釋菜 ④-43 ⑦-180

석채釋采 ⑦-180

석척오매腊撫五枚 ⑧-560

석최錫衰 ⑥-46, 252, 258

석최이거錫衰以居 ⑥-258

석특腊特 ⑧-77

석폐夕幣 ④-28, 366

석폐釋幣 ④-38 ⑤-182

석폐우녜釋幣于禰 ⑤-182

석폐우문釋幣于門 ④-322

석필거견腊必舉肩 ⑧-326

석하席下 ③-513

석확腊簾 ⑧-67, 274

석획釋獲 ②-345 ③-408, 427

석획자釋獲者 ②-346, 361

석효자제사釋孝子祭辭 ⑦-465

선銑 ③-33

선膳 ③-93, 116, 274

선扇 ⑦-279

선扇 → 부채

선계이우숙계先戒而又宿戒 ②-168

선고先鼓 ②-415

선고이경계先鼓以警戒 ②-415

선공지천주先公之遷主 ④-101

선단墠壇 ④-66

선단이집궁先袒而執弓 ②-385

선도羡道 ⑦-340

선도우양서膳稻于粱西 ⑤-82

선발先發 ③-424

선부膳夫 ③-24

선비先妣 ①-430

선비膳篚 ①-139 ③-25, 26, 85

선비膳篚 → 군주의 대광주리

선사選士 ③-39

선사先師 ④-328

선삼우先三耦 ②-399

선상후의先裳後衣 ①-118

선생先生 ①-514 ⑧-511

선생위자先生爲姉 ⑥-140

선생지증先生之脅 ⑧-511

선석鮮腊 ④-99, 208 ⑤-118

선석鮮腊 → 잘라서 아직 말리지 않은 고기

선석鮮腊 → 저민 생선

선수膳羞 ③-24, 32

선수鮮獸 ⑦-313

선수鮮獸 → 막 잡은 토끼고기

선수우획先數右獲 ②-368

선어鮮魚 ④-99, 208 ⑤-118

선어鮮魚 → 생선

선어鮮魚 → 신선한 물고기

선어鮮魚 → 활어

선왕지천주先王之遷主 ④-101

선음담지先飲啗之 ⑧-324

선의후포善衣後布 ⑦-122

선인先人 ①-410

선입도지先入道之 ①-153

선자재중善者在中 ⑦-122

선작膳爵 ③-36, 222

선재膳宰 ①-508 ③-23, 24, 53, 67,
285, 292

선재비어사膳宰卑於士 ③-223

선재청膳宰請 ③-285

선전귀先奠龜 ⑦-227

선정先鄭 ①-62

선조지정체先祖之正體 ⑥-29

선준膳尊 ③-36, 222, 271

선천후작先薦後酌 ④-323

선충旋蟲 ③-34

선치膳觶 ③-113, 324

선헌膳獻 ④-70

선훈膳薰 ①-505

설계契 ⑥-109

설舌 ②-204, 209, 435, 508
③-258 ⑧-76, 293

설屑 ⑦-275

설屑 → 생강과 계피 가루

설楔 ⑦-365

설楔 → 뿔 수저

설設 ③-392

설가찬設加饌 ⑤-20

설건복면設巾覆面 ⑦-87

설경멱設扃鼏 ①-209, 306 ④-208
⑦-446 ⑧-280, 392

설계여강설桂與薑 ⑦-276

설괘전說卦傳 ①-83

설구說屨 ②-146, 451

설궤設几 ④-154

설대設敦 ⑧-310

설만褻慢 ②-166

설배褻拜 ①-329 ④-91

설복設楅 ②-324

설복우중정設楅于中庭 ②-298

설사設纚 ①-161

설상設牀 ⑦-364

설상단자設牀禪笫 ⑦-79

설석設席 ⑧-477, 576

설석우당렴設席于堂廉 ②-89

설석지법設席之法 ②-159

설손設飧 ④-96

설수용뢰設水用罍 ①-130

설시속說矢束 ②-406 ③-471

설악設握 ⑦-95

설우계간서상設于階間西上 ⑧-354

설우제동設于祭東 ⑧-494

설우천동設于薦東 ⑧-145

설우천두지북設于薦豆之北 ⑧-325

설의褻衣 ⑦-358

설장류設牆柳 ⑦-267

설절조設折俎 ②-55

설정문設旌門 ④-34

설정찬設正饌 ⑤-20

설조設俎 ⑧-310

설조복說朝服 ②-465

설중設中 ②-346 ③-409

설천조設薦俎 ②-391

설천중設薦脀 ⑧-515

설축조舌縮俎 ⑧-210

설치楔齒 ⑦-30, 95, 364

설치용각사楔齒用角柶 ⑦-30

설풍設豐 ②-423

설피設披 ⑦-268

섭㩜 ⑧-391

섬시조㩜尸俎 ⑧-391, 422

섭韘 ②-280

섭곤제제攝昆弟祭 ⑧-552

섭관攝官 ⑧-272

섭기명攝其命 ④-350

섭등취족涉等聚足 ⑤-51

섭성攝盛 ①-317

섭씨聶氏 ④-91

섭정태평지서攝政太平之書 ①-67

섭주攝酒 ①-208 ⑧-391

섭주攝主 ⑦-466 ⑧-552

섭주불염제攝主不厭祭 ⑧-395

섭피攝皮 ①-390

섭행攝行 ⑧-552

성胜 ④-96, 97, 207

성胜 → 익히지 않은 고기

성成 ⑤-216, 217

성成 → 사용수치

성姓 ①-374, 413

성가聲歌 ③-163, 164

성대하게 거행하는 동(殷同) ⑤-216

성미우대盛米于敦 ⑦-78

성반盛半 ⑧-558

성배成拜 ③-111, 112, 191, 320
　⑤-76, 207

성복成服 ①-37 ⑦-192

성부절聲不絶 ②-312, 323

성빈成殯 ⑦-19

성사成事 ⑦-328

성삼聲三 ⑦-245

성양대盛兩敦 ⑧-63

성어기조盛於斦俎 ⑧-554

성어천마成於薦馬 ⑦-260

성용成踊 ④-346 ⑦-40

성이재침成而涬沈 ⑧-153

성인成人 ①-176

성인대공成人大功 ⑥-225

성인지도成人之道 ①-167

성인지례成人之禮 ①-80, 354

성정腥鼎 → 익히지 않은 고기를 담은
　세발솥

성제어상成祭於上 ⑧-494

성조盛俎 ⑧-553

성주선사재成周宣謝災 ②-301

섶(薪) ④-62

세繐 ①-249 ⑥-197

세帨 ①-434 ⑧-478, 479

세挩 ⑤-78

세洗 ①-115, 129, 139, 146, 147,
　175, 205, 308 ②-203 ③-288
　⑤-31 ⑦-443, 542 ⑧-48, 271

세洗 → 물받이 항아리

세가락 메추라기(駕) ③-490

세구繐屨 ①-249

세구繐屨 → 가늘고 성긴 베로 만든
　신발

세남洗南 ③-102

세동洗東 ⑧-281

세모世母 ⑥-103

세모世母 → 큰어머니

세발솥(鼎) ①-39 ④-215 ⑧-269

세발솥에서 희생을 건져내는 숟가락
　(牲匕) ⑧-214

세부모世父母 ⑥-102

세부이단의世婦以褖衣 ⑦-28

세북洗北 ③-81

세사歲事 ⑧-27, 41, 249

세상고洗象觚 ③-191

세서洗西 ⑧-291

세수況水 ①-398

세수挩手 ②-47 ⑤-78 ⑧-130

세위細葦 ⑧-63

세위細葦 → 가느다란 갈대

세자世子 ①-267 ④-342

세자본細字本 ①-52

세자즉경細者則輕 ⑥-239

세작洗爵 ②-389 ⑧-128, 149

세재북당洗在北堂 ①-402

세적世適 ⑥-136

세제況齊 ⑦-535

세제즉불일勢齊則不壹 ⑥-52

세최繐衰 ⑥-196, 197

세최칠월繐衰七月 ⑥-196

세치洗觶 ②-113, 188 ⑧-148, 505,
　528

세치洗致 ⑧-133

세패洗貝 ⑦-87

세포繐布 ⑥-196

세포繐布 → 가늘고 성긴 베

小弨 ②-318

小簫 ②-312, 318 ③-270, 381

小簫 → 활고자

小素 ①-119, 133 ②-509

小宵 ③-210 ⑦-143

小篠 ③-272

小筲 ⑦-272, 275

小筲 → 삼태기

小堖 ⑧-391

小小 ③-276

소거蕭據 ⑥-143

소거령小車笭 ①-141

소고기 젓갈(牛鮨) ⑤-85

소고이자昭告爾字 ①-244

소공召公 ②-106

소공小功 ⑥-24, 81, 154

소공복小功服 ①-36

소공소식召公所食 ③-163

소공지대小功之帶 ⑥-24

소공지마小功之麻 ⑥-175

소공지세小功之繐 ⑥-197

소공지질小功之絰 ⑥-24

소공지친小功之親 ①-385

소공포小功布 ⑥-200

소공포십일승小功布十一升 ⑥-175

소관素冠 ⑥-252

소괘자所卦者 ①-83, 94

소구疏屨 ⑥-70

소구疏屨 → 거친 짚신

소국小國 ②-106 ③-162

소군小君 ⑥-115, 152

소궤素几 ⑦-444, 543

소궤素几 → 흰색의 안석

소궤위석素几葦席 ⑦-543

소기종묘掃其宗廟 ⑥-156

소납지위귀少納之爲貴 ⑦-68

소단素端 ⑧-203, 204

소당堖堂 ⑧-391

소동少東 ②-254

소두간지제堖豆間之祭 ⑧-602

소득지괘所得之卦 ①-87, ①-94

소려小呂 ③-167

소렴小斂 ①-36 ④-345 ⑦-103, 123

소렴금小殮衾 ⑦-97

소렴어호내小斂於戶內 ④-345

소렴이철유小斂而徹帷 ⑦-32, 128

소렴전小斂奠 ①-37 ⑦-385

소렴지교小斂之絞 ⑦-107

소렴지염小斂之斂 ⑦-23

소뢰少牢 ④-60, 100, 103 ⑧-245

소뢰위지감小罍謂之坎 ①-132

소립少立 ②-271

소매(袂) ⑥-265 ⑧-305

소맷부리(袪) ⑥-266

소맷부리의 가선(純袂) ④-334

소목昭穆 ④-101 ⑥-110

소물埽物 ③-366

소물전건小物全乾 ④-229

소부지신笑不至矧 ⑦-362

소비疏匕 ⑧-409, 430

소비疏匕 → 자루에 조각장식을 한 숟
   가락

소빈召賓 ②-466

소빈紹擯 ④-112

소빈객小賓客 ⑤-32

소빙小聘 ①-35 ④-19, 358
   ⑤-19

소빙왈문小聘曰問 ④-358

소사少師 ②-22

소사마小司馬 ④-24

소사정小射正 ③-50, 184, 445

소상素裳 ①-82, 89 ④-206
   ⑥-252, 253

소상素裳 → 흰색 치마

소상小祥 ④-338

소상제小祥祭 ⑦-562

소석전왈변埽席前曰拚 ⑧-391

소선재小膳宰 ③-123, 224

소소유지素所有志 ②-23

소손素飧 ④-96

소수왈반小數曰飯 ⑧-326

소신小臣 ②-435 ③-23, 42, 43, 276
   ⑦-179

소신납공小臣納工 ③-345

소신사小臣師 ③-45, 280

소신정小臣正 ③-45, 319

소심외기小心畏忌 ⑦-558

소악정小樂正 ③-347, 348

소왈위少曰委 ④-70

소왈중小曰烝 ⑦-247

소요小要 ⑦-149

소위관所謂髖 ⑧-351

소의素衣 ④-128

소의少儀 ①-86

소의미구素衣麑裘 ④-128

소의 위(百葉) ④-232

소의주박素衣朱襮 ①-321

소의주박素衣朱襮 → 흰 웃옷에 붉은
   옷깃

소의주초素衣朱宵 ⑧-65

소의주초素衣朱綃 ①-320

소작疏勺 ①-140 ⑧-274

소작素勺 ⑦-384

소장이치少長以齒 ②-120

소재小宰 ③-27

소적素積　①-73, 76, 118, 132, 169,
　264

소적素積 → 흰색 주름치마

소적백구素積白屨　①-248

소적일마素的一馬　⑤-199

소전邵戩　⑥-199

소전搔翦　⑦-556

소제埽祭　⑧-602

소제사궁埽除射宮　③-256

소제자지손所祭者之孫　⑧-86

소제종묘埽除宗廟　⑧-253

소조素組　⑦-118

소종小宗　⑥-111

소종유사小宗有四　⑥-111

소죽篠竹　⑥-33

소준포의素純布衣　④-335

소즉부달少則不達　④-376

소지小指　③-421

소지小指 → 새끼손가락

소총素總　⑥-259

소최疏衰　⑥-149

소최상자疏衰裳齊　⑥-70, 81, 149

소축小祝　⑧-283

소축소횡所縮所橫　②-372

소침小寢　③-33

소침이시연식小寢以時燕息　③-33

소퇴少退　②-44　④-84

소포疏布　⑦-273

소필素韠　①-81, 83, 89, 118, 132,
　169　③-219

소필素韠 → 흰색 무릎가리개

소하昭夏　②-153

소행인小行人　⑤-173

소호마의素縞麻衣　⑥-270

소후도埽侯道　③-417

속速　②-466　⑤-138

속束　④-39　⑦-150

속諉　⑧-180

속관어구거束棺於柩車　⑦-265

속광屬纊　⑦-359

속금束錦　①-369　④-86, 149

속리屬吏　①-83, 93　⑧-26

속발束髮　①-148　⑥-33

속방束紡　④-290

속백束帛　①-195, 302　④-29, 52
　⑤-100, 166, 169

속백束帛 → 비단 열 단

속백가벽束帛加璧　④-52　⑤-195

속빈速賓　②-33, 210

속옷(袍)　⑦-65

속종屬從　⑥-139

속폭屬幅　⑥-265　⑦-378

손찬飧　④-96

손목(擊)　⑦-380

손부孫婦 ⑥-107

손싸개(握手) ⑦-61

손이열孫而說 ④-376

손적인자孫適人者 ⑥-209

손지자孫之子 ⑥-231

솔기(會) ①-127

솜옷(袍) ⑦-105

송送 ⑧-120

송경頌磬 ③-265, 266

송구送柩 ④-355

송기가送其家 ⑧-550

송빈送賓 ④-196, 295

송작送爵 ⑧-107

송장送葬 ④-356

송종지례送終之禮 ⑦-86

송좌식불배送佐食不拜 ⑧-382

송폐送幣 ④-86, 262

솥(鬲) ⑦-99 ⑧-274

솥 덮개(冪) ⑤-53

솥 덮개(鼏) ⑤-30

쇄殺 ⑦-63 ⑧-156

쇄殺 → 하체 부분

쇄경殺敬 ③-236

쇄우상빈殺于上賓 ⑧-499

쇠고기 구이(牛炙) ⑤-85

쇠고기 국(臐) ④-103 ⑤-85

수酬 ①-195, 365 ②-60, 439

③-324 ⑧-147

수綏 ①-323 ⑦-398

수綏 → 수레 손잡이 줄

수漱 ①-339

수羞 ②-147, 451 ④-97, 279

⑧-167

수遂 ②-277, 359 ③-362, 363

수遂 → 활팔찌

수隨 ②-490

수隧 ③-33 ⑦-345

수籔 ④-217, 455

수廋 ④-419

수嫂 ⑥-180

수叟 ⑥-180

수旞 ⑦-51

수獸 ⑧-94

수水 ①-130

수水 → 물을 담아 둔 물 항아리

수醙 ④-272

수醙 → 백주

수醙 → 쌀로 빚은 백주

수餯 ⑦-41

수가향악邃歌鄉樂 ③-165

수간手間 ⑧-416

수개서시邃改筮尸 ⑧-260

수건(巾) ⑦-74 ⑧-63, 283

수격獸骼 ⑧-96

수결백물脩絜百物 ③-264

수고불망壽考不忘 ①-237

수고유기壽考惟祺 ①-232

수고지사守故之辭 ③-409

수고지상壽考之祥 ①-233

수관受冠 ⑥-66, 87

수교授校 ①-292

수구袖口 ⑥-266

수궁授弓 ②-295 ③-418

수급사인遂及私人 ⑧-532

수기조羞胏俎 ⑧-322

수노례受勞禮 ④-300

수노폐授老幣 ④-85

수능팽어誰能亨魚 ⑧-61

수덕학도脩德學道 ③-199

수두羞豆 ⑧-490

수두지실羞豆之實 ③-229 ⑧-490

수레 다래끼(車笭) ⑦-267

수레를 모는 사람(御者) ⑦-260

수레바퀴원주(輢) ⑦-187

수레 손잡이 줄(綏) ①-323, 437

수레 양옆의 가림막(蔽) ⑦-396

수렴왈색收斂曰嗇 ⑧-344

수례受禮 ④-340

수말내렵垂末內鬣 ⑦-404

수명受命 ①-415

수명數名 ④-217

수명문고受命文考 ①-381

수명자필진受命者必進 ④-22

수물水物 ⑦-73

수반受潘 ⑦-78

수방왈협隨方曰篋 ①-123

수방이하手放而下 ②-336

수배手拜 ①-183

수배遂拜 ①-294 ②-56, 230
③-69

수번羞燔 ⑧-456

수번受燔 ⑧-464

수벌작자受罰爵者 ②-383

수변羞籩 ⑧-490, 568

수변지실羞籩之實 ③-229 ⑧-490,
568

수복首服 ①-236

수복受服 ⑥-35, 87

수복무강受福無疆 ①-241

수복왈하受福曰嘏 ⑧-109

수봉지군受封之君 ⑥-187

수불거酬不擧 ③-309

수비삼우遂比三耦 ③-367

수빈酬賓 ①-195 ②-60, 235
③-111, 341 ⑧-147, 150, 170

수사우조受舍于朝 ⑤-178

수삼헌작受三獻爵 ⑧-523

수서수羞庶羞 ③-174

수선羞膳 ③-52

수선자羞膳者 ③-52, 223

수수로 빚은 술(粱酒) ④-105

수수밥(粱) ④-105, 212

수수불유수受授不游手 ④-88

수수자왈모자受酬者曰某子 ②-436

수시授矢 ②-296

수시酬尸 ⑧-486

수시로 거행하는 회(時會) ⑤-216

수시번羞豕燔 ⑧-468

수시작受尸酢 ⑧-521

수식상관수首飾象冠數 ⑥-35

수씨誰氏 ①-413

수양번羞羊燔 ⑧-434

수여위영垂餘爲纓 ①-137

수여쟁승授如爭承 ④-391

수예쇄酬禮殺 ⑧-529

수옥受玉 ④-308

수옹受饔 ⑤-126

수옹례受饔禮 ⑤-126

수용협受用篋 ⑦-25

수우수간受于手間 ⑧-416

수유須臾 ③-217

수유소유羞唯所有 ②-163, 469

수유어羞濡魚 ⑧-296

수유어자진미羞濡魚者進尾 ⑧-296

수음遂飮 ②-73, 442 ⑤-97

⑧-368, 486, 494

수음졸치遂飮卒觶 ②-60, 84, 117

수의壽衣 ⑦-96

수의襚衣 ①-36 ⑦-41, 46, 372

수이경복受以輕服 ⑥-51

수이속금酬以束錦 ①-369

수이예쇄酬而禮殺 ③-94

수이의복襚以衣服 ⑦-44

수인庾人 ④-419

수인遂人 ⑦-265, 429

수자襚者 ⑦-372

수자불배酬者不拜 ②-454

수자이습襚者以褶 ⑦-141

수작受爵 ②-221 ⑧-143

수작酬酢 ①-203

수장遂匠 ⑦-429

수장酬長 ③-341

수장형제酬長兄弟 ⑧-166, 168

수재세동水在洗東 ②-29, 203
⑧-205

수재하자酬在下者 ②-437

수정羞鼎 ④-96

수제綏祭 ⑦-528

수조垂繰 ④-50, 119

수조守祧 ④-101

수조이시문垂繰以示文 ④-55

수족首足 ⑥-103

수족收族 ⑥-109, 110

수주漊酒 ⑦-559

수주불거酬酒不擧 ②-62, 236

수중受重 ⑥-29

수지어하遂之於下 ⑧-544

수지제이지手之第二指 ②-493

수질首絰 ⑥-21

수징壽徵 ①-235

수천지경受天之慶 ①-234

수청좌遂請坐 ②-467

수치하遂致嘏 ⑧-338

수폐酬幣 ①-198 ④-281

수폐授幣 ④-27

수폐受幣 ④-84

수폐受肺 ⑧-455

수폐영간受幣楹間 ④-257

수피獸皮 ②-435

수행受行 ④-365

수행수受行酬 ⑧-169

수형제酬兄弟 ⑧-170

수획數獲 ②-368

수후獸侯 ②-435, 487

숙宿 ①-105 ②-472 ⑤-138
⑧-257

숙鱐 ①-465

숙塾 ①-94 ④-118, 135

숙俶 ④-280

숙夙 ①-115 ⑧-59

숙계宿戒 ②-168, 471, 472 ⑧-39

숙계시宿戒尸 ⑧-258

숙구叔舅 ⑤-210

숙모叔母 ⑥-103

숙모叔母 → 작은어머니

숙배肅拜 ①-183, 329 ④-91

숙복宿服 ①-110

숙부叔父 ⑤-210

숙부모叔父母 ⑥-102

숙부지하상叔父之下殤 ⑥-201

숙빈宿賓 ①-105~108, 110, 113
②-472 ⑧-21, 33, 34, 41, 263

숙시宿尸 ⑧-21, 34, 257, 259, 262,
264

숙시肅尸 ⑧-258

숙신씨肅愼氏 ②-365

숙신씨지공시肅愼氏之貢矢 ②-366

숙신이덕淑愼爾德 ①-233

숙야夙夜 ①-434

숙야무건夙夜無愆 ①-435

숙야무위궁사夙夜無違宮事 ①-434

숙야무위명夙夜毋違命 ①-434

숙옹현상肅雍顯相 ⑦-534

숙유노실宿有路室 ④-79

숙전宿奠 ⑦-246

숙제관宿諸官 ⑧-257

숙제관肅諸官 ⑧-258

숙찬관宿贊冠 ①-108

숙찬관자宿贊冠者 ①-105, 108, 113

숙헌俶獻 ④-279, 424

숙흥夙興 ①-230, 349 ⑦-239

숙흥보叔興父 ①-246

숙흥야처夙興夜處 ⑦-558

순肫 ②-173 ⑧-229, 421

순肫 → 뒷다리 뼈의 위쪽 부위

순筍 ②-259 ③-156

순鶉 ③-490 ⑤-120

순鶉 → 메추라기

순輴 ⑦-149

순楯 ⑦-278

순鞙 ⑦-95

순純 ②-369 ⑧-280

순純 → 쌍

순군지언循君之言 ④-51

순모淳母 ③-177

순무절임(菁菹) ④-105, 232

순방巡方 ①-489

순백純帛 ①-134, 303

순선왕順先王 ②-259

순성이발循聲而發 ③-475

순수巡守 ⑤-217, 229

순시順尸 ⑧-36

순시관淳尸盥 ⑦-471

순신純臣 ⑧-492, 518

순오淳熬 ③-177

순옥淳沃 ⑧-216

순우順羽 ②-335 ③-402

순우이흥順羽而興 ②-407

순의純衣 ①-117, 118, 319, 392
⑦-63, 64

순의純衣 → 검은색 비단 웃옷

순의純衣 → 검은색의 비단 웃옷

순의純衣 → 비단 웃옷

순의훈상純衣纁裳 ⑦-24

순의훈염純衣纁袡 ①-319, 327

순이성덕順爾成德 ①-232

순이척順而摭 ④-78 ⑧-426, 578

순이토順而討 ④-78

순중서詢衆庶 ②-196

순지외일旬之外日 ⑧-29

순채절임(茆菹) ④-105

순출順出 ⑤-67

순흉복純凶服 ④-338

숟가락(匕) ⑤-54 ⑦-447 ⑧-73, 269

숟가락 → 비匕

숟가락(柶) ①-175, 294 ④-154
⑧-322

숟가락 → 사柶

숟가락을 꽂는다(建柶) ①-177

술(紘) ⑦-107

술(酒) ③-24 ④-327

술 국자(勺) ①-125, 204 ③-271
⑧-146, 271

술동이(甒) ⑦-207

술동이(散) ③-122

술동이(尊) ②-247 ⑤-33

술동이(壺) ②-202, 475 ④-97

술동이 받침대(禁) ①-204, 214, 310
⑧-48

술동이 받침대(斯禁) ②-28

술동이 받침대(梡) ⑧-280

술동이 받침대(棜禁) ⑧-207

술동이 받침대(豐) ③-27

술명逑命 ④-51 ⑦-228 ⑧-251

술잔(觶) ①-125, 176 ②-376

술잔 받침대(豐) ②-282, 376

술잔을 들어서 올리는 사람(媵爵者)
③-129

숫마(牡麻) ⑥-70 ⑦-113

숫마(枲) ⑦-114

숫마로 만든 끈을 단 관(冠繩纓)
⑥-21

숭례불권公崇禮不倦 ③-192

숭사술崇四術 ②-259

숭은쇄경崇恩殺敬 ③-237

숭주崇酒 ②-56, 231, 467 ③-79,
81, 299 ⑧-456

슬瑟 ②-89, 90, 95 ③-142, 345,
348

슬瑟 → 슬을 타는 악공

슬선瑟先 ②-90, 255

슬을 타는 악공(瑟) ②-89, 254

슬의 머리 부분(鼓) ②-254

슬의 아래쪽 구멍(越) ②-254

슬하공瑟下孔 ②-255

습拾 ②-277, 282, 295

습拾 → 활팔찌

습襲 ②-313, 318, 324, 359, 395
④-119 ⑦-89

습褶 ⑦-141

습계拾階 ③-242

습공사習公事 ④-65

습구襲裘 ⑦-178

습구불입공문襲裘不入公門 ⑦-189

습급취족拾級聚足 ⑤-51

습렴襲殮 ⑦-32

습발拾發 ②-314, 413

습발이장승시拾發以將乘矢 ③-384

습부인지빙향習夫人之聘享 ④-65

습빙지위의習聘之威儀 ④-63

습사習射 ②-25

습사襲事 ⑦-57

습삼칭襲三稱 ⑦-92

습상襲牀 ⑦-90

습상례자習商禮者 ⑦-86

습승강지의習乘降之儀 ④-66

습용拾踊 ⑦-346

습용삼拾踊三 ⑦-550

습의襲衣 ⑦-48

습의지상유정복襲衣之上有正服
　⑦-189

습이사襲而俟 ②-381

습이후수규襲而後受圭 ④-137

습일상襲一牀 ⑦-86

습전襲奠 ⑦-119, 386

습질우서동襲経于序東 ⑦-127

습취시拾取矢 ②-333, 403 ③-471

습탈결습襲說決拾 ②-378

습향習享 ④-65

승乘 ④-29, 223

승繩 ⑦-398

승升 ③-309 ⑧-278

승가升歌 ②-150, 257, 260, 459

승가삼종升歌三終 ③-166

승거乘車 ⑦-261

승거乘車 → 평상시 타고 다니는 수레

승관용축升棺用軸 ⑦-150

승구乘丘 ①-270

승구繩屨 ⑥-36

승구繩屨 → 마 끈으로 엮어 만든 짚신

승금乘禽 ④-298, 299

승당勝黨 ②-372 ③-438

승당升堂 ③-372, 395

승당내단升堂乃祖 ②-325

승당소우升堂少右 ②-379

승당읍升堂揖 ②-405

승당이악결升堂而樂闋 ③-238

승당주신升堂主愼 ④-394

승당지산勝黨之筭 ③-438

승당치명升堂致命 ⑤-220

승대繩帶 ⑥-25

승룡升龍 ⑤-221

승류承霤 ⑦-267

승류承霤 → 빗물받이

승마乘馬 ④-156, 162, 258, 273
　⑤-169

승마빈사자乘馬儐使者 ⑤-169

승명취시升命取矢 ②-364

승묵거이조乘墨車以朝 ⑤-233

승봉지의承奉之義 ⑧-114

승부지체承父之體 ⑥-242

승비繩菲 ⑥-37

승빈承擯 ④-112 ⑤-173

승사지의升射之儀 ③-374

승석升席 ②-249

승석자북방升席自北方 ②-182

승성배升成拜 ③-111, 208

승수升受 ⑧-517

승수어실升首於室 ⑦-504

승수작升受爵 ⑧-510

승시乘矢 ②-277 ③-363, 430

승시升豕 ⑧-295

승시지반承尸之槃 ⑦-79

승실작升實爵 ②-263

승아종사承我宗事 ①-429

승어사마升於司馬 ③-39

승연升筵 ⑧-478, 489

승우조왈중升于俎曰脅 ⑧-499

승인乘人 ⑦-144

승자개단결수勝者皆袒決遂 ③-443

승자동영升自東榮 ⑦-28

승자선승勝者先升 ②-379

승자지제자세勝者之弟子洗 ③-442

승자지제자勝者之弟子 ②-377

승자집장궁勝者執張弓 ②-423

승작升酌 ①-205

승장빈升長賓 ⑧-531

승정升鼎 ⑧-310

승존지기承尊之器 ①-204

승종전중承宗傳重 ⑥-131

승준기承尊器 ④-402

승준지기承尊之器 ①-204

승즉석升卽席 ②-408

승지이존비升之以尊卑 ⑧-295

승천지경承天之慶 ①-241

승천지호承天之祜 ①-240

승천지휴承天之休 ①-237

승피乘皮 ④-85 ⑤-97

승행지금乘行之禽 ④-422

시矢 ②-282

시矢 → 화살

시豕 ②-488 ④-100, 208 ⑧-60

시豕 → 돼지고기

시呪 ②-519

시蓍 ①-80, 84 ⑧-27

시蓍 → 시초

시匙 ①-140

시尸 ④-120 ⑧-33

시寺 ⑥-37

시謚 ①-269

시가始加 ①-131, 205, 232

시가원복始加元服 ①-232, 239

시각수수비방尸卻手授匕枋 ⑧-431

시간矢幹 ②-293, 435, 490 ③-419

시간矢幹 → 화살대

시간장삼척矢幹張三尺 ②-294

시고포尸告飽 ⑧-327

시관始冠 ①-253

시관이수尸盥匜水 ⑧-63

시관조영總冠繰纓 ⑥-224

시관지관始冠之冠 ①-67

시구尸柩 ⑥-256

시구尸柩 → 시신과 널

시구蓍龜 ⑦-219

시귀蓍龜 ①-82, 97

시귀지도蓍龜之道 ①-82,

시귀지령蓍龜之靈 ①-80

시급이사尸扱以柶 ⑧-323

시급일제始扱壹祭 ①-387

시답배尸答拜 ⑧-360

시도視塗 ⑦-185

시동의 임시 장막(尸次) ⑧-398

시동의 희생제기(尸俎) ⑧-229

시령(庱) ⑦-272

시렴視斂 ⑦-387

시례익쇄尸禮益殺 ⑧-485

시료視瞭 ②-90

시마枲麻 ⑥-38, 72

시마緦麻 ⑥-24, 81, 155

시마복緦麻服 ①-36, 384

시마삼월緦麻三月 ⑥-223

시마지질緦麻之絰 ⑥-24

시마지친緦麻之親 ①-385

시무장위豕無腸胃 ⑧-279

시무정조豕無正俎 ⑧-522

시무척협豕無脊脅 ⑧-582

시미豕薇 ⑤-148

시미설식尸未設飾 ⑦-32

시반始飯 ①-362

시배尸拜 ⑧-260

시배송尸拜送 ⑧-530

시배송작尸拜送爵 ⑧-368

시배수尸拜受 ⑧-358

시배수작尸拜受爵 ⑧-367

시배어조계상尸拜於阼階上 ⑧-529

시번豕燔 ⑧-472

시번豕燔 → 돼지고기 구이

시변면이출尸弁冕而出 ⑦-525

시복矢箙 ⑦-278, 418

시봉지군始封之君 ⑥-109

시불고尸不顧 ⑧-549

시불반고포尸不飯告飽 ⑧-328

시불배尸不拜 ⑧-260

시불수어석尸不受魚腊 ⑦-480

시불친작尸不親酌 ⑧-108

시비豕匕 ⑧-409

시비읍豕匕湆 ⑧-409, 464

시비읍豕匕湆 → 고기가 들어가지 않
　　은 돼지고기 국물

시빙時聘 ⑥-198

시사始射 ②-435, 494

시사時賜 ④-424

시사始死 ④-350 ⑦-19

시사간始射干 ③-373

시사무상수時賜無常數 ④-280

시사염금始死斂衾 ⑦-147

시사전始死奠 ⑦-97

시삭視朔 ①-83, 92, 133

시삭視朔 → 매달 초하루에 정사를 듣
　는 예

시삭지복視朔之服 ①-134

시산視算 ②-396, 435 ③-481

시살視殺 ⑧-268

시삼월이제지緦三月而除之 ⑥-256

시상尸牀 ⑦-35, 372

시상尸牀 → 시신을 눕혀 놓은 침상

시생視牲 ⑧-21, 34, 263

시석尸席 ⑧-184

시세지시時世之詩 ③-155

시소식지여육尸所食之餘肉 ⑧-383

시속尸謖 ⑦-498 ⑧-180, 372

시속矢束 ②-406, 435

시속개찬尸謖改饌 ⑧-601

시속수豕屬水 ⑧-268

시속지후尸謖之後 ⑧-395

시수視數 ②-421

시수주인尸酬主人 ⑧-545

시시면始視面 ①-500

시식尸食 ⑧-553

시식미포尸食未飽 ⑧-230

시식채과始食菜果 ⑥-25

시신과 널(尸柩) ⑥-256

시신 껴안기(馮尸) ⑦-386

시신상尸神象 ⑧-259

시신을 눕혀 놓은 침상(尸牀) ⑦-35

시신을 덮는 이불(夷衾) ⑦-115

시실枲實 ⑥-41

시아버님(皇舅) ①-374

시양조尸羊俎 ⑧-440

시양중인矢揚中人 ②-496

시어머님(皇姑) ①-375

시어정척始於正脊 ⑧-328

시여현회矢與弦會 ②-285

시왈강렵豕曰剛鬣 ⑦-534 ⑧-309

시용미豕用薇 ⑧-323

시우尸腢 ⑦-266

시우始虞 ⑦-536

시우용유일始虞用柔日 ⑦-533

시우제폐豕又祭肺 ⑧-425

시유소선示有所先 ①-179

시유존尸侑尊 ⑧-550

시유후관市有候館 ④-79

시육豕肉 ④-209

시육읍豕肉湆 ⑧-409

시육읍豕肉湆 → 고기가 들어간 돼지
　고기 국물

시읍時揖 ⑤-226

시읍이성時揖異姓 ⑤-220

시인寺人 ⑦-403

시인矢人 ③-431

시자豕炙 ⑤-86

시자豕炙 → 돼지고기 구이

시자豕羹 ⑤-86 ⑧-325

시자豕羹 → 저민 돼지고기

시자재북豕羹在北 ⑧-325

시작빈尸醋賓 ⑧-127

시작빈尸酢賓 ⑧-584

시작빈장尸醋賓長 ⑧-368, 591

시작삼헌지작尸作三獻之爵 ⑧-521

시작작尸作爵 ⑧-521

시작주부尸醋主婦 ⑧-359

시작주부尸酢主婦 ⑧-360

시작주인尸醋主人 ⑧-338, 340

시작주인尸酢主人 ⑧-414, 452

시작지작尸作止爵 ⑧-584

시저금반視諸衿鞶 ①-435

시절豕折 ⑧-582

시절골豕折骨 ⑧-582

시정豕鼎 ⑧-407

시정지신市井之臣 ①-522

시제주쵀주尸祭酒啐酒 ⑧-336

시조視朝 ①-83

시조尸組 ⑧-229, 376, 383, 391

시조尸組 → 시동의 희생제기

시조始祖 ⑥-109

시조豕組 ⑧-307

시조묘始祖廟 ④-101

시조여시동豕組與尸同 ⑧-425

시조오어尸組五魚 ⑧-428

시조위정성始祖爲正姓 ⑥-136

시존尸尊 ⑧-260

시졸식삼헌尸卒食三獻 ⑧-388

시졸작尸卒爵 ⑧-127

시종방矢從傍 ②-314

시좌견절豕左肩折 ⑧-424

시좌견지절豕左肩之折 ⑧-511

시좌불탈구尸坐不說屨 ⑦-521

시중兕中 ②-285, 347, 435 ③-188

시중兕中 → 외뿔소 형상의 산가지통

시중兕中 → 외뿔소의 머리를 장식한
　산가지통

시중인矢中人 ②-314

시증豕香 ⑧-409, 425, 468, 472

시증豕香 → 고기가 들어간 돼지고기
　국물

시증豕香 → 돼지고기 국물

시증豕香 → 돼지고기를 올려놓은 희
　생제기

시증무읍豕香無湆 ⑧-468

시지덕환이신著之德圜而神 ⑧-250

시지사가時至事暇 ⑧-24

시지작尸止爵 ⑧-127

시진矢盡 ②-303

시차尸次 ⑧-85

시차尸次 → 시동의 임시 장막

시초(筮) ①-83 ⑧-26

시초(蓍) ①-80 ⑧-27

시초始醮 ①-206, 211

시최緦衰 ⑥-252

시취무제제지尸取膴祭祭之 ⑧-521

시측살視側殺 ⑧-59

시칠반시尸七飯時 ⑧-553

시탁視濯 ⑧-21, 33, 34, 259, 263, 268

시필이손尸必以孫 ⑦-474

시항좌尸恒坐 ⑧-341

시헌始獻 ④-280

시현時見 ⑤-224

시형豕鉶 ⑧-323, 462

시형豕鉶 → 돼지고기 국그릇

시호諡號 ⑧-249

시확豕鑊 ⑧-67, 274, 276

시회時會 ①-455 ⑤-217

시회時會 → 수시로 거행하는 회

시회은동時會殷同 ⑤-217

시회지詩懷之 ⑧-343

시후중視侯中 ②-302 ③-380

식式 ⑦-187

식植 ②-289 ③-262

식植 → 과녁지지대

식識 ⑦-107, 153

식識 → 깃술

식간食間 ⑦-529

식간食肝 ⑧-162

식거食舉 ①-337 ⑧-92, 323

식거食舉 ⑧-92, 321, 323

식구飾柩 ⑦-266

식규拭圭 ④-72

식내제형食乃祭鉶 ⑧-187

식례式禮 ⑦-187

식률寔栗 ⑤-51

식모食母 ⑥-215

식벽拭璧 ④-74

식불구포食不求飽 ⑤-96

식사정息司正 ②-162

식서食黍 ①-338

식시마미式視馬尾 ⑦-187

식여食餘 ⑧-600

식여왈준食餘曰餕 ⑧-599

식육부지변미食肉不至變味 ⑦-362

식이건拭以巾 ⑤-78

식이서食以黍 ⑧-324

식이언識異言 ④-67

식일경識日景 ④-209

식자食胾 ⑧-325

식정찬食正饌 ⑤-95

식지食指 ②-493 ③-420

식지食指 → 검지

식지食指 → 집게손가락

식지이포飾之以布 ①-482

식초(醯) ④-215

식초로 조미한 장(醯醬) ①-308
　⑤-63

신蜃 ④-232

신紳 ①-90, 150

신紳 → 허리띠

신神 ⑧-62

신薪 ③-210, 518

신薪 → 섶

신信 ④-56

신信 → 신표

신거蜃車 ⑦-429

신계申戒 ⑧-262

신계위숙申戒爲宿 ⑤-138

신규信圭 ①-192 ④-373 ⑤-184

신기神祇 ⑤-223

신대紳帶 ①-150

신도神道 ①-284

신례臣禮 ③-208, 321

신례전수臣禮前首 ②-259

신면新綿 ⑦-363

신명神明 ⑤-216, 217, 224 ⑧-27

신물오상차神物惡桑叉 ⑧-74

신발(屨) ②-146 ⑦-393

신발 끈(綦) ⑦-67, 92

신발의 가선 장식(純) ①-247, 248
　⑦-67

신발의 장식끈(繶) ①-247, 248
　⑦-67

신발의 코 장식(絇) ①-247, 248
　⑦-67

신부의 수종자(媵) ①-331

신분新盆 ⑦-54

신불통어인神不統於人 ④-136

신불흠비족神不歆非族 ⑥-113

신서新絮 ⑦-359

신선한 물고기(鮮魚) ⑤-118

신소新疏 ①-518

신수新水 ①-204

신수新水 → 새로 길어온 물

신위神位 ⑦-253

신의新衣 ⑦-27, 358

신이과언愼而寡言 ⑥-215

신자臣子 ④-314

신조臣組 ⑧-92, 229

신종미薪從米 ④-218

신주神主 ①-385

신주新酒 ⑦-366

신지상숙新至尙孰 ④-100

신추薪芻 ④-218

신추배화薪芻倍禾 ④-99, 218

신표(瑞) ④-52

신표(信) ④-56

신하의 술동이(方壺) ③-201

신하의 술동이(散) ③-171

신합蜃蛤 ①-248

신합蜃蛤 → 대합가루

신혜변어상神惠變於常 ⑧-455

신혼神魂 ⑦-253

신화이臣畫二 ②-488

신회蜃灰 ②-511

신회蜃灰 → 대합가루

실室 ①-342

실實 ④-105

실내사시室內事尸 ⑧-388

실동우室東隅 ①-402

실로室老 ④-277, 324 ⑥-37

실로아헌室老亞獻 ④-324

실문(室戶) ①-178, 204 ③-38
　④-210 ⑧-353

실문의 서쪽(戶西) ①-206 ③-29

실사室事 ⑧-389

실사교호호室事交乎戶 ⑧-389

실사제시室事祭時 ⑧-389

실산實散 ③-122 ⑧-177

실산우비實散于筐 ⑧-177

실시實柴 ⑤-228

실어좌몌實於左袂 ⑧-344

실우등實于鐙 ⑤-69

실우일정實于一鼎 ⑧-277

실우좌몌實于左袂 ⑧-343

실유이하實維伊何 ①-136

실율불택實栗不擇 ⑦-148

실의 창(牖) ④-40

실작實爵 ②-72, 229, 251 ⑧-146,
　461

실조전체實俎全體 ⑧-235

실중室中 ④-43

실중박협室中迫狹 ⑧-348

실중불상室中不翔 ①-489

실중서남우室中西南隅 ⑧-288

실중서북우室中西北隅 ⑧-601

실중위지시室中謂之時 ①-489

실중지찬室中之饌 ⑧-604

실치實觶 ②-84, 423 ⑧-170, 486

실팔산어중實八筭于中 ②-347

실패實貝 ⑦-376

실호室戶 ①-174, 178 ⑦-254

실호室戶 → 실문

실호동室戶東 ①-175

실호서室戶西 ①-174

심尋 ②-492 ⑤-143, 216

심深 ⑤-216

심心 ⑧-76

심鷟 ⑧-61

심탕鬻 → 큰 가마솥

심무소계心無所繫 ⑦-470

심상설心喪說 ⑥-92

심설心舌 ⑧-293

심설지식미心舌知食味 ⑧-211

심설지자미心舌知滋味 ⑧-293

심설지조心舌之俎 ⑧-76

심여참작心如斬斫 ⑥-38

심의深衣 ④-317, 348 ⑥-33

십拾 ②-295

십단十端 ①-195 ⑤-100

십리유려十里有廬 ④-79

십순十純 ③-435

십오승추기반十五升抽其半 ⑥-223

십유구칭十有九稱 ⑦-105, 107

십유오이조十有五而俎 ⑧-296

십일반十一飯 ⑧-329

십즉이지十則異之 ②-371

싸리나무로 만든 화살(楛矢) ②-365

쌀(米) ①-303

쌀로 빚은 백주(醴) ④-272

쌀로 빚은 술(稻酒) ④-105

쌀밥(稻) ④-105, 212

쌍(純) ③-438

씀바귀(苦) ⑤-148 ⑧-208, 323

씀바귀(苦荼) ⑧-209

씨氏 ③-190

씻는다(漱) ⑧-253

◎

아阿 ①-280

아阿 → 마룻대

아訝 ①-331 ④-111, 129 ⑤-116, 176

아訝 → 접빈관

아鵝 ④-394

아궁이(堂) ⑦-54

아궁이(爨) ⑦-441

아래통(下韇) ①-85, 96 ⑧-248

아랫줄(下綱) ②-204

아무개보(某甫) ⑦-215

아무개 분(某子) ①-374

아무개 씨(某氏) ①-374

아빈訝賓 ④-111

아수訝受 ④-183

아수기폐訝受其幣 ④-182

아수수訝授受 ④-166

아욱(葵) ⑦-518 ⑧-208

아욱절임(葵菹) ①-211 ④-232 ⑧-71

아자蛾子 ④-232

아자蛾子 → 개미 알

아직 거르지 않은 예주(糟) ①-194

아청지訝聽之 ⑤-116

아헌亞獻 ①-194 ④-324 ⑧-117

아헌시亞獻尸 ⑧-117

악握 ②-364, 365, 435, 509

악가樂歌 ②-92, 97 ③-154

악거惡車 ⑦-396

악결樂闋 ③-293

악계惡笄 ⑥-259, 260

악계유수이좌惡笄有首以髽 ⑥-259

악공(工) ②-95, 181 ③-141

악공樂工 ②-89, 432

악공을 부축하는 사람(相者) ②-89

악관樂官 ②-414

악기걸이(虡) ③-34

악사樂師 ③-141, 347

악소握素 ②-509

악수握手 ⑦-61, 380

악수握手 → 손싸개

악수용현훈리握手用玄纁裏 ⑦-61

악시握矢 ②-365

악실堊室 ⑥-26

악인樂人 ③-24, 264

악인현樂人縣 ③-24

악작樂作 ②-180

악작이후취물樂作而后就物 ②-516

악장樂章 ③-206, 211, 477

악절樂節 ②-414

악정樂正 ②-89, 254, 292, 412
③-163

악정천악樂正遷樂 ②-292

악현樂縣 ②-259 ③-156

안鴈 ①-380

안雁 ①-276, 482

안雁 → 기러기

안거安車 ①-141

안발지계安發之笄 ①-136

안석(几) ①-277 ④-38

안석과 자리(几席) ①-38

안석의 다리(几足) ①-298

안조이퇴晏朝而退 ⑧-389

안좌安坐 ⑧-436

안주案酒 ②-452

안하절상安下切上 ⑧-293

안행雁行 ④-116

알謁 ⑤-189

알리다(告) ①-99

알제謁除 ⑧-518

암마(苴麻) ⑦-112

압강厭降 ⑥-104, 182

앙제盎齊 ①-139 ③-274

앞다리 뼈(肱骨) ⑧-277

앞다리 뼈의 아래쪽 부위(臑)
②-502 ⑧-276, 355

앞다리 뼈의 위쪽 부위(肩) ②-173,
　478 ⑧-276, 355

앞다리 뼈의 위쪽 부위(前肩) ⑦-313

앞다리 뼈의 중앙 부위(臂) ②-173,
　478 ⑧-276, 355

애소지심哀素之心 ④-356

애자哀子 ⑦-215

애지발어거처哀之發於居處 ⑦-177

애차哀次 ⑦-335

애차이퇴哀次而退 ⑦-346

애천성사哀薦成事 ⑦-537

애천우사哀薦虞事 ⑦-537

애천협사哀薦祫事 ⑦-536

애현상哀顯相 ⑦-464

액軶 ⑦-365

액軶 → 멍에

야후野候 ④-79

약約 ⑦-398

약가심야역가한야若可燖也亦可寒也
　⑧-392

약간기若干奇 ②-373

약간순若干純 ②-373

약단약묵若丹若墨 ③-365

약불빈시若不賓尸 ⑧-552

약비約轡 ⑦-398

약빈약장若賓若長 ③-133

약소약목若昭若穆 ④-417

약손가락(無名指) ③-420

약수約綬 ⑦-398

약시이변若是以辯 ⑧-380, 496, 509,
　517

약시자삼若是者三 ⑧-430

약신왈서約信曰誓 ⑤-224

약신재중若神在中 ②-392

약유若有 ②-329

약유언若有言 ④-129

약자若子 ⑥-30

양梁 ④-124, 212 ⑤-81

양梁 → 들보

양梁 → 수수밥

양讓 ②-40 ④-390

양揚 ③-423

양禳 ④-305

양羊 ④-100, 208

양羊 → 양고기

양격羊鬲 ⑧-493

양계지간兩階之間 ③-176

양고羊苦 ⑤-148

양고기(羊) ④-100

양고기(柔毛) ⑦-564 ⑧-309

양고기 구이(羊燔) ⑧-433, 464, 469

양고기 구이(羊炙) ⑤-86

양고기 국(臐) ④-103 ⑤-85

양고기 국그릇(羊鉶) ⑧-322

양고기를 담는 세발솥(羊鼎) ⑧-276

양궁揚弓 ②-312

양기음우陽奇陰偶 ②-488

양기주양陽氣主養 ②-171

양단兩端 ④-152

양례養禮 ⑦-498

양례필養禮畢 ⑦-497

양록피兩鹿皮 ①-195

양박兩胉 ⑦-118

양번羊燔 ⑧-434, 449, 464

양번羊燔 → 양고기 구이

양변兩邊 ①-211

양변조율兩邊棗栗 ⑧-118

양보兩簠 ④-97, 212

양부본楊復本 ③-237

양비읍羊匕湆 ⑧-409, 464

양비읍羊匕湆 → 고기가 들어가지 않
   은 양고기 국물

양상위복兩相爲服 ⑥-241

양성陽聲 ③-167

양소良霄 ⑦-182

양소良宵 ⑦-182

양속사마羊屬司馬 ⑧-273

양속화羊屬火 ⑧-268

양수良綏 ③-97

양수집부兩手執弣 ②-378

양시사체羊豕四體 ⑧-582

양시왈소뢰羊豕曰少牢 ⑧-245

양씨楊氏 ①-55

양암梁闇 ⑥-25

양염陽厭 ⑦-502 ⑧-21, 197

양영兩楹 ②-251 ③-365

양영간兩楹間 ⑦-252

양영지간兩楹之間 ②-72

양왈유모羊曰柔毛 ⑧-309

양왕이음래陽往而陰來 ①-273

양용고羊用苦 ⑧-323

양우양왈추養牛羊曰芻 ⑧-254

양유정조羊有正俎 ⑧-522

양육읍羊肉湆 ⑧-409, 425

양육읍羊肉湆 → 고기가 들어간 양고
   기 국물

양인量人 ③-257, 259, 455

양인良人 ①-343

양자羊炙 ⑤-86

양자羊炙 → 양고기 구이

양자羊胾 ⑤-86 ⑧-325

양자羊胾 → 저민 양고기

양자養者 ⑦-358

양자養者 → 간병하는 자

양자개재養者皆齊 ⑦-358

양자재남羊胾在南 ⑧-325

양작이예성兩爵而禮成 ①-195, 197

양정羊鼎 ⑧-407

양정羊鼎 → 양고기를 담는 세발솥

양조羊俎 ⑧-307

양조과삼체羊俎過三體 ⑧-425

양좌견羊左肩 ⑧-424

양주粱酒 ④-213

양주粱酒 → 수수로 빚은 술

양중襄仲 ④-444, 445

양창음화陽倡陰和 ①-304

양촉揚觸 ③-411

양하시준兩下是餕 ⑧-378

양형羊鉶 ⑧-323, 462

양형羊鉶 → 양고기 국그릇

양호兩壺 ④-272

양호개주兩壺皆酒 ⑧-147

양화이작귀揚火以作龜 ⑦-229

양확羊鑊 ⑧-274, 276

양후도量侯道 ③-257

어梜 ①-214 ⑦-384, 508 ⑧-47,
281, 497

어梜 → 갸자

어梜 → 술동이 받침대

어梜 → 음식받침대

어御 ①-331

어敔 ②-260

어魚 ①-334 ④-100, 208 ⑤-56
⑧-60, 96, 276

어魚 → 건어

어魚 → 물고기

어魚 → 생선

어禦 ①-141

어금栚禁 ①-214

어금栚禁 → 술동이 받침대

어깻죽지(腢) ⑦-366

어무비읍魚無匕湆 ⑧-522

어무족익魚無足翼 ⑧-554

어복禦僕 ③-142

어복御僕 ③-142

어비읍魚匕湆 ⑧-522

어석종양魚腊從羊 ⑧-276

어석찬魚腊爨 ⑧-210

어손魚飧 ④-96

어숙魚鱐 ⑧-437

어신飫神 ⑦-466

어십유오魚十有五 ⑧-231

어용부魚用鮒 ⑧-73, 296

어이포추御以蒲菆 ⑦-397

어인圉人 ⑦-259

어인圉人 → 말을 기르는 사람

어인협견지圉人夾牽之 ⑦-259

어임우오御衽于奧 ①-343

어자御者 ①-323 ⑦-81

어자御者 → 마부

어자御者 → 수레를 모는 사람

어자대御者代 ①-324

어재읍중자魚在湆中者 ⑧-525

어정魚鼎 ①-312 ⑧-72, 80, 407

어정魚鼎 → 물고기를 담은 세발솥

어정魚鼎 → 생선을 담는 세발솥

어제 입었던 옷(礿服) ②-160

어조魚俎 ⑧-307

어조魚俎 → 생선을 올려놓은 희생제
　기

어지반복魚之反覆 ⑧-443

어진기魚進鰭 ⑦-512

어척사매魚撠四枚 ⑧-560

어칠魚七 ⑧-554

어포대석御布對席 ①-336

어확魚鑊 ⑧-67, 274

어회魚膾 ⑤-86

어회魚膾 → 생선회

억繶 ①-247, 248

억繶 → 신발의 장식끈

억작繶爵 ⑦-495, 546

억치구준繶緇絇純 ⑦-67

언甗 ⑧-270

언甗 → 3층 시루

언령偃領 ①-321

언불타言不惰 ⑦-362

언정偃旌 ②-312, 393

언정이상偃旌以商 ②-315 ③-385

얼闑 ①-84 ③-45 ④-168 ⑧-26

얼闑 → 문 말뚝

얼굴(面) ①-500

얼굴덮개(幎目) ⑦-60

얼동闑東 ①-95 ③-43 ④-114, 130

얼서闑西 ①-84, 95 ③-43
　④-114, 130

얼서역외闑西閾外 ①-58 ④-322

엄奄 ④-101

엄掩 ⑦-59

엄掩 → 머리싸개

엄閹 ⑥-37

엄본嚴本 ②-387

엄상제掩裳際 ⑥-265

엄속지奄束之 ②-429

엄인奄人 ③-197, 198

엄족掩足 ⑦-62

엄짚신(菅屨) ⑥-21

엉덩이뼈(尻) ⑧-349

여旅 ④-61 ⑧-169

여駕 ③-490 ⑤-120

여駕 → 세가락 메추라기

여轝 ⑦-384, 429

여가피변지의如加皮弁之儀 ①-171

여개례如介禮 ②-157

여경수폐지례如卿受幣之禮 ④-266

여계위如啓位 ⑦-351

여고如故 ①-466

여곡곽如哭椁 ⑦-222

여공사대부지례如公食大夫之禮
⑤-135

여곽방제與椁方齊 ⑦-280

여구고예부지례如舅姑醴婦之禮
①-376

여구고향례如舅姑饗禮 ①-376

여구일지의如求日之儀 ①-102

여군女君 ⑥-64, 115, 116, 184

여군논도與君論道 ③-276

여군어첩무복女君於妾無服 ⑥-116

여궤사如饋食 ⑦-557

여궤사지례如饋食之禮 ④-418

여궤지설如饋之設 ⑧-601

여기강如其降 ②-432

여기면폐如其面幣 ④-301

여기설如其設 ⑦-502

여기우如其耦 ③-473

여납길례如納吉禮 ①-302

여납채례如納采禮 ①-300

여노女奴 ⑦-406

여답일배旅答壹拜 ④-314

여동방如東方 ⑦-115

여러 가지 맛난 음식(庶羞) ③-55,
228 ⑧-181

여러 악공들(衆笙) ②-99

여려與旅 ②-456

여림如臨 ⑦-454

여막盧幕 ⑦-394

여막旅幕 ⑧-398

여명삼우지사如命三耦之辭 ③-398

여모如母 ⑥-77

여미집지如麛執之 ①-483

여반곡위如反哭位 ⑦-455

여방인如邦人 ⑥-192

여배旅拜 ⑦-42

여빈女賓 ①-383 ⑦-251

여빈旅擯 ④-113, 114, 130

여빈如殯 ⑦-239

여빈如儐 ⑧-564

여빈례如賓禮 ②-67

여빈면우경지례如賓面于卿之禮
④-267

여빈복如賓服 ①-279

여빈수주인지례如賓酬主人之禮
②-123

여빈의如賓儀 ⑧-149

여빙如聘 ④-342

여사상견지례如士相見之禮 ①-483

여사위우與士爲耦 ②-328

여삭전如朔奠 ⑦-210

여산餘算 ②-351 ③-428

여삼우如三耦 ②-359

여상빈如上賓 ④-240

여상빈지례如上賓之禮 ④-313

여상사如上射 ②-336

여서안如舒雁 ④-394

여서택如筮宅 ⑦-231

여설우당如設于堂 ⑦-157

여설우실如設于室 ①-342

여소렴전如小斂奠 ⑦-411

여손女孫 ⑥-145

여손부어조묘女孫附於祖母 ⑦-553

여손재실女孫在室 ⑥-209

여수旅酬 ①-33, 38 ②-83, 120, 432
　③-114 ⑧-21, 170

여수동계旅酬同階 ②-121

여수로례如受勞禮 ④-300

여수마如受馬 ⑦-300

여수빈수지례如受賓酬之禮 ③-117

여수옹례如受饗禮 ⑤-126

여수옹지례如受饗之禮 ④-273

여수이동계旅酬而同階 ②-434

여수지시旅酬之始 ③-105

여순餘純 ③-436

여승사如升射 ②-303

여승사지의如升射之儀 ③-374

여시女尸 ⑦-525

여시선사적손처女尸先使適孫妻
　⑦-525

여식旅食 ③-27, 39, 195

여식간如食間 ⑦-529

여식불배旅食不拜 ③-183

여식자旅食者 ③-28 ⑤-54

여아헌如亞獻 ⑦-547

여어女御 ⑦-376

여어女御 → 여자 시종

여어실如於室 ⑦-211

여어실례如於室禮 ⑦-140

여연如燕 ②-443

여왕厲王 ②-97 ③-154

여외위如外位 ⑦-198

여우개如右个 ③-459

여우획如右獲 ②-372

여위개如爲介 ④-359

여유음식廬有飮食 ④-79

여인旅人 ⑤-54

여일인予一人 ⑤-188

여임정如飪鼎 ④-210

여입如入 ④-143

여자계이불위상女子笄而不爲殤
　⑥-168

여자 시종(女御) ⑦-376

여자유좌女子由左 ⑤-147

여자자女子子 ⑥-32, 166

여자자위조부모女子子爲祖父母
　⑥-118

여자자재실女子子在室 ⑥-160

여자자재실위부女子子在室爲父 ⑥-32

여자자적인자女子子適人者 ⑥-119

여자자적인자위중곤제女子子適人者爲 衆昆弟 ⑥-178

여자자지부女子子之夫 ⑥-232

여자허가女子許嫁 ①-383

여작사如作射 ②-379

여장복如葬服 ⑦-453

여재如宰 ⑤-83

여재초如再醮 ①-212

여적如覿 ④-259

여적폐如覿幣 ④-254

여점旅占 ①-87 ⑦-217 ⑧-32, 252

여정위호내女正位乎內 ⑧-359

여제동일與祭同日 ⑧-388

여조군상如遭君喪 ④-334

여조복如朝服 ⑦-383

여조복如弔服 ⑦-453

여조석곡如朝夕哭 ⑦-207

여조석곡지의如朝夕哭之儀 ⑦-209

여존餘尊 ⑥-182

여존자일체與尊者一體 ⑥-103

여종자女從者 ①-319, 321

여주인례如主人禮 ②-55

여주인복如主人服 ①-83, 105, 152 ⑧-36, 41

여주인수폐례如主人受幣禮 ④-269

여주인의如主人儀 ⑦-492

여주인이대복予主人以大福 ⑧-343

여주인지례如主人之禮 ⑧-479

여중閫中 ②-285, 435, 518 ③-188, 365

여지旅之 ⑧-492

여진자상좌與進者相左 ②-338

여집치如執雉 ①-482

여차廬次 ⑦-204

여초如初 ②-250 ⑧-541

여초거후如初去侯 ③-391

여초례如初禮 ①-287

여초설如初設 ⑦-201

여초수수지례如初受酬之禮 ③-192

여초위如初位 ③-471

여초의如初儀 ①-88 ⑧-29

여취녀례如取女禮 ①-358

여치옹如致饔 ④-281

여친餘親 ⑥-189

여친즉절餘親則絶 ⑥-127

여칭자매女稱姉妹 ⑥-140

여타일如他日 ⑦-404

여피儷皮 ①-195, 198, 302, 389 ④-179

여피儷皮 → 사슴가죽 두 장

여피儷皮 → 두 장의 사슴 가죽

여필旅畢 ③-152

여하불숙如何不淑 ⑦-40

여향如饗 ④-279 ⑤-31

여향례如享禮 ④-144

여향사지례如鄕射之禮 ③-186

여헌경지례如獻卿之禮 ③-125

여헌례如獻禮 ②-60

여헌사지례如獻士之禮 ③-197

여헌서자지례如獻庶子之禮 ③-509

여현모如見母 ①-187, 188

여획餘獲 ②-362, 417 ③-428

여획餘獲 → 남은 산가지

역閾 ①-84 ⑧-26

역閾 → 문지방

역堲 ⑦-54

역堲 → 아궁이

역繹 ⑧-388

역易 ①-80, 85, 120

역강逆降 ②-135, 442 ⑦-183

역계歷階 ③-242

역기役器 ⑦-342

역기지지繹己之志 ②-327

역로우기逆勞于畿 ⑤-166

역명逆命 ④-23

역빈시繹賓尸 ⑧-396

역여지亦如之 ⑧-93, 130, 146, 188, 217, 224, 314, 354, 365, 532, 549, 553, 556

역외閾外 ①-84 ④-408

역용괴壁用塊 ⑦-378

역우제繹又祭 ⑧-390

역월제易月制 ⑥-55

역위易位 ⑧-471

역이빈시繹而賓尸 ⑧-396

역작易爵 ⑧-132, 360, 476

역작세작易爵洗酌 ⑧-360

역작우비易爵于篚 ⑧-363

역장易醬 ①-360

역제繹祭 ⑧-387

역지어고문내繹之於庫門內 ⑧-396

역출逆出 ④-126, 181 ⑤-103

역치易觶 ③-113, 320

역치세易觶洗 ③-113

역퇴逆退 ⑤-58

역퇴복위逆退復位 ⑦-460

연련練 ④-338

연璉 ⑧-191

연筵 ①-124, 138, 160, 291 ②-474 ③-330 ④-118 ⑤-33 ⑧-184

연筵 → 자리

연延 ①-142 ⑤-189

연緣 ⑥-82

연緣 → 가선

연벤 ⑧-107

연연燕 ⑧-195

연관練冠 ①-96 ④-334 ⑥-26, 247

연관練冠 → 누인 베로 만든 관

연관이마의전練冠而麻衣縓緣
　⑥-248

연관장의이서練冠長衣以筮 ⑦-219

연구連絇 ⑦-92

연군이복緣君而服 ⑥-142

연궤燕几 ⑦-30, 366

연궤의 다리(脛) ⑦-366

연기燕器 ⑦-278

연대석筵對席 ⑧-184

연락燕樂 ②-148

연례燕禮 ③-23 ⑤-212

연례경燕禮輕 ③-184

연례잉작燕禮媵爵 ②-443

연말筵末 ⑧-434

연말좌筵末坐 ①-207

연문埏門 ⑦-345

연미燕尾 ⑥-265

연백練帛 ⑦-59

연백練帛 → 누인 비단

연백광종폭練帛廣終幅 ⑦-59

연보連步 ③-243 ④-159

연사燕射 ②-435, 487, 500 ③-186

연사燕私 ⑧-181

연상어의連裳於衣 ⑦-28

연서筵西 ①-207

연서배筵西拜 ①-176

연설담구燕設啗具 ②-452

연시延尸 ⑧-87, 315

연십오부자이궁年十五父子異宮
　①-349

연악무산燕樂無算 ②-460

연양燕養 ⑦-404

연완連睉 ⑦-94

연우해睉于醢 ⑧-478

연우호서筵于戶西 ①-174

연위서환심燕爲序歡心 ③-223

연음燕飮 ②-92, 106 ③-23, 214
　⑧-181

연이후천묘練而後遷廟 ⑦-556

연장불입어문練杖不入於門 ⑦-459

연전筵前 ①-165

연제練祭 ⑥-24, 248

연제衍祭 ⑧-100

연조燕朝 ①-495 ④-24

연좌설귀효燕坐褻貴肴 ②-446

연주어수燕主於羞 ③-124

연주에 맞추어 노래하는 악공(和)
　②-99

연즉협작燕則夾爵 ③-450

연증練繒 ⑥-65

연중練繒 → 누인 비단

연지수식練之受飾 ⑥-248

연지정빈燕之正賓 ③-32

연치年齒 ②-22

연칠십이로年七十而老 ⑥-255

연침燕寢 ③-33

연현燕見 ①-493

열산씨烈山氏 ⑦-220

열수裂繻 ①-438

열흘 이후의 날(遠日) ①-88 ⑧-29

염廉 ②-89

염神 ①-319

염厭 ②-35, 36, 214, 458 ⑧-86

염鹽 ⑧-219, 434

염강廉薑 ⑦-420

염강染絳 ①-117

염구冉求 ⑦-291

염금斂衾 ⑦-23, 95, 365

염복斂服 ⑦-122

염산斂簞 ②-373

염상剡上 ④-369

염석斂席 ⑦-149

염유음유양厭有陰有陽 ⑧-199

염자추방斂者趨方 ⑦-122

염장부모念將父母 ③-144

염재간우鹽在肝右 ⑧-337

염적거厭翟車 ①-326

염전斂牖 ④-53, 72

염제厭祭 ⑧-552

염주恬酒 ①-139

염채鹽菜 ⑤-69

염추念趨 ④-390

엽獵 ②-314

엽攝 ④-156

엽葉 ①-175, 179

엽획獵獲 ②-319 ③-384

영榮 ①-115, 129 ②-29 ⑧-205

영榮 → 추녀

영纓 ①-122, 135, 137, 343 ⑥-26
⑦-392

영纓(관끈) ①-122

영纓 → 가슴걸이

영纓 → 가슴걸이 끈

영纓 → 관끈

영纓 → 끈

영간楹間 ①-281 ②-114, 435, 490
④-257

영내楹內 ②-253, 269 ③-164

영내보지永乃保之 ①-239

영명令名 ⑧-248

영북楹北 ②-269 ③-102

영빈迎賓 ④-114

영빈배지迎賓拜至 ②-213

영빙군지의盈聘君之意 ④-444

영삼취纓三就 ⑦-259

영수보永受保 ①-245

영수보지永受保之 ①-245

영수호복永受胡福 ①-233

영시迎尸 ⑧-85, 401

영시입타시迎尸入妥尸 ⑧-314

영식纓飾 ①-254

영안색逞顔色 ④-392

영용盈容 ④-393

영월길일令月吉日 ①-232, 236, 244

영위앙靈威仰 ⑥-136

영장일지지迎長日之至 ⑤-229

영정迎鼎 ⑧-289

영정이반迎精而反 ⑦-439

영조속纓條屬 ⑦-392

영질纓絰 ⑥-167

옅은 진홍색(淺絳) ①-117

옅은 진홍색(纁) ①-121

옅은 진홍색 → 훈纁

옅은 진홍색 치마(纁裳) ①-116

옆덮개(牆) ⑦-267, 419

예醴 ①-139, 178, 203, 290, 291,
　　354 ⑦-314, 462

예醴 → 예주

예禮 ①-14

예豫 ②-194, 301

예瘞 ⑤-228

예鞾 ⑦-417

예경禮經 ①-14, 42

예고경禮古經 ①-14

예기禮記 ①-14

예기禮器 ①-24 ④-285

예대성禮大成 ⑧-96

예대악중禮大樂衆 ③-345

예도禮圖 ①-24

예독즉설禮瀆則褻 ②-164

예략禮略 ②-491

예례醴禮 ①-32, 149, 174, 186, 207,
　　290

예모禮貌 ⑦-243

예무醴甒 ①-139

예물(摯) ①-68, 191

예미간禮彌簡 ②-79

예복인隸僕人 ③-273, 461

예부醴婦 ①-189

예불하서인禮不下庶人 ⑥-161

예빈禮賓 ①-189 ④-150

예빈禮賓 ①-186, 189 ④-196

예사禮辭 ①-237

예사禮辭 ①-99, 237, 290, 466
　　③-48, 282 ④-83

예사禮射 ②-435, 501

예사禮食 ①-507

예사禮賜 ④-298

⑦-393

오동나무 지팡이(梧杖) ⑥-70

오두烏頭 ⑧-214

오례五禮 ①-22, 73, 453 ③-19, 251
⑤④-19 ⑤-19

오로五路 ①-326 ⑤-209

오른쪽 사대(右物) ②-288, 322, 514

오른쪽의 윗줄(右上綱) ②-291

오맥熬麥 ⑧-420

오맥熬麥 → 볶은 보리

오목청묘於穆淸廟 ⑦-534

오물五物 ②-196

오복五服 ①-36 ⑥-248

오복지외五服之外 ⑥-271

오비五比 ②-25

오사五祀 ⑦-360

오서熬黍 ⑧-420

오서熬黍 → 볶은 기장

오서직熬黍稷 ⑦-151

오성五聲 ③-476

오세이천지종五世而遷之宗 ⑥-135

오세즉천자五世則遷者 ⑥-135

오세즉천지종五世則遷之宗 ⑥-135

오속五屬 ⑥-125

오속지복五屬之服 ⑥-138

오수梧受 ⑤-104

오수지梧受之 ⑦-302

오승왈산五升曰散 ⑧-114

오시烏翅 ①-217 ④-229 ⑧-397

오시실熬枲實 ⑧-420

오시실熬枲實 → 볶은 마씨

오십리유시五十里有市 ④-79

오십이후작五十而后爵 ①-265

오씨敖氏 ①-55 ④-91

오악五嶽 ⑤-231

오왈흥무五曰興舞 ②-199

오일관장복五日官長服 ⑥-162

오일구욕五日具浴 ④-379 ⑦-405

오일수대부장五日授大夫杖 ⑥-43

오자吾子 ①-229, 409

오자무자욕吾子無自辱 ③-233

오자유가명吾子有嘉命 ①-421

오자유사명吾子有賜命 ①-423

오자지외사모사吾子之外私某死
⑦-34

오절五節 ②-413

오제五齊 ①-139 ③-278

오족五族 ②-25

오종五終 ②-413

오종五宗 ⑥-59

오주五州 ②-25

오지기목吾志其目 ③-478

오직五臟 ②-477 ④-403

오채색의 부들자리 → 조석藻席

오채색의 부들자리(繅席) ③-42
⑤-155

오채색의 비단실로 짠 끈(繅)
①-127

오채지후五采之侯 ②-501

오패伍伯 ④-227

오하鶩夏 ②-153

오할午割 ⑧-210, 293

오할물몰午割勿沒 ⑧-293

옥玉 ④-121

옥계玉笄 ①-127

옥관沃盥 ②-186

옥관용두沃盥用枓 ①-130

옥궤玉几 ⑤-186 ⑧-415

옥궤玉几 → 옥으로 장식한 안석

옥금玉錦 ④-179

옥기玉器 ④-285

옥려屋梠 ①-129

옥로玉路 ⑤-209

옥루屋漏 ⑧-198

옥면련屋楊聯 ①-129

옥무실왈사屋無室曰榭 ②-301

옥 받침대(繅) ④-49, 369

옥세자沃洗者 ②-42

옥수용두沃水用枓 ⑦-81

옥술잔(玉爵) ⑧-415

옥시관沃尸盥 ⑦-471

옥시관우반상沃尸盥于槃上 ⑧-315

옥으로 장식한 안석(玉几) ⑧-415

옥익屋翼 ①-115, 131 ②-29, 203
⑧-205

옥익屋翼 → 지붕의 날개

옥익屋翼 → 처마

옥익屋翼 → 추녀

옥작玉爵 ⑧-415

옥작玉爵 → 옥술잔

옥조玉兆 ⑦-225

옥조玉藻 ①-121, 142

옥지양두屋之兩頭 ①-131

옥함(槶) ④-49

옥홀(珽) ⑦-66

온緼 → 묵은 솜

온불緼黻 ①-118

온불유형緼黻幽衡 ①-135

온불이유형緼黻而幽衡 ①-118

온시조어찬溫尸俎於爨 ⑧-392

온위포緼爲袍 ⑦-142

올(縷) ①-89

옷 갈아입는 곳(次) ②-277 ③-362

옷섶(衽) ⑥-265

옹饔 ④-206

옹饔 → 죽은 희생

옹甕 ④-215, 240 ⑤-124 ⑦-275

옹甕 → 독

옹摊 ⑤-93

옹관甕棺 ⑦-343

옹광甕筐 ④-434

옹부雍府 ⑧-290, 408

옹인雍人 ⑤-54 ⑧-269, 409, 423,
　430

옹정雍正 ⑧-52, 290, 408

옹정작시雍正作豕 ⑧-52

옹찬雍爨 ⑧-226, 269

옹찬雍爨 → 고기를 삶는 부뚜막

옹희饔餼 ④-239

옹희향사饔餼饗食 ④-333

와기瓦器 ⑦-276

와대瓦大 ①-139 ③-27 ④-402

와대瓦大 → 군주의 술동이

와대瓦大 → 질그릇 술동이

와대瓦敦 ⑦-206

와대瓦敦 → 질그릇 밥솥

와두瓦豆 ⑧-325

와두瓦豆 → 질그릇제기

와두위지등瓦豆謂之鐙 ⑧-332

와두위지등瓦豆謂之登 ⑧-333

와무瓦甒 ①-139

와무瓦甒 → 질그릇 술동이

와반瓦槃 ⑦-79

와불성미瓦不成味 ⑦-271

와석臥席 ①-343

와석臥席 ⑦-364

와왈등瓦曰鐙 ⑧-333

와조瓦兆 ⑦-225

와준瓦尊 ④-402

와해蝸醢 ⑤-118 ⑧-72

와해蝸醢 → 달팽이 젓갈

완莞 ⑤-143

완掔 ⑦-94, 380

완掔 → 손목

완석莞席 ①-94 ⑤-155, 186

완석莞席(골풀자리) ①-94

완석莞席 → 왕골자리

완석분준莞席紛純 ⑤-186

완시유사족梡始有四足 ⑧-301

완연莞筵 ③-42 ④-151 ⑤-155

완연莞筵 → 골풀자리

완연분준莞筵紛純 ③-42 ④-151
　⑤-155

완조梡俎 ①-201

왈백모보曰伯某甫 ①-245

왕건대상王建大常 ⑤-222

왕계王季 ②-105 ③-161

왕골자리(莞席) ⑤-155

왕관王官 ⑤-220

왕극王棘 ⑦-61

왕덕往德 ④-56

왕부王父 ④-247

왕영이상往迎爾相 ①-429

왕요혜王堯惠 ①-48

왕이표덕玉以表德 ④-57

왕자불순신王者不純臣 ⑥-53

왕정지단王政之端 ③-163

왕조례王朝禮 ①-23

왕조즉여축전王弔則與祝前 ⑦-179

왕하王夏 ②-153

왕학王學 ①-19

외기양外其壤 ⑦-213

외납外納 ⑥-25

외내상겸外內相兼 ⑧-604

외단유횡대外端有橫帶 ⑦-94

외렴外廉 ⑧-417

외문外門 ①-152, 154, 200 ④-94,
218, 219

외별족外別族 ①-449

외불궤外拂几 ④-152

외뿔소(兕) ②-285

외뿔소의 머리를 장식한 산가지통(兕
中) ②-519

외뿔소 형상의 산가지통(兕中)
②-347

외사이강일外事以剛日 ⑧-254

외삭폭外削幅 ⑥-261

외손外孫 ⑥-226

외쇄기폭外殺其幅 ⑥-261

외숙外塾 ①-95 ⑧-31

외신外臣 ①-522 ③-199

외어外御 ⑦-79, 80

외옹外饔 ③-32

외원外垣 ④-64

외전지外展之 ⑥-262

외제外題 ①-89

외조外朝 ①-495 ④-24

외조유존外祖有尊 ⑥-219

외준外尊 ①-344

외친外親 ②-25 ⑥-62, 211

외친지복外親之服 ⑥-211

외친지복개시外親之服皆緦 ⑥-211

외침外寢 ⑥-24, 25 ⑥-50

외필外畢 ⑥-25

외필外縪 ⑦-392, 401

외형제外兄弟 ⑥-234

외혼인外昏姻 ①-443

왼쪽 모서리(左廉) ①-298

왼쪽 몸체(左胖) ⑦-311

왼쪽 사대(左物) ②-288, 300

왼쪽의 아랫줄(左下綱) ②-291

요燎 ⑦-143, 152, 307, 381

요安 ⑦-404

요要 ③-27

요要 → 보고문서

요답배遙答拜 ④-190

요대腰帶 ⑦-549

요선饒羨 ⑧-338

요우僚友 ①-99

요응鷂鷹 ③-262

요절要節 ⑦-283

요절이용要節而踊 ⑦-258

요제繚祭 ②-49, 50 ⑧-100

요질要絰 ⑥-21

욕縟 ⑥-166

욕건浴巾 ⑦-74

욕령혜균欲令惠均 ③-194

욕수용분浴水用盆 ⑦-81

욕용건浴用巾 ⑦-80

욕의浴衣 ⑦-75, 80

용塘 ①-116, 133, 310, 360 ⑦-180

용容 ①-169 ②-205

용甬 ③-34

용踊 ④-344 ⑦-470, 472

용龍 ⑤-221

용기龍旂 ⑤-183

용기用器 ⑦-342

용두龍頭 ①-140

용륵龍勒 ⑦-262

용마龍馬 ⑤-221

용모서양容貌舒揚 ④-393

용모화경容貌和敬 ④-393

용무산踊無算 ⑦-123

용미축容彌蹙 ①-487

용색容色 ④-393

용색복고容色復故 ④-392

용생어정用牲於庭 ⑦-504

용수龍首 ②-495

용을 그려 넣은 붉은 깃발(龍旜) ②-519

용작龍勺 ①-140 ⑧-274

용전龍旜 ②-519

용전龍旜 → 용을 그려 넣은 붉은 깃발

용전龍旆 ③-186

용절踊節 ⑦-386

우竽 ②-259 ③-156

우耦 ②-359

우耦 → 짝

우于 ③-33

우虞 ④-356

우遇 ⑤-163, 164

우芋 ⑦-148

우腢 ⑦-266, 366

우腢 → 어깻죽지

우杅 ⑦-277

우杅 → 국그릇

우宇 ⑦-50

우緌 ⑦-58, 61

우牛 ④-208

우개右个 ②-390, 391, 435, 502
  ④-104

우객右客 ④-142, 146

우거지右巨指 ③-363

우거지구현右巨指鉤弦 ③-362

우겸집독右兼執牘 ⑧-250

우겸집독이격서右兼執牘以擊筮
  ⑧-250

우겸취간右兼取肝 ⑧-337

우곽牛藿 ⑤-148

우기이대상又朞而大祥 ⑦-563

우달右達 ④-104

우두머리(長) ②-78

우례優禮 ①-189

우례遇禮 ①-36

우목욕부즐虞沐浴不櫛 ⑦-507

우물右物 ②-494

우물右物 → 오른쪽 사대

우반右胖 ①-218 ⑧-277

우반부右胖跗 ⑦-558

우방右房 ③-87 ④-289

우벽이봉지右辟而縫之 ⑥-45

우보羽父 ⑧-249

우본재상右本在上 ⑥-72

우봉右縫 ⑥-25

우부상질虞祔尙質 ⑦-558

우부이퇴虞附而退 ⑦-346

우빈優賓 ④-210

우사耦射 ②-280

우사虞事 ⑦-328

우사삼又射參 ③-373

우사직右社稷 ④-237

우상虞庠 ②-305

우상강右上綱 ②-209, 291

우상강右上綱 → 오른쪽의 윗줄

우생비이불화笙笙備而不和 ⑦-271

우속사도牛屬司徒 ⑧-273

우수右首 ⑧-296

우수견지右手牽之 ④-216

우수리(奇) ②-370 ③-438

우수병집전족右手幷執前足 ④-141

우수상右手相 ②-90

우수진유右首進腴 ⑧-296

우수집치右手執觶 ②-380

우수집현右手執弦 ②-378

우수집후양족右手執後兩足 ①-390

우수협현右手挾弦 ③-443

우씨지와관虞氏之瓦棺 ⑦-343

우염右鹽 ⑦-485

우위물羽爲物 ③-388

우육단右肉袒 ⑤-200

우음양耦陰陽 ②-369

우이위구偶而爲具 ⑦-385

우이입시虞而立尸　⑦-450

우인설계虞人設階　⑦-28

우자牛炙　⑤-85

우자牛炙 → 쇠고기 구이

우자牛胾　⑤-85

우자牛胾 → 저민 소고기

우장불입어실虞杖不入於室　⑦-459

우저右菹　⑦-172

우전右顓　⑦-376

우제虞祭　①-37, 453, 455　④-356
　⑥-24　⑦-354, 441, 470, 558

우제포해右祭脯醢　①-177, 207

우졸곡즉문虞卒哭則免　⑦-456

우졸사耦卒射　②-317

우중綏中　⑦-58

우지牛鮨　⑤-85

우지牛鮨 → 소고기 젓갈

우집소右執簫　③-422

우집요右執要　⑦-41

우집읍이강右執涪以降　⑤-93

우집현右執弦　②-295, 303

우체右體　②-478　⑧-421

우추상독右抽上韇　⑧-248

우취기우右就其右　④-132

우학右學　②-305

우현어좌右賢於左　②-373

우협지右挾之　③-386

우환右還　①-86　③-172

우환북면右還北面　②-116

우획右獲　②-368, 369　③-435

운기雲氣　②-175

운명殞命　⑦-23

울창주(鬯)　①-189, 192

웃옷(衣)　①-117

웅熊　②-488

웅熊 → 곰

웅석熊席　①-94

웅석熊席(곰 가죽으로 만든 자리)
　①-94

웅호위기熊虎爲旗　⑦-51

웅후熊侯　②-208, 435, 487　③-258

원轅　⑦-257

원교遠郊　①-523　④-76

원교백리遠郊百里　④-76

원묘遠廟　④-101

원묘왈조遠廟曰祧　④-101

원박轅縛　⑦-292

원복元服　①-232

원사原思　①-96

원일遠日　①-88　⑧-29, 253

원일遠日 → 열흘 이후의 날

원자元子　①-266, 267

원자공가爰字孔嘉　①-244

원조遠祖　④-336

원조原兆 ⑦-225

원중아외왈종圓中牙外曰琮 ④-56

원하시遠下尸 ⑧-354

원형 술동이(圜壺) ③-27

원후元侯 ②-106 ③-162

월越 ②-90, 255 ③-142

월越 → 슬의 아래쪽 구멍

월月 ⑤-223

월계越階 ③-243

월등급추越等急趨 ③-227

월만즉제지月滿則除之 ⑥-170

월반月半 ⑦-209

월삭지전月朔之奠 ⑦-406

월산여방인月算如邦人 ⑥-254

월수月數 ⑥-149, 160, 243

월수月數 → 달수

월이등越二等 ③-228

월입기요月入其要 ③-38

위委 ④-70

위胃 ⑤-58 ⑧-277, 421, 493

위闈 ①-181

위幃 ①-318 ③-362

위幃 → 휘장

위구군군지모처爲舊君君之母妻
⑥-151

위군지부모爲君之父母 ⑥-114

위기爲期 ①-108 ⑧-264

위기우묘문지외爲期于廟門之外
⑧-264

위기자매적인자爲其姊妹適人者
⑥-209

위당韋當 ②-435, 495

위료爲燎 ⑦-298

위료우문내지우爲燎于門內之右
⑦-307

위모委貌 ①-66, 75, 82, 261
⑥-253

위모관委貌冠 ⑥-252

위문闈門 ①-181 ④-427 ⑦-548

위문闈門 → 쪽문

위변韋弁 ④-206

위부지군爲夫之君 ⑥-113

위부지숙부지장상爲夫之叔父之長殤
⑥-202

위부후자지제爲父後者之弟 ⑥-29

위불계어주인位不繼於主人 ⑧-510

위빈시신지爲賓尸新之 ⑧-391

위사爲肆 ④-371

위사葦筍 ⑦-74

위서모무복爲庶母無服 ⑥-228

위석葦席 ⑦-444

위소후지부爲所後之父 ⑥-60

위시委矢 ②-325, 364, 419 ③-432

위시우복委矢于福 ③-392, 430

위에 까는 자리(加席) ②-157

위여산委餘筭 ③-413

위여획우중서委餘獲于中西 ③-430

위역우서장하爲塗于西墻下 ⑦-54

위외조부모爲外祖父母 ⑥-210

위외조부모무복爲外祖父母無服
　⑥-84

위유궁爲帷宮 ④-34

위의威儀 ①-42

위의委衣 ⑦-140

위의다威儀多 ②-47

위인후자爲人後者 ⑥-29

위인후자위기곤제爲人後者爲其昆弟
　⑥-176

위인후자위기부모爲人後者爲其父母
　⑥-108

위적委積 ④-68

위정爲政 ③-363

위정位定 ⑧-518

위정청사爲政請射 ③-363

위제위타謂祭爲墮 ⑦-477

위좌危坐 ⑧-436

위주인삼반爲主人三飯 ⑧-329

위중자爲衆子 ⑥-105

위중자무복爲衆子無服 ⑥-145

위쪽 부위(滕) ⑧-295

위차位次 ⑧-21

위천조전爲遷祖奠 ⑦-258

위축일반爲祝一飯 ⑧-329

위토위선단委土爲墠壇 ④-66

위통(上觸) ①-96

위통(上轖) ⑧-248

위포葦苞 ⑦-420

위피委皮 ④-181

위피남면委皮南面 ④-181

위피당문委皮當門 ④-182

위후자爲後者 ⑧-161

윗덮개(柳) ⑦-267

윗줄(上綱) ②-205

유雷 ①-129 ⑤-106

유旒 ①-132, 142

유卣 ①-132

유幽 ①-135

유綏 ①-253, 254

유綏 → 관끈의 장식

유侑 ①-39 ⑧-93, 393, 394

유糅 ②-492

유牖 ①-178 ③-40

유牖 → 실의 창

유牖 → 창

유維 ③-410

유帷 ④-28 ⑦-266

유攜 ⑤-76

유流 ⑦-446

유旐 ⑦-51

유旐 → 깃발 가장자리 장식

유壝 ⑤-216

유腴 ⑤-571 ⑦-313 ⑧-279, 296

유腴 → 내장

유蕤 ⑦-267

유蕤 → 인끈

유개有蓋 ④-87

유고有故 ④-361

유공불감唯恐弗堪 ①-430

유공불미唯恐不美 ⑧-90

유공소사唯公所賜 ③-151

유공소수唯公所酬 ③-133

유관游觀 ④-426

유군명출唯君命出 ⑦-34

유군신留群臣 ③-23

유궁帷宮 ⑤-166, 172

유궁상취시由弓上取矢 ②-336

유궁하취시由弓下取矢 ②-335

유규자변有頯者弁 ①-121, 123, 136

유기소당唯其所當 ①-245

유단壝壇 ④-66

유당帷堂 ⑦-31, 161

유당유실有堂有室 ②-301

유막帷幕 ①-186 ⑤-171

유막帷幕 → 베로 만든 휘장

유명시청唯命是聽 ①-424

유모乳母 ⑥-229

유모柔毛 ⑧-309

유모柔毛 → 양고기

유목遊目 ①-501

유묘유침有廟有寢 ④-379

유문帷門 ⑤-164, 166

유문壝門 ⑤-219

유박지외불추帷薄之外不趨 ①-489

유복왈륜有輻曰輪 ⑦-431

유빈僕賓 ③-167

유사有司 ①-83, 111, 351 ②-44, 296 ⑤-113 ⑧-26, 41

유사誘射 ②-302, 435 ③-372

유사誘射 → 활쏘기 시범

유사관有司官 ⑧-601

유사기포有事其布 ⑥-258

유사어대부有事於大夫 ④-201

유사우사즉단有事于射則袒 ②-319

유사우태묘有事于大廟 ⑧-390

유사이음有事而飮 ⑧-153

유사즉기有事則起 ⑧-341

유사즉단有事卽袒 ②-325

유사즉좌有事則坐 ⑧-341

유사지시誘射之矢 ②-338

유사찬자有司贊者 ⑧-357

유사찬지有司饌之 ⑧-604

유사철有司徹 ①-39 ⑧-390

유사청사有司請射 ②-277

유사청장기有司請葬期 ⑦-287

유사청조기有司請祖期 ⑦-264

유서牖西 ④-40

유서무唯舒武 ①-519

유소굴有所屈 ⑧-426

유소신有所申 ⑧-426

유수장빈侑酬長賓 ⑧-545

유양조侑羊俎 ⑧-440

유영唯盈 ⑦-89

유영내由楹內 ③-164

유영내적조계상由楹內適阼階上
②-269

유왕幽王 ②-97 ③-154

유용견侑用肩 ⑧-426

유우삼두揂于三豆 ⑧-429

유우씨有虞氏 ③-27

유우씨이완有虞氏以梡 ①-201

유우씨제수有虞氏祭首 ⑧-300

유우씨지양대有虞氏之兩敦 ⑧-274

유우염揂于鹽 ⑧-434

유우조염揂于俎鹽 ⑧-337

유우해揂于醢 ⑧-88

유우해擩于醢 ⑦-476

유유언愉愉焉 ④-393

유의柳衣 ⑦-343

유의소권唯意所勸 ③-512

유인孺人 ⑥-63

유일柔日 ⑦-533 ⑧-247, 248

유일柔日 → 짝수의 날짜

유자孺子 ⑥-215

유자불보唯子不報 ⑥-119

유자서계由自西階 ④-289

유자자즉석有藉者則裼 ④-120

유적자자무적손有適子者無適孫
⑥-107

유제擩祭 ⑧-100

유제비제維齊非齊 ⑥-52

유조侑俎 ⑧-424

유조용좌체侑俎用左體 ⑧-425

유조위문有藻爲文 ④-137

유족변물類族辨物 ⑥-219

유종경이무순거有鍾磬而無筍虡
⑦-271

유종부형幼從父兄 ⑥-137

유증이무천有脀而無薦 ⑧-354

유지이색維之以索 ①-482

유집작자有執爵者 ②-381

유찬호지有贊呼之 ⑧-531

유창劉敞 ⑤-180

유천腴賤 ⑤-57

유천유조有薦有俎 ①-200

유체遺體 ①-277

유초불배唯稍不拜 ④-440

유초수지唯稍受之 ④-341

유택幽宅 ⑦-215

유택幽宅 → 묘자리

유토壝土 ④-66

유토상단壝土象壇 ④-63

유토위날壝土爲埒 ④-66

유편由便 ①-334 ②-183

유폐侑幣 ④-280, 281 ⑤-100

유피柔皮 ④-227

유피柔皮 → 부드러운 가죽

유해挼醢 ⑧-89

유향牖鄕 ⑦-530

육肉 ⑤-171

육견六鈃 ④-97

육광六筐 ④-277

육궤六簋 ④-97

육단肉袒 ②-435, 513, 521 ③-232

육단청사肉袒請事 ⑤-164

육덕六德 ②-21, 25

육두六豆 ④-97, 272

육례六禮 ①-412

육률六律 ③-163

육리위지주肉理謂之腠 ⑤-59

육물肉物 ⑧-298, 408

육변六籩 ④-272

육복六服 ⑤-224

육사사마肉使司馬 ⑧-433

육생六牲 ⑧-490

육생지례六牲之禮 ③-199

육생지속六牲之屬 ⑧-490

육숙肉孰 ⑧-53

육시六詩 ③-167

육영陸英 ①-377

육예六藝 ②-21

육옥六玉 ⑤-218, 225

육우六楀 ③-256

육위지갱肉謂之羹 ⑦-511

육음六飮 ⑤-34

육읍肉湆 ⑧-422

육읍유읍肉湆有湆 ⑧-412

육이六彝 ②-175

육재즙중肉在汁中 ⑧-422

육종읍출肉從湆出 ⑧-412

육즙肉汁 ⑧-379

육즙肉汁 → 고기국물

육체六體 ⑧-554

육침六寢 ③-33

육폐六幣 ①-521

육포肉脯 ①-217

육행六行 ②-21

육향六鄕 ②-20

육형六鉶 ④-211

육호六壺 ④-97

육획이성괘六畫而成卦 ①-84

육효六爻 ⑧-252

육효비서어판六爻備書於版 ⑧-252

윤輪 ⑦-378, 429

윤醞 ①-339

윤醞 → 입가심

윤부倫膚 ⑤-57 ⑧-192, 279

윤부倫膚 → 돼지고기의 부드러운 껍
　질 부위

윤서倫序 ①-457

윤시醞尸 ⑧-106, 336

윤유여醞有與 ⑧-188

윤작내준醞酌內尊 ①-339

윤제尹祭 ⑦-559

율栗 ⑧-118, 208

율栗 → 밤

율繂 ①-91

율繂 → 줄

율계栗階 ③-227 ④-158, 159, 175

율변栗籩 ⑧-568

율변栗籩 → 밤을 담은 대나무제기

율재구동栗在糗東 ⑧-568

율적繂積 ①-91

율택栗擇 ⑧-208

융복隆服 ⑥-80

융복戎服 ④-227

융쇄隆殺 ⑥-19

융어형제隆於兄弟 ⑧-499

융오지쇄隆汙之殺 ⑧-522

은恩 ⑥-133

은恩 → 부자관계

은恩 → 은혜

은도殷道 ①-261

은동殷同 ①-455 ⑤-217

은동殷同 → 성대하게 거행하는 동

은례殷禮 ⑦-51

은무경중恩無輕重 ⑥-89

은벽隱辟 ①-511

은엄의恩揜義 ⑥-56

은왈서殷曰序 ②-25

은의恩義 ⑥-162, 198

은이구殷以棋 ①-201

은이소작殷以疏勺 ⑧-274

은인관곽殷人棺槨 ⑦-343

은전殷奠 ⑦-209, 406

은제간殷祭肝 ⑧-300

은조殷覜 ⑥-198

은조이빈어조殷朝而殯於祖 ⑦-250

은종내발恩從內發 ⑥-161

은질殷質 ⑦-51

은칙자銀則子 ⑦-154

은현殷見 ⑤-224

은혜(恩) ⑥-51

은후殷辱 ①-262 ⑧-428

음音 ③-163

음령陰令 ③-198

음료(漿) ⑤-35

음불승자飮不勝者 ②-376

음빈이폐飮賓以幣 ④-284

음사陰事 ③-198

음성陰聲 ③-167

음식받침대(桸) ⑦-384

음식지례飮食之例 ①-27

음실작飮實爵 ③-204

음염陰厭 ①-37, 38 ⑦-458, 502
   ⑧-21, 197

음염양염陰厭陽厭 ⑧-197

음이수빈당飮而酬賓黨 ②-454

음전우네飮餞于禰 ⑦-541

음주飮酒 ②-22 ⑤-34

음주飮酒 → 마시는 술

음주례飮酒禮 ②-436

음주례성어수飮酒禮成於酬 ③-329

음주부지변모飮酒不至變貌 ⑦-362

음주성어수飮酒成於酬 ③-122

음주이유형飮酒而有鉶 ⑧-463

음주이합회위환飮酒以合會爲歡
   ③-23

읍揖 ①-179, 279, 337 ②-35, 36,
   458 ⑤-42 ⑧-38, 51

읍湆 ①-334 ⑤-33 ⑧-379

읍湆 → 고기국물

읍강揖降 ②-251

읍궁揖弓 ②-322 ③-390

읍별揖別 ④-316

읍사차빈湆使次賓 ⑧-433

읍시揖尸 ⑧-415

읍식揖食 ⑤-75

읍양揖讓 ①-162 ②-229, 295, 458
   ⑧-143

읍양승揖讓升 ②-234, 242 ③-220

읍양여초揖讓如初 ①-292 ②-55,
   229 ④-151

읍양이승당揖讓而升堂 ③-238

읍양이입문揖讓而入門 ③-238

읍어湆魚 ⑧-409, 521~523

읍어湆魚 → 국물에 담겨 있는 생선

읍육湆肉 ⑧-432

읍장邑長 ①-96

읍재邑宰 ①-96 ⑥-37

읍중빈揖衆賓 ②-213

읍집揖執 ⑤-103

읍퇴揖退 ②-405

읍피출揖皮出 ④-87

응문應門 ③-33

응비應鼙 ③-265

응종應鍾 ③-167

의疑 ①-354

의扆 ①-178 ④-135

의義 ⑥-133

의義 → 군신관계

의義 → 의리

의依 ④-119 ⑤-186 ⑦-433, 516

의依 → 병풍자리

의依 → 활시위를 매는 곳

의儀 ⑧-497, 511

의儀 → 사용하고 남은 희생의 뼈 가
　운데 헤아려 쓸 만한 것

의衣 ①-118

의衣 → 웃옷

의議 ⑧-393

의가우전宜稼于田 ⑧-342

의고疑古 ①-22

의구필당석衣裘必當裼 ⑦-189

의금衣衾 ④-356

의단은義斷恩 ⑥-56

의대衣帶 ⑦-94

의대하척衣帶下尺 ⑥-264

의려倚廬 ⑥-24, 25 ⑦-176

의례儀禮 ①-14

의리(義) ⑥-51

의립疑立 ②-43, 223 ⑤-65

의목위려倚木爲廬 ⑦-394

의법儀法 ③-356

의복倚扑 ③-395

의복義服 ⑥-87

의상衣裳 ⑤-190

의생倚旌 ②-435

의소義疏 ①-21

의시衣尸 ⑦-25

의여관동衣與冠同 ①-82

의여대동색衣與帶同色 ①-118

의우계서倚于階西 ②-399 ③-387

의유우빈議侑于賓 ⑧-393

의유은출義由恩出 ⑥-51

의이몌衣移袂 ⑧-305

의이척유이촌衣二尺有二寸 ⑥-266

의자언기무정儀者言其無定 ⑧-499

의지봉합처왈임衣之縫合處曰衽
　⑦-154

의지우가宜之于假 ①-245

의차猗嗟 ③-373

의최疑衰 ⑥-252

의최이규질衣衰而繆絰 ⑥-169

의탁여골儀度餘骨 ⑧-498

의피왈수衣被曰襚 ⑦-374

의필유상衣必有裳 ⑦-65

이鷾 ⑤-66

이利 ⑧-177

이彝 ①-132

이袘 ①-317

이匜 ⑤-32 ⑦-277, 446 ⑧-63,
　283

이匜 → 물주전자

이匜 → 주전자

이侇 ⑦-126

이거貳車 ①-316 ⑦-187, 399

이거貳車 → 부속 수레

이거貳車 → 부거

이거이동재異居而同財 ⑥-103

이거필승貳車畢乘 ⑦-187

이경爾卿 ③-44

이골二骨 ⑧-277

이골명육以骨名肉 ②-176

이골이병二骨以並 ⑧-277

이관이자지已冠而字之 ①-185

이관작인以官爵人 ①-267

이교수易校數 ②-370

이구匜口 ⑦-277

이궁弛弓 ②-378 ③-444

이금夷衾 ⑦-115, 126, 246

이금夷衾 → 시신을 덮는 이불

이금복시夷衾覆尸 ⑦-27

이금질쇄지재夷衾質殺之裁 ⑦-115

이기반부以其班祔 ⑦-355

이기씨伊耆氏 ⑦-90

이기씨시위사伊耆氏始爲蜡 ⑦-90

이길제역상제以吉祭易喪祭 ⑦-356

이대邇敦 ⑦-478

이대爾敦 ⑧-90, 317

이대부爾大夫 ③-44

이도거군以道去君 ⑥-156

이례회민以禮會民 ②-193

이명이동실異名而同實 ⑧-410

이몌移袂 ⑧-305

이문대관以免代冠 ⑦-124

이반夷槃 ⑦-79

이변二籩 ⑧-453

이보貍步 ②-507 ③-256, 258

이복洫卜 ⑦-226

이부異父 ⑥-138

이북匜北 ⑧-216

이불(被) ⑦-23

이사二祀 ⑦-360

이산위순二筭爲純 ②-369 ③-435

이삼로二三老 ④-448

이삼자二三子 ②-279

이상夷牀 ⑦-240, 252, 409

이상찬우계간夷牀饌于階間 ⑦-240

이생왈맹莅牲曰盟 ⑤-224

이서爾黍 ①-337

이성利成 ⑧-179, 197, 372

이성異姓 ⑤-178 ⑧-393

이성상로異姓象路 ⑤-233

이성소방異姓小邦 ⑤-210

이성유복자異姓有服者 ⑦-197

이성지복異姓之服 ⑥-245

이세산헌우시利洗散獻于尸 ⑧-177

이세작利洗爵 ⑧-593

이소대부시異束大夫矢 ③-431

이소위귀以少爲貴 ④-155

이수匜水 ⑧-315

이수수우수간二手受于手間 ⑧-416

이수제주二手祭酒 ③-459

이수착우반중匜水錯于槃中 ⑦-446

이수횡집궤二手橫執几 ⑧-415

이순수고以純數告 ②-373

이슬二瑟 ②-90

이승왈고二升曰觚 ⑧-114

2승 용량의 술잔(觚) ⑧-271

이시夷尸 ⑦-241

이시회현以時會見 ⑥-198

이식酏食 ③-229 ⑧-489

이식酏食 → 고기죽

이실우반중匜實于槃中 ⑦-277

이십이관二十而冠 ①-265

이어생기異於生器 ⑦-271

이어생체異於牲體 ⑧-428

이언怡焉 ④-391

이열二列 ④-210

이왈용二曰容 ②-199

이우二耦 ③-405

이우당偶于堂 ⑦-126

이우역전以虞易奠 ⑦-354

이원양李元陽 주소본注疏本 ①-50

이유蛺蝓 ①-211

이유蛺蝓 → 달팽이

이유해蛺蝓醢 ①-211

이유해蛺蝓醢 → 달팽이 젓갈

이윤축二尹縮 ⑦-543

이이병二以並 ④-214 ⑤-124

이이부장弛而不張 ②-141

이인거치二人舉觶 ②-134, 441, 452

이인고슬二人鼓瑟 ②-90

이인세치二人洗觶 ⑧-528

이일역월以日易月 ⑥-165

이일역월지상以日易月之殤 ⑥-165

이임이속二衽二束 ⑦-150

이작異爵 ⑦-199

이작배以爵拜 ②-476

이정부후以旌負侯 ②-364

이정이상以定爾祥 ①-237

이조二桃 ⑤-180

이주기서爾酒既湑 ①-242

이주이위병以酒酏爲餅 ⑧-490

이준二尊 ⑧-290

이지二指 ②-493

이지지간二指之間 ②-493

이채일취二采一就 ④-54

이채재취二采再就 ④-370, 373

이철삼개二徹參个 ④-131

2층 시루(甑) ⑧-270

이치수헌以齒受獻 ③-495

이칙夷則 ③-167, 266

이친은등二親恩等 ⑥-219

이토수구匜吐水口 ⑦-446

이폐離肺 ①-209 ⑤-77 ⑦-312,
511 ⑧-130, 232, 423

이폐離肺 → 중앙 부위를 조금 남기고
자른 허파

이폐離肺 → 먹기 위한 허파

이폐일離肺一 ⑧-230

이허작강以虛爵降 ②-240 ③-299

이헌불급주인利獻不及主人 ⑧-593

이효유장以肴擩醬 ⑤-95

익협 ⑦-511

익협 → 목덜미살

익송조益送俎 ⑧-411

익정돈지益整頓之 ⑧-391

익히지 않은 고기(腥) ④-210

익히지 않은 고기를 담은 세발솥(腥
鼎) ④-235

익힌 고기를 담은 세발솥(飪鼎)
④-235

익힌 희생고기(飪牢) ④-235

인仞 ②-492

인茵 ⑦-273, 286

인引 ⑦-340

인引 → 인끈

인끈(綏) ⑦-267

인끈(引) ⑦-292

인끈(齊) ⑦-266

인도人道 ①-284

인수왈염引手曰厭 ②-36

인우人偶 ④-133

인음양引陰陽 ④-209

인이진지引而進之 ⑥-106

인절미(粉餈) ③-229 ⑧-489

인형제姻兄弟 ⑥-128

일鎰 ⑥-25, 48 ⑦-395

일溢 ⑥-48

일日 ⑤-223

일가일초一加一醮 ①-206

일경逸經 ①-24

일뢰一牢 ④-208

일명一命 ①-135

일명온불一命縕韍 ⑦-66

일명치어향리壹命齒於鄉里 ②-158

일미溢米 ⑥-48

일발오파오종一發五豝五豵 ②-414

일배一拜 ①-447, 472

일배壹拜 ②-237 ④-155 ⑧-492

일사壹食 ④-279, 280

일사이허一辭而許 ①-99

일산위기一筭爲奇 ③-436

일석중一席重 ②-252

일숙주一宿酒 ①-139 ⑦-321

일순이위一純以委 ③-437

일순이정一純而鼎 ⑧-558

일승왈작一升曰爵 ①-311 ⑧-114

1승 용량의 술잔(爵) ⑧-271

일양壹讓 ①-162 ②-42

일왈화一日和 ②-199

일용삼도一踊三跳 ⑦-43

일용정기日用丁己 ⑧-247

일우一耦 ②-411

일월위상日月爲常 ⑦-51

일읍壹揖 ①-162 ②-42

일읍일양壹揖壹讓 ②-220 ⑤-63

일읍일양승壹揖壹讓升 ②-220

일이壹肄 ④-63

일인거작一人擧爵 ④-324

일인거치一人擧觶 ②-155

일인세一人洗 ②-242

일입日入 ⑦-509

일입기성日入其成 ③-38

일장일이一張一弛 ③-96

일조一俎 ⑧-422

일종일횡一從一橫 ③-366

일중日中 ⑦-509

일중一重 ①-139 ②-248

일중一重 → 한 겹

일중석一重席 ②-252

일중이우日中而虞 ⑦-354

일중이행사日中而行事 ⑦-508

일중제지어빈궁日中祭之於殯宮
　⑦-439

일참사집一斬四緝 ⑥-262

일체一體 ⑥-103

일체一體 → 한 몸

일출日出 ⑦-509

일측日側 ⑦-264

일칭一稱 ⑦-96

일향壹饗 ④-280

일헌一獻 ①-194, 365

일헌壹獻 ①-194 ③-70

일헌지례壹獻之禮 ①-194

일헌지례一獻之禮 ①-200

일협일체一袷一褅 ⑦-561

임飪 ①-307 ④-96 ⑤-56 ⑧-53

임衽 ①-343 ⑥-33, 265 ⑦-86,
　149

임衽 → 옷섶

임뢰飪牢 ④-235

임뢰飪牢 → 익힌 희생고기

임성任姓 ⑤-179

임시 장막(次) ①-186 ④-113, 119
　⑧-85, 374

임여성飪與腥 ④-207

임오유역壬午猶繹 ⑧-390

임이척유오촌袥二尺有五寸 ⑥-265

임일졸곡壬日卒哭 ⑦-538

임정飪鼎 ④-210, 235

임정飪鼎 → 익힌 고기를 담은 세발솥

입삿 ⑦-278

입삿 → 비옷

입가심(酳) ⑦-485

입가심하는 음료(截漿) ⑤-34

입경이사入竟而死 ④-350

입경즉수入竟則遂 ④-339

입고入告 ④-83

입납入納 ①-282

입당서서立當西序 ②-59

입당심入堂深 ①-280

입문우入門右 ④-132, 168 ⑤-188

입문이현흥入門而縣興 ③-225

입문좌入門左 ④-132, 171

입문주경入門主敬 ④-394

입부지실삼월지후入夫之室三月之後
⑴-405

입사교立四敎 ②-259

입사정立司正 ②-268

입사정여수立司正旅酬 ②-470

입삼읍入三揖 ①-279

입서立筮 ⑧-251

입시오휴立視五巂 ⑦-187

입시이주의立尸而主意 ⑦-470

입우물간立于物間 ②-312, 322
③-381, 390

입우현중立于縣中 ③-154

입유위시立侑爲尸 ⑧-448

입음立飮 ②-79, 239, 392 ③-116,
181, 448, 461 ⑧-509

입음배기작立飮拜旣爵 ⑧-582

입이동위우入以東爲右 ①-153

입자이귀불이장立子以貴不以長
⑥-57

입적이장立適以長 ⑥-28

입적이장불이현立適以長不以賢
⑥-57

입정심入庭深 ③-281

입조례왈상入詔禮曰相 ④-130

입졸작立卒爵 ③-157 ⑧-479

입졸치立卒觶 ②-380 ③-446

입즉시족立則視足 ①-501

입추유편立箠由便 ⑧-251

입폐入幣 ①-303

입향소수立鄕所酬 ②-435

잉媵 ①-331, 362 ③-93

잉媵 → 신부의 수종자

잉임량석재동媵衽良席在東 ①-343

잉작媵爵 ②-435, 443 ③-100, 232,
311

잉작우공人滕爵于公 ③-100

잉작자滕爵者 ②-135 ③-100, 129

잉작자滕爵者 → 술잔을 들어서 올리
 는 사람

잉치滕觶 ③-111, 190

ㅈ

자字 ①-184, 383 ②-436

자胾 ②-149 ③-177 ⑦-479, 528
 ⑧-94, 95, 167

자胾 → 저민 고기

자胾 → 저민 돼지고기

자子 ②-436 ⑤-219

자藉 ④-400

자藉 → 깔개

자炙 ⑤-85 ⑧-94, 95

자炙 → 구이

자炙 → 돼지고기 구이

자姊 ⑥-140

자第 ⑦-115, 364

자第 → 침상 위에 깔개

자第 → 침상의 깔개

자齎 ⑧-61

자齊 ⑥-70

자煮 → 삶는다

자가반재부지실子嫁反在父之室
 ⑥-35

자간좌自間坐 ⑤-93

자곡벽子縠璧 ⑤-184

자궁상취일개自弓上取一个 ②-336

자궁하취일개自弓下取一个 ②-335

자근위하自近爲下 ②-370

자남삼개子男三介 ④-70

자남지사자子男之使者 ④-68

자대주종사子代主宗事 ⑥-255

자루가 긴 숟가락(桃匕) ⑧-430

자루에 조각장식을 한 숟가락(疏匕)
 ⑧-409

자리(席) ①-83 ②-358

자리(筵) ①-161 ③-291

자매적인자姊妹適人者 ⑥-226

자매지자姊妹之子 ⑥-232

자모慈母 ⑥-73, 215

자모여모慈母如母 ⑥-73

자묘걸주망일子卯桀紂亡日 ⑦-196

자무대공지친子無大功之親 ⑥-112

자번지속胾燔之屬 ⑧-411

자복폐自覆蔽 ④-399

자불약자字不若子 ②-436

자사字辭 ①-244

자사위모咨事爲謀 ②-63

자서우양조양단資黍于羊組兩端

⑧-378

자석전自席前 ②-56

자성子姓 ⑦-35 ⑧-25, 49

자성粢盛 ⑧-30

자성粢盛 → 기장밥

자성형제子姓兄弟 ⑧-25

자시부이명시字尸父而名尸 ⑧-259

자시행사사自是行死事 ⑦-26

자여모자사子與某子射 ②-287
　③-397

자여빈사子與賓射 ②-327

자옥藉玉 ⑤-184

자용위석藉用葦席 ⑦-445

자용추藉用萑 ⑧-63

자우역賈于埸 ⑦-78

자위반로自衛反魯 ③-155

자육炙肉 ⑧-119

자육즙賣肉汁 ⑤-69 ⑧-91

자작自酌 ②-435

자작自酢 ①-340, 346 ②-74, 253
　③-92 ④-329 ⑧-144, 501

자작불경작自酢不更爵 ⑧-578

자재위추呰才爲諏 ②-63

자전자고自展自告 ④-75

자전적좌自前適左 ②-371

자정지모自定之貌 ⑤-65

자제子弟 ①-93

자좌남면自左南面 ④-289

자지대련藏之大臠 ⑧-443

자지소생子之所生 ⑧-25

자지왈석藉之曰席 ②-158

자참지복齊斬之服 ④-348

자천自薦 ①-402

자최齊衰 ①-438 ⑥-21, 150

자최복齊衰服 ①-36

자최부인齊衰婦人 ⑦-113

자최부장기齊衰不杖期 ⑥-101

자최부장주齊衰不杖周 ⑥-143

자최불서수월자齊衰不書受月者
　⑥-72

자최삼년齊衰三年 ⑥-70

자최삼월齊衰三月 ⑥-149

자최악실齊衰堊室 ⑦-176

자최이무질齊衰而繆絰 ⑥-169

자최장기齊衰杖期 ⑥-81

자최장기장齊衰杖期章 ⑥-78

자최장주齊縗杖周 ⑥-90

자최지대齊衰之帶 ⑥-24

자최지질齊衰之絰 ⑥-24 ⑦-114

자최지친齊衰之親 ①-385

자최지하齊衰之下 ⑥-267

자친위순呰親爲詢 ②-63

자하전子夏傳 ⑥-20

작勺 ①-125, 139 ②-28, 202

③-455 ⑦-541 ⑧-146, 271

작勺 → 술 국자

작爵 ①-311 ②-39, 171 ③-184
⑧-107, 117, 271

작爵 → 1승 용량의 술잔

작酌 ③-203 ⑧-482, 493, 505

작酢 ①-146, 149, 195, 365, 402
②-53, 467 ③-90 ⑧-108

작醋 ⑦-487

작개무산爵皆無算 ⑧-172

작귀作龜 ⑦-229

작기지爵既止 ⑧-584

작대부作大夫 ③-115

작례酢禮 ④-324

작명爵命 ①-266 ②-22, 472
③-39

작무산爵無算 ⑧-546

작무족왈폐작爵無足曰廢爵 ⑦-485

작변爵弁 ①-32, 117, 127, 316
⑥-252

작변계爵弁笄 ①-121 ⑦-69

작변복爵弁服 ①-116~118, 132
⑦-24, 365

작변복순의爵弁服純衣 ⑦-63

작변이소爵弁而素 ⑥-252

작변훈구爵弁纁屨 ①-249

작부지爵不止 ⑧-541

작비악필爵備樂畢 ②-269

작산酸散 ③-93

작상사作上射 ②-411

작상우사作上耦射 ②-310

작상우취시作上耦取矢 ②-334

작상위사정作相爲司正 ②-269

작색爵色 ④-227

작수수자作受酬者 ②-435

작승사作升射 ②-411

작시作豕 ⑧-52

작왈작酢曰酌 ⑧-574

작왈작醋曰酌 ⑧-574

작우양영간爵于兩楹間 ②-251

작우주인酢于主人 ⑧-591

작위爵韋 ①-121

작은 가마솥(釜) ⑧-61

작은어머니(叔母) ⑥-144

작이무수작而無酬酢 ①-203

작일승爵一升 ⑧-207

작전酌奠 ⑧-79, 308, 310

작전어내비爵奠於內篚 ⑧-365

작주윤시酌酒酳尸 ⑦-485

작주인酢主人 ②-53

작중빈사作衆賓射 ②-328

작지爵止 ⑧-158, 482, 539

작지작내제주作止爵乃祭酒 ⑧-579

작치勺觶 ①-205

작필爵鞸 ①-119, 133, 146, 149, 156
⑧-203

작필爵鞸 → 검붉은 무릎가리개

작행무차수爵行無次數 ③-512

잔棧 ⑦-293

잔거棧車 ⑦-295, 417

잘라서 나눈 뼈(折) ⑧-353

잘라서 나눈 앞다리 뼈의 아래쪽 부
위(臑折) ⑧-422

잘라서 아직 말리지 않은 고기(鮮腊)
⑤-118

잠簪 ①-122, 123 ⑦-24, 99

잠상우의簪裳于衣 ⑦-24

잡雜 ①-120

잡대雜帶 ①-91

잡례雜例 ①-27

잡백雜帛 ②-492 ④-54 ⑦-51

잡백위물雜帛爲物 ⑦-49, 51

잡상雜裳 ①-119, 133 ⑧-203

잡상雜裳 → 잡색 치마

잡색 깃발(物) ②-519

잡색 치마(雜裳) ①-119 ⑧-203

잡채왈조雜采曰繰 ④-369

잡후雜侯 ③-258

장醬 ①-309, 334 ⑤-33, 62

장醬 → 젓갈

장璋 ①-35 ④-51, 52 ⑤-218

장牆 ④-104, 116 ⑦-180

장牆 → 벽

장牆 → 옆덮개

장杖 ⑥-21, 24

장杖 → 검은 빛의 대나무 지팡이

장腸 ⑤-58 ⑧-277, 421, 493

장腸 → 창자

장長 ①-286 ③-366

장長 → 우두머리

장漿 → 음료

장거葬居 ⑦-213

장공조張恭祖 ①-74

장과중지시將過中之時 ⑦-265

장관자將冠者 ①-148, 160, 167

장급곡長及穀 ⑦-379

장기杖期 ⑥-88

장기藏器 ⑦-271, 343

장기여막張其旅幕 ⑧-398

장단이부즉천將旦而祔則薦 ⑦-552

장례葬禮 ①-453

장명將命 ④-361 ⑤-24

장무피토長無被土 ⑦-379

장방형의 상자(篋) ①-121

장벽墻壁 ④-66

장보章甫 ①-76, 261

장복葬服 ⑦-453

장부丈夫 ⑥-150, 151, 190

장부배일차丈夫拜一次 ⑧-345

장부송부자丈夫送婦者 ①-367

장부탈질대丈夫說絰帶 ⑦-548

장비長枇 ⑧-292

장빈長賓 ⑧-292, 482

장빈설주인조長賓設主人俎 ⑧-452

장사將食 ①-508

장상長殤 ⑥-164

장상강일등長殤降一等 ⑥-206

장상중상강일등長殤中殤降一等
　⑥-237

장서掌書 ①-93

장성長聲 ⑦-25

장소章疏 ①-21, 66

장손진臧孫辰 ④-144

장습피전將襲辟奠 ⑦-95

장승張勝 ①-94

장승시將乘矢 ②-303

장시차張尸次 ⑧-85, 398

장안석경長安石經 ①-58, 63

장어동방藏於東方 ②-185

장어북방북수葬於北方北首 ⑦-219

장어조고지묘藏於祖考之廟 ④-101

장용臧庸 ⑥-128

장우長右 ⑧-417

장우문무지묘藏于文武之廟 ④-101

장우후직지묘藏于后稷之廟 ④-101

장위腸胃 ④-100, 208 ⑧-279

장위腸胃 → 창자와 위

장유지칭長幼之稱 ①-245

장유포유장長有布帷 ⑦-267

장음漿飮 ⑤-34

장음漿飮 → 마시는 음료

장음식지사掌飮食之事 ⑧-344

장의長衣 ①-96 ④-334

장의연관長衣練冠 ④-334

장이불이張而不弛 ②-141

장이피璋以皮 ①-521

장인匠人 ⑦-265, 429

장일중이우葬日中而虞 ⑦-538

장자長子 ⑥-74

장자불필오세長子不必五世 ⑥-59

장작주부將酢主婦 ⑧-475

장작주인將酢主人 ⑧-453

장재좌長在左 ⑧-538

장적독정長嫡獨正 ⑥-57

장전張氊 ④-67

장전葬奠 ⑦-315, 317, 320

장점長占 ⑧-29

장좌長左 ⑧-417

장즉반우葬卽反虞 ⑥-51

장즉속본長則束本 ⑤-31

장지將指 ②-493 ③-420

장지將指 → 가운데손가락

장지將指 → 중지

장지내부藏之內府 ④-397

장지이의신藏之以依神 ⑧-566

장차掌次 ④-34 ⑤-178 ⑧-85

장책지기藏筴之器 ⑦-215

장팔척왈제丈八尺曰制 ⑦-341

장피張皮 ④-142

장피사지張皮射之 ②-199

장하章夏 ②-153

장하슬長下膝 ⑦-378

장행이음주왈조將行而飮酒曰祖
　⑦-264

장협長脅 ⑧-229, 233

장형제長兄弟 ⑧-156, 511

장형제수빈이변長兄弟酬賓以辯
　⑧-166

장형제준長兄弟尊 ⑧-168

장후張侯 ②-204, 289

재(灰) ①-398

재載 ①-201, 210 ②-144

재宰 ①-85, 110, 351 ③-253
　⑤-44, 197 ⑧-27, 49, 268

재齋 ④-371

재가再加 ①-131, 233

재가미성再加彌成 ①-169

재객왈개在客曰介 ①-111

재계齋戒 ⑦-27

재계再戒 ⑧-262

재계齊戒 ⑧-30

재계위숙계再戒爲宿戒 ②-168, 472

재관宰官 ③-291, 292

재관齊冠 ①-254

재관위구在棺爲柩 ⑦-49

재관지사在官之士 ②-471

재급再扱 ④-403

재기지상再期之喪 ⑥-172

재로 마전한 베(功布) ⑦-244

재명再命 ①-135 ⑤-119

재명위주宰命爲酒 ⑧-253

재명치어부족再命齒於父族 ②-158

재배再拜 ①-100, 200 ⑤-75
　⑧-37

재배계수再拜稽首 ①-322 ③-87,
　90, 283 ④-22 ⑤-24 ⑧-260

재배송폐再拜送幣 ④-261

재배숭주再拜崇酒 ②-251

재복齊服 ⑧-203

재부宰夫 ③-62 ④-27, 192
　⑤-29, 44 ⑧-489

재부유사宰夫有司 ③-457

재부취대급두宰夫取敦及豆 ⑧-601

재사再辭 ①-99

재사이허再辭而許 ①-99

재삼거족再三擧足 ④-391, 392

재상왈시在牀曰尸 ⑦-51

재서宰胥 ③-85, 291

재서폐宰書幣 ④-27

재실在室 ⑥-64

재양고간在兩股間 ⑧-351

재어횡지載魚橫之 ⑧-296

재우再虞 ⑦-508, 537

재우반載右胖 ⑧-294

재우삼우개질명再虞三虞皆質明

　　⑦-508

재우일조載于一俎 ⑧-421

재우체載右體 ⑧-421

재유진저載猶進柢 ⑦-512

재유하물在有何物 ②-163

재이조조載以造朝 ④-315

재인梓人 ②-435, 507 ③-259

재자載者 ⑤-55

재장截漿 ⑤-34, 37

재장截漿 → 입가심하는 음료

재전載旃 ④-304

재정왈승在鼎曰升 ①-210

재조載俎 ⑧-310

재조왈재在俎曰載 ①-210

재주인왈빈在主人曰擯 ①-111

재중再重 ②-155

재중再重 → 두 겹

재중석再重席 ②-248

재지이체차載之以體次 ⑧-295

재체진주載體進奏 ⑤-56

재초再醮 ①-208, 240

재초섭주再醮攝酒 ①-208, 216

재취再就 ④-369

재피마齎皮馬 ④-371

재합승載合升 ①-209, 210

재향再饗 ④-279

재화(貨) ④-397

재후조유왈연在後詔侑曰延 ⑧-87

쟁綎 ⑤-66 ⑦-57 ⑧-95, 325

쟁綪 ⑦-57

쟁지이차綎之以次 ⑤-88

저柢 ⑦-133, 512

저柢 → 밑 부분

저苴 ⑦-444, 458, 463, 527

저苴 → 깔개

저邸 ①-127, 144

저邸 → 밑장식

저菹 ①-308, 334 ⑦-444, 445, 459,

　　476, 488, 535 ⑧-419

저菹 → 절임

저菹 → 채소절임

저宁 ④-248

저계躇階 ③-242

저녁(夕) ④-271

저녁(昏) ①-381

저대著代 ①-257

저두菹豆 ①-339 ⑧-94

저료眊瞭 ③-33

저마苴麻 ⑥-38

저마苴麻 → 암마

저민 고기(菹) ⑤-84 ⑧-411

저민 고기(切肉) ②-149

저민 돼지고기(豕菹) ⑤-86

저민 돼지고기(菹) ⑧-94

저민 생고기(膾) ⑤-85, 86

저민 생선(鮮腊) ④-99

저민 소고기(牛菹) ⑤-85

저민 양고기(羊菹) ⑤-86

저장苴杖 ⑥-24

저질苴絰 ⑥-21, 23, 24

저질대격苴絰大搹 ⑥-24, 41

저질대격苴絰大鬲 ⑦-112

저촌모苴刌茅 ⑦-444

저최불보苴衰不補 ⑥-38

저축詛祝 ⑤-222

저해菹醢 ①-337 ⑧-309

저해지동菹醢之東 ①-334

적積 ①-76, 119 ④-62, 207

적的 ⑤-196

적適 ⑥-262, 263

적敵 ⑧-144

적迹 ①-519 ②-204

적迹 → 발자국

적거翟車 ①-326

적곤제適昆弟 ⑥-106

적기우適其右 ④-172

적기황조모자適其皇祖某子 ⑧-27

적당서適堂西 ②-398

적당서석궁適堂西釋弓 ②-381

적동벽適東壁 ①-181

적례敵禮 ④-453

적박사촌출어쇠適博四寸出於衰
   ⑥-263

적방適房 ①-169

적부適婦 ①-406 ⑥-104, 177, 248

적부嫡婦 ⑥-83

적부인適夫人 ⑥-222

적부작지이례適婦酌之以醴 ①-407

적불유형赤韍幽衡 ①-135

적불총형赤韍葱衡 ①-135

적사適士 ⑥-220 ⑦-241

적색이미흑色赤而微黑 ⑦-27

적서방適西方 ②-294

적서서適序西 ②-304

적세適洗 ②-228 ③-357

적세남適洗南 ②-55

적손適孫 ⑥-107, 108

적손지하상適孫之下殤 ⑥-201

적실適室 ⑦-23

적유추화積唯芻禾 ④-59

적이황조모보適爾皇祖某甫 ⑦-536

적인狄人 ⑦-28

적인適人 ⑥-36, 113, 220

적인설계狄人設階 ⑦-28

적인즉천부適人則天夫 ⑥-63

적자適子 ①-160, 257 ⑥-28, 109

적자관어조適子冠於阼 ①-160, 257

적자부득후대종適子不得後大宗
　⑥-109

적자지처適子之妻 ⑥-177

적장赤璋 ⑤-225

적장자嫡長子 ①-438

적전籍田 ①-489

적즉적표노赤則赤熛怒 ⑥-136

적질赤質 ②-435, 487

적차適次 ③-386, 396, 481

적차이사適次而俟 ③-364

적찬適饌 ⑦-159, 201

적처適妻 ⑥-116

적침適寢 ①-445 ⑦-27, 357

적폐覿幣 ④-254, 300

적표노赤熛怒 ⑥-136

적하물適下物 ③-382

적황색 무릎가리개(赤韍) ①-117,
　171 ⑦-65

적후適侯 ②-309

전腆 ①-379 ④-94

전箭 ②-509 ③-272

전篆 ③-34

전展 ④-31

전奠 ④-351 ⑧-78

전旜 ④-47 ⑦-51

전縓 ①-117, 134, 135 ⑥-247
　⑦-379

전縓 → 분홍색

전輇 ⑦-429

전餞 ⑦-541

전膊 ⑧-277

전膊 → 뒷다리 뼈의 위쪽 부위

전縛 ⑦-152

전縛 → 흰 명주

전가채奠嘉菜 ①-378

전견前肩 ⑦-313

전견前肩 → 앞다리 뼈의 위쪽 부위

전경골前脛骨 ②-173 ⑧-284

전경골前脛骨 → 희생의 앞쪽 몸체

전경절취비노前脛折取臂臑 ⑦-326

전계前戒 ②-486

전계箭笄 ⑥-33

전계箭笄 → 대나무 비녀

전계장척箭笄長尺 ⑥-35

전고복불傳告服不 ③-412

전곡煎穀 ⑦-155

전공작우어奠空爵于椸 ⑧-497

전관䋵冠 ⑥-247

전관䋵冠 → 분홍색으로 물들인 관

전굴후직前詘後直 ⑦-66

전귀후천前貴後賤 ②-174

전기삼일前期三日 ①-102

전기삼일지계前期三日之戒 ⑤-138

전기삼일지조前期三日之朝 ⑧-33

전당錢塘 ①-49

전도의상顚倒衣裳 ⑦-122

전도이행專道而行 ⑦-144

전량前梁 ②-36

전령展軨 ④-299

전로前輅 ⑦-293, 336

전린轉轔 ⑦-250

전린轉轔 → 굴림바퀴

전명傳命 ⑧-38

전문篆文 ⑦-495

전물奠物 ⑦-267, 388, 411

전발위추鬄髮爲髲 ⑦-391

전벽석綼緆 ⑦-379

전병주미翡屛柱楣 ⑥-25

전빈傳擯 ⑤-226

전삼폭前三幅 ⑥-261

전상前裳 ①-120, 133, 135 ⑦-379

전색이瑱塞耳 ⑦-377

전서篆書 ①-58

전석奠席 ⑦-404

전수奠酬 ①-368

전수명前受命 ①-424

전숙일일前宿一日 ⑧-258

전시田豕 ⑧-443

전시지의前尸之儀 ⑧-180

전식餰食 ⑧-490

전어鱄魚 ⑦-151

전여대렴奠如大斂 ⑥-256

전옥殿屋 ③-25, 26

전우기소奠于其所 ②-443 ⑤-67

전우비奠于篚 ②-240, 393

전우시동奠于尸東 ⑦-31

전우위수全羽爲旞 ⑦-51

전우천남奠于薦南 ③-103

전우천동奠于薦東 ①-355

전이소기奠以素器 ④-356

전이후대奠而後對 ⑤-94

전인甸人 ③-210 ⑤-30

전인철정甸人徹鼎 ⑦-171

전작奠爵 ①-181 ②-43, 220
　　⑧-129, 369, 432, 482

전작우기연전奠爵于其筵前 ⑧-369

전작우비奠爵于篚 ⑧-485, 486

전작우천좌奠爵于薦左 ⑧-482

전저全菹 ⑦-149

전저全菹 → 채소절임

전정후치前梃後緇 ⑦-266

전족前足 ④-141

전족궤前足跪 ②-498

전종璱琮 ④-55

전주箭籌 ②-435

전주인지명傳主人之命 ②-270

전주팔십箭籌八十 ②-509

전중傳重 ⑥-28 ⑧-161

전중후경前重後輕 ⑦-435

전지奠摯 ①-445, 477 ⑤-188

전직典職 ③-276

전채奠菜 ①-373, 377

전첨후첨前簷後簷 ⑦-28

전치奠觶 ②-60, 233, 271, 442
⑧-89, 148, 149, 163

전치우기소奠觶于其所 ②-85, 117

전치우천동奠觶于薦東 ②-62

전치우천서奠觶于薦西 ②-61

전치천남奠觶薦南 ⑧-149

전통箭筒 ①-95 ⑧-254

전폐奠幣 ④-29, 58, 168

전폐展幣 ④-31, 112

전폐척우두奠肺脊于豆 ⑦-478

전피奠皮 ④-183

전헌奠獻 ④-407

전현纏絃 ⑦-434

전현후황前玄後黃 ①-120

절折 ⑦-271 ⑧-234, 354, 511

절折 → 잘라서 나눈 뼈

절계수折笄首 ⑥-260

절기말絶其末 ②-47

절기방친絶其旁親 ⑥-96

절기우굉折其右肱 ⑤-200

절육切肉 ②-149 ③-177 ⑦-479

절육切肉 → 저민 고기

절임(菹) ⑤-66

절제絶祭 ②-223 ③-68, 72, 293
⑧-100, 129, 433

절조折組 ②-46, 222, 389 ③-67,
303 ⑧-143

절조折組 → 희생고기의 뼈를 잘라서
올려놓은 희생제기

절족絶族 ⑥-84

절족무시복絶族無施服 ⑥-84

절주節奏 ③-474

절지무족切地無足 ②-28, 202

절폐切肺 ①-217 ②-397 ⑧-340,
424, 493

절폐말이제絶肺末以祭 ⑧-433

절폐부切肺膚 ⑧-498

절협折脅 ⑧-512

절협부折脅膚 ⑧-512

절횡복지折橫覆之 ⑦-271

점苫 ⑦-394

점꼼 → 짚단

점坫 ①-127, 142 ⑧-60

점坫 → 흙 받침대

점占 ⑧-29

점대통(籲) ⑧-251

점석簟席 ①-186

점석簟席 → 대자리

점왈종占曰從 ⑧-252

점요占繇 ⑧-251

점을 치는 사람(筮人) ⑦-216

점을 치는 사람(筮者) ⑦-214

점을 친다(筮) ①-80

점지왈종占之曰從 ⑦-217

접문명接聞命 ④-48

접빈接賓 ④-114

접빈관(訝) ④-111

접신의변接神宜變 ⑦-454

젓갈(醬) ④-232

젓갈(鮨) ⑤-85

정挺 ②-172

정正 ②-208, 488 ③-260

정旌 ②-282, 290 ③-391 ⑦-51

정旌 → 깃발

정脡 ②-477 ④-403

정桭 ④-117

정程 ⑦-250

정桱 ⑦-60

정楨 ①-118

정庭 ①-157

정庭 → 뜰

정鼎 ①-142, 201, 306 ⑤-30
⑦-239, 446, 459, 462, 512
⑧-46

정鼎 → 세발솥

정筵 ⑧-64

정珽 ⑦-66, 71

정珽 → 옥홀

정禎(옅은 적색) ①-93, 117

정가正歌 ②-107, 257, 260 ③-163

정가正駕 ⑤-234

정가비正歌備 ②-257 ③-163

정강鼎扛 ⑤-31

정경鼎局 ⑤-36

정고보正考父 ②-97 ③-154

정곡正鵠 ②-435, 488

정곽井椁 ⑦-221

정관政官 ③-381

정교政敎 ①-86

정기旌旗 ②-518 ⑤-171 ⑦-417

정기무소부지精氣無所不之 ⑥-49

정녕어기丁寧於己 ⑧-254

정당正堂 ①-130

정대부鄭大夫 ④-232

정대촉庭大燭 ③-210

정례正禮 ①-472 ②-155, 184

정록正祿 ③-39

정리罊裏 ⑦-60

정리활취精理滑� ⑤-57

정말罊末 ⑦-49

정멱鼎鼏 ⑤-31

정모상배情貌相配 ⑥-20

정문旌門 ⑤-166, 171

정백鄭伯 ④-304

정복正服 ⑥-36

정빈正賓 ②-475 ③-32, 221

정사正纚 ①-163, 168

정사여초正纚如初 ①-168

정서鼎西 ⑧-291

정세庭洗 ①-130, 205, 214 ⑧-80

정세庭洗 → 뜰에 진설하는 물받이 항
　아리

정쇄罊殺 ⑦-62

정쇄엄족罊殺掩足 ⑦-62

정수正酬 ②-122

정신精神 ⑦-32

정신시진精神漸盡 ⑥-20

정실庭實 ①-302 ④-65, 141
　⑤-97, 195

정실설庭實設 ⑤-97

정씨鄭氏 ①-43

정씨학鄭氏學 ⑦-20

정우正耦 ②-280

정유염치情有廉恥 ①-332

정의情誼 ⑥-219

정일丁日 ⑧-24

정입재조鼎入載俎 ⑤-20

정작正爵 ③-39

정장庭長 ②-162 ⑧-86, 217, 220

정정正鼎 ④-103

정정正鼎 → 정찬을 담은 세발솥

정제正祭 ⑧-21, 229, 320, 387

정조征鳥 ③-262

정조正朝 ④-24

정조鼎俎 ⑦-510

정족正足 ②-318

정존正尊 ⑥-131

정주正主 ③-64, 288

정중庭中 ④-217

정찬正饌 ④-103 ⑤-84 ⑧-448

정찬을 담은 세발솥(正鼎) ④-230

정척脡脊 ⑧-232, 277, 421

정척脡脊 → 등뼈의 중앙 부위

정척正脊 ⑧-96, 229, 233, 277, 321,
　334, 421

정척正脊 → 등뼈의 앞쪽 부위

정척이골脡脊二骨 ⑧-232

정체正體 ①-183 ⑧-91, 354

정체어상正體於上 ⑥-28

정친正親 ⑥-62

정침正寢 ⑦-405

정침지실正寢之室 ⑦-23

정폭(綎) ④-54 ⑤-221

정학鄭學 ①-18, 74

정항집旌恒執 ②-430

정협正脅 ⑧-277, 421

정협正脅 → 갈비뼈의 중앙 부위

제嚌 ①-209 ②-223

제娣 ①-362

제齊 ⑦-267

제齊 → 인끈

제啼 ⑦-360

제祭 ⑤-76 ⑧-88, 478, 494

제弟 → 동생

제가의어가祭加宜於加 ⑤-89

제간嚌肝 ①-339

제거齊車 ⑤-190 ⑦-417

제거류지중앙齊居柳之中央 ⑦-267

제견題肩 ③-259, 262

제경諸卿 ②-145

제경공지齊敬共之 ⑧-90

제공諸公 ②-143, 480 ③-125

제관祭官 ①-38 ⑧-257

제국지용制國之用 ④-27

제기祭期 ⑧-264, 265

제남諸男 ⑤-219

제녜祭禰 ①-377

제도량불어두제祭稻粱不於豆祭
⑤-89

제동祭東 ⑧-494

제두祭豆 ⑧-112, 144, 167

제두변祭豆邊 ⑧-455

제례祭例 ①-27

제례祭禮 ①-31

제례祭醴 ④-403

제례작악制禮作樂 ③-155

제멱除鼏 ①-332 ⑧-73, 289

제모諸母 ⑥-215

제물(隋) ⑧-89

제물祭物 ⑧-360

제반윤祭半尹 ⑦-543

제반직祭半職 ②-172 ④-403

제백諸伯 ⑤-219

제변祭籩 ⑧-577

제복祭僕 ③-142 ⑦-24

제복祭服 ①-132

제복여산의祭服與散衣 ⑦-105

제부諸父 ①-89, 221

제부娣婦 ⑥-211

제부隋祔 ⑦-553

제부弟婦 ⑧-581

제비꽃(苴) ⑦-518

제사祭祀 ③-253

제사장기여막장시차祭祀張其旅幕張尸
  次 ⑧-398

제사즉진말祭祀則進末 ②-176

제사지례祭祀之禮 ①-203

제사지주祭祀之酒 ⑧-153

제삼채齊三采 ⑦-266

제삼채무패齊三采無貝 ⑦-266

제상염어祭尙厭飫 ⑧-208

제서직가폐祭黍稷加肺 ⑧-331

제수濟水 ⑦-541

제시형祭豕鉶 ⑧-323

제양폐嚌羊肺 ⑧-427

제양형祭羊鉶 ⑧-323

제어두제祭於豆祭 ⑤-78

제여직낭制如直囊 ⑦-63

제예의이분지制禮義以分之 ⑥-52

제용부祭用膚 ⑧-350

제우두간祭于豆間 ⑦-476 ⑧-88,
  320, 429, 449, 478, 577

제우장읍간祭于醬湆間 ⑤-89

제월祭月 ⑤-229

제유일월制有日月 ⑥-162

제음祭飮 ②-264

제읍嚌湆 ⑧-432

제의緹衣 ④-227

제일祭日 ⑤-229

제자弟子 ①-33 ②-141, 143, 276,

364 ③-443 ⑧-166

제자諸子 ③-40

제자납사기弟子納射器 ②-282

제자봉풍승弟子奉豐升 ②-377

제제醍齊 ①-139

제제종지諸娣從之 ①-321

제조祭俎 ⑧-350

제조부諸祖父 ⑥-236

제조부모諸祖父母 ⑥-236

제주祭酒 ②-47, 391 ⑧-89, 336,
  350, 449

제주祭主 ⑥-114, 119

제주반주祭酒反注 ②-391

제주졸작祭酒卒爵 ⑧-521

제중祭香 ⑧-167

제지嚌之 ①-209 ③-68 ⑧-91,
  431, 478

제지여형祭之餘鉶 ⑧-463

제지조내시탁祭之朝乃視濯 ⑧-259

제차가작祭此嘉爵 ①-240

제천祭薦 ③-175 ⑧-129

제천祭天 ⑥-109

제천조급주祭薦俎及酒 ②-55

제쵀嚌啐 ②-55, 68, 230

제폐嚌肺 ①-212 ⑧-422, 425, 427

제폐祭肺 ①-217, 306 ②-435
  ⑤-77 ⑧-277, 421, 425, 427, 431

제폐祭肺 → 고수레를 위한 허파

제폐祭肺 → 중앙 부위를 완전하게 끊어서 자른 허파

제폐制幣 ④-43

제폐존祭肺尊 ⑧-427

제포祭脯 ②-397

제포해祭脯醢 ①-294 ②-46, 391

제하齊夏 ②-153

제행祭行 ①-406

제현훈속制玄纁束 ④-39

제형諸兄 ①-89, 221

제형祭鉶 ⑧-90

제형상지祭鉶嘗之 ⑧-90

제후겸관諸侯兼官 ③-346

제후규諸侯圭 ①-192

제후무조諸侯無祧 ④-101

제후미후諸侯麋侯 ②-487

제후불순신諸侯不純臣 ⑥-53

제후삼문諸侯三門 ①-156

제후서諸侯荼 ⑦-66

제후어서諸侯御荼 ⑦-71

제후오월이장諸侯五月而葬 ⑥-150

제후위천자諸侯爲天子 ⑥-27

제후이국위가諸侯以國爲家 ④-58

제후이비우諸侯以肥牛 ⑧-21

제후이상諸侯以象 ⑦-66

제후절방기諸侯絶旁期 ⑥-145

제후즉헌현諸侯則軒縣 ③-267

제후지대부위천자諸侯之大夫爲天子 ⑥-197

제후지맹諸侯之盟 ⑤-230

제후지사제조네諸侯之士祭祖禰 ⑧-19

제후황황諸侯皇皇 ①-167

조繅 ①-127 ④-49, 369 ⑤-183, 184

조繅 → 오채색의 비단실로 짠 끈

조繅 → 옥 받침대

조朝 ④-19 ⑤-163, 164, 178

조朝 → 조정

조祧 ④-94 ⑤-183

조條 ⑥-44

조兆 ⑦-214

조祖 ⑦-264

조旐 ⑦-51

조爪 ⑦-81

조蚤 ⑦-81

조竈 ⑧-269

조竈 → 부뚜막

조組 ①-123

조阼 ①-160, 257

조俎 ①-200, 201, 332 ②-140 ③-226 ⑤-54 ⑦-447, 460, 461, 481, 485, 486, 488, 503, 543, 546

⑧-62, 291

조俎 → 희생제기

조棗 ⑦-445 ⑧-118, 208, 568

조棗 → 대추

조糟 ④-157

조糟 → 아직 거르지 않은 예주

조각(枚) ⑧-97

조간자趙簡子 ④-162

조갈질대澡葛絰帶 ⑦-454

조개껍질(貝) ⑦-73, 376

조개 젓갈(蜱醢) ⑦-314

조거繰車 ⑦-399

조거俎拒 ⑤-58 ⑧-294

조거俎距 ⑧-295

조계阼階 ①-115, 129, 146, 149,
    156, 257, 280, 308, 366 ②-202,
    215, 439 ③-42, 130, 283
    ④-124 ⑧-71, 271

조계組繫 ⑦-60

조계동남阼階東南 ①-129

조계상배송阼階上拜送 ②-236

조곡朝哭 ⑦-221

조공례朝貢禮 ④-39

조교서詔校書 ⑧-538

조군상遭君喪 ④-334

조궤彫几 ④-119

조근朝覲 ①-455 ④-36

조기계우종組綦繫于踵 ⑦-67

조기야와早起夜卧 ①-434

조녜공묘祖禰共廟 ⑦-239

조돈趙盾 ②-43, 49

조례朝禮 ①-36

조례糟醴 ④-157

조마澡麻 ⑥-200

조마澡麻 → 물로 씻어 낸 숫마

조마대질澡麻帶絰 ⑥-239

조묘祖廟 ①-37, 89 ④-43
    ⑦-239, 250, 316

조묘祧廟 ①-89 ④-94

조문朝門 ④-47

조변棗籩 ⑧-581

조변棗籩 → 대추를 담은 대나무제기

조복弔服 ⑥-252

조복朝服 ①-73, 105, 120 ②-161,
    210 ③-219 ④-82, 207 ⑤-25,
    166 ⑦-365 ⑧-202, 248

조복무주朝服無主 ④-64

조부모祖父母 ⑥-62, 101

조불과생삼체組不過牲三體 ⑧-232

조빙覜聘 ④-52

조사造士 ③-39

조사條絲 ⑦-259

조사朝事 ⑧-305, 310, 420, 437

조사의朝事儀 ⑤-222

조천우상祖遷于上 ⑥-135

조천지지좌해祖天地之左海 ⑧-205

조청造淸 ⑧-153

조체俎體 ⑤-136

조축어실詔祝於室 ⑦-504

조출우묘문俎出于廟門 ⑧-180

조행俎行 ⑦-208

조현朝見 ①-36 ④-369

족곤제族昆弟 ⑥-224

족모族母 ⑥-240

족부族父 ⑥-240

족부足跗 → 발등

족부모族父母 ⑥-224, 240

족부모위지복族父母爲之服 ⑥-230

족씨族氏 ⑧-249

족음族飮 ②-166

족인族人 ⑧-25

족인지부族人之婦 ⑧-223

족작足爵 ⑦-492

족장族長 ⑦-225

족장이복族長涖卜 ⑦-225

족조부모族祖父母 ⑥-224

족조왕모族祖王母 ⑥-240

족조왕부族祖王父 ⑥-240

족증왕모族曾王母 ⑥-240

족증왕부族曾王父 ⑥-240

족증조부모族曾祖父母 ⑥-224, 240

족친族親 ⑥-249

족하族夏 ②-153

존강尊降 ⑥-104, 192, 220

존객尊客 ⑧-202

존군尊君 ③-113

존동尊同 ⑥-181

존동불강尊同不降 ⑥-193

존무이상尊無二上 ⑥-52

존문存問 ④-447

존복尊服 ④-207

존부적친尊不敵親 ⑥-192

존빈尊賓 ④-125

존선이비후尊先而卑後 ③-115

존속尊屬 ⑦-371

존속지상尊屬之殤 ⑥-171

존시여이제지尊尸餘而祭之 ⑧-341

존어종시尊於終始 ⑧-328

존자거선尊者擧鱓 ⑧-114

존자용존체尊者用尊體 ⑧-498

존자위부尊者謂父 ⑥-242

존자존통상尊者尊統上 ⑥-109

존장尊長 ①-464

존제지위부후자昆弟之爲父後者

　⑥-127

존조尊祖 ⑥-109, 151

존조경종尊祖敬宗 ⑥-59, 160

존조중尊祖重 ⑥-147

졸폄이귀卒窆而歸 ⑦-425

종鍾 ②-151 ③-24

종宗 ①-111 ④-41 ⑤-163, 164
　⑥-103

종稷 ④-456

종琮 ④-52

종경鍾磬 ③-24

종경이중從輕而重 ⑥-140

종고鍾鼓 ②-461 ③-212

종국宗國 ⑥-161

종금문從今文 ⑧-599

종기계고조자宗其繼高祖者 ⑥-135

종기계별자자宗其繼別子者 ⑥-135

종대鍾帶 ③-34

종대鍾帶 → 종의 띠

종례宗禮 ①-36

종모從母 ⑥-213, 231

종모곤제從母昆弟 ⑥-231

종모유명從母有名 ⑥-219

종모지장상從母之長殤 ⑥-227

종묘宗廟 ④-209 ⑥-26, 156

종묘가이문宗廟可以文 ⑦-111

종묘주宗廟主 ⑥-29

종묘지묘從墓之墓 ⑥-256

종묘지묘從廟之廟 ⑥-256

종무복이유복從無服而有服 ⑥-139

종방위렵從旁爲獵 ③-384

종백宗伯 ①-98 ③-259 ④-44
　⑤-187

종복從服 ⑥-113, 180

종부宗婦 ⑦-255 ⑧-63, 534

종부곤제從父昆弟 ⑥-176

종부의통우주부宗婦宜統于主婦
　⑧-585

종부자매從父姊妹 ⑥-209

종부지소자宗婦之少者 ⑧-478

종부지제부宗婦之弟婦 ⑧-581

종부찬두宗婦贊豆 ⑧-129

종부찬천宗婦贊薦 ⑧-224

종사終賜 ①-444

종사終辭 ①-99, 466

종사宗祀 ⑥-59

종사기지終辭其摯 ①-472

종실속적宗室屬籍 ⑥-136

종실宗室 ①-383, 384

종아리채(扑) ②-304, 368 ③-374

종아리채(楚扑) ②-510

종야요終夜燎 ⑦-144

종어견終於肩 ⑧-328

종어군모이복지從於君母而服之
　⑥-237

종어모이복지從於母而服之 ⑥-234

종어옥관終於沃盥 ②-120

종어처이복지從於妻而服之 ⑥-233

종역우하宗易于下 ⑥-135

종유鍾乳 ③-34

종유복이무복從有服而無服 ⑥-139

종의 띠(鍾帶) ③-34

종이금琮以錦 ①-521

종인宗人 ①-88, 98, 111 ④-388
　　⑦-453 ⑧-37, 253, 265

종인鍾人 ③-198, 212

종인계유宗人戒侑 ⑧-393

종인고제중宗人告祭肴 ⑧-167

종인명척宗人命滌 ⑧-253

종인봉반宗人奉槃 ⑧-315

종인빈宗人擯 ⑧-401

종인조용宗人詔踊 ⑦-472

종자從者 ①-295, 316, 416
　　②-184, 435 ③-280 ④-68, 70
　　⑤-104

종자宗子 ①-438, 439 ⑥-126
　　⑧-25

종자고宗子孤 ⑥-254

종자고위상宗子孤爲殤 ⑥-254

종자기인從者幾人 ④-68

종자망지縱子忘之 ⑤-223

종자제즉족인개시宗子祭則族人皆侍
　　⑧-25

종조고從祖姑 ⑥-226

종조곤제從祖昆弟 ⑥-208

종조곤제지자從祖昆弟之子 ⑥-230

종족불복宗族不服 ⑥-96

종중이경從重而輕 ⑥-140

종팔방상지琮八方象地 ④-56

종폭終幅 ⑦-49

종폭이척終幅二尺 ⑦-49

종헌從獻 ⑦-528

종형宗兄 ①-221

종후조례從後詔禮 ⑤-189

좌髽 ⑥-33 ⑦-125, 243

좌髽 → 북상투

좌개左个 ②-392 ③-460 ④-104

좌격左骼 ⑧-493

좌견절左肩折 ⑧-424

좌견지절左肩之折 ⑧-511

좌단左袒 ⑦-87

좌달左達 ④-104

좌두左頭 ①-457

좌렴左廉 ①-298 ⑧-430

좌렴左廉 → 왼쪽 모서리

좌메左袂 ⑧-110

좌물左物 ②-301, 323

좌물左物 → 왼쪽 사대

좌반左胖 ①-210 ⑦-311, 512

좌반左胖 → 왼쪽 몸체

좌반우左胖虞 ⑦-558

좌방左房 ③-85, 87, 303

좌복左服 ⑦-293

좌본재하左本在下 ⑥-41

좌봉左縫 ⑥-26

좌비左臂 ⑧-426, 577

좌상권주坐相勸酒 ③-192

좌세수坐挩手 ⑧-478

좌소우목左昭右穆 ④-133

좌수左首 ①-389

좌수병집후족左手幷執後足 ④-141

좌수이홍坐受以興 ②-85

좌수진기左首進鬐 ⑦-170

좌수집궁左手執弓 ②-380

좌수집전량족左手執前兩足 ①-389

좌슬左瑟 ②-263 ③-147, 349, 350

좌시어당坐尸於堂 ⑦-504

좌식佐食 ①-38 ⑧-66, 292, 293,
  565

좌식거간佐食舉幹 ⑦-480

좌식수제佐食授嚌 ⑦-546

좌식재佐食載 ⑦-460

좌식졸각佐食卒角 ⑧-357

좌식철기조佐食徹胏俎 ⑧-376

좌옹보량左擁簜梁 ⑤-93

좌우균左右鈞 ③-439

좌우무시이승지左右撫矢而乘之
  ②-324

좌우상동坐于牀東 ⑦-35

좌우설左右舌 ②-508

좌우왈방左右曰方 ③-423

좌우정左右正 ③-197

좌우졸사左右卒射 ②-362

좌위우복坐委于福 ②-324

좌이졸식坐而卒食 ⑧-317

좌이행주坐而行酒 ③-196

좌인대재左人待載 ⑤-53

좌인자이곡지坐引者而哭之 ⑦-268

좌임左袵 ⑦-100

좌임左衽 ⑦-96

좌임불뉴左衽不紐 ⑦-93

좌전左齻 ⑦-376

좌전작坐奠爵 ②-253 ⑧-501

좌전지坐奠之 ②-442

좌전지배坐奠之拜 ②-272

좌전치坐奠觶 ①-177, 294 ②-235,
  442

좌절제坐絕祭 ⑧-478

좌제坐祭 ①-340 ②-79, 396
  ③-183, 351 ⑤-78 ⑧-131, 431,
  455

좌제입음坐祭立飲 ⑧-131, 146, 151,
  496, 509, 515, 517

좌제지坐祭之 ⑧-341

좌족리물左足履物 ②-302 ③-380

좌졸작坐卒爵 ⑧-468

좌종묘左宗廟 ④-237

좌주우장左酒右漿 ⑤-97

좌즉시슬坐則視膝 ①-501

좌집령左執領 ⑦-41

좌집부左執拊 ②-295 ③-422

좌집부우집소左執拊右執簫 ③-381

좌집서左執筮 ⑧-248, 250

좌집작左執爵 ①-207

좌집치左執觶 ①-177, 294

좌참左驂 ⑤-169

좌체左體 ⑧-440

좌체비左體臂 ⑧-233

좌취기좌左就其左 ④-132

좌취치坐取觶 ②-271

좌패분세左佩紛帨 ⑧-479

좌하강左下綱 ②-429 ③-259

좌하강左下綱 → 왼쪽의 아랫줄

좌하슬左何瑟 ②-255

좌하우상左荷右相 ②-438

좌하지左何之 ⑦-24

좌학左學 ②-305

좌현어우左賢於右 ②-373

좌현주左玄酒 ③-38

좌환左還 ③-172

좌환이립左還而立 ⑤-168

좌환이배지左還而背之 ③-404

좌획左獲 ②-371

좨주祭酒 ③-68, 309, 351

죄인(隸人) ⑦-381

주籌 ②-282, 509 ③-364

주籌 → 산가지

주腠 ②-435, 478 ⑧-192

주腠 → 위쪽 부위

주奏 ⑤-56

주輈 ⑦-257

주輈 → 끌채

주胄 ⑦-278

주胄 → 투구

주輖 ⑦-435

주朱(붉은색) ①-117, 121 ②-492, 517

주酒 ①-203, 407

주酒 → 술

주酒 → 청주

주계酒戒 ⑧-208, 281

주고走告 ⑦-368

주공周公 ②-106

주공소식周公所食 ③-163

주광黈纊 ①-143

주국主國 ③-215, 222 ④-66, 77

주국지군主國之君 ④-114

주극삼朱極三 ③-420

주금朱錦 ①-148

주당主黨 ②-166

주당州黨 ②-25

주당왈서州黨曰序 ②-37

주대酒敦 ⑦-210

주도主道 ⑦-99

주도周道 ①-261

주둥이(流) ⑦-277

주례主禮 ①-88

주례선동성周禮先同姓 ⑤-179

주례제상폐周禮祭尙肺 ⑧-293

주록조朱綠繰 ④-370

주름(辟) ①-119

주머니(鞶) ①-435

주문注文 ①-22

주미柱楣 ⑥-25

주박충만酒薄充滿 ⑧-457

주반珠盤 ⑤-224

주백창朱白倉 ④-369

주백창朱白蒼 ④-373

주변周弁 ①-66, 262

주부主婦 ①-446 ⑧-60

주부곡절主婦縠折 ⑧-582

주부세작작主婦洗酌爵 ⑧-128

주부수시작主婦受尸酢 ⑧-461, 475

주부아헌主婦亞獻 ⑧-21, 357

주부양조主婦羊俎 ⑧-440

주부역위主婦易位 ⑧-471

주부이작출主婦以爵出 ⑧-363

주부자작主婦自醋 ⑧-127

주부재내主婦在內 ⑧-359

주부찬자主婦贊者 ⑧-357

주부천두변主婦薦豆籩 ⑧-414

주부천주인두변主婦薦主人豆籩
　⑧-452

주부치작主婦致爵 ⑧-473, 584

주부치작우주인主婦致爵于主人
　⑧-127

주부치작주인主婦致爵主人 ⑧-461,
　471, 584

주부헌시主婦獻尸 ⑧-357, 359, 461

주부헌유主婦獻侑 ⑧-461, 467

주부헌좌식主婦獻佐食 ⑧-359

주부헌축主婦獻祝 ⑧-359, 363

주불수작酒不酬酢 ①-407

주사례州射禮 ②-194

주생奏笙 ②-257, 459

주서州序 ②-25, 193, 200

주악酒惡 ②-56, 57, 231

주악奏樂 ③-475

주왈상周曰庠 ②-25

주왈역周曰繹 ⑧-388

주우朱羽 ②-492

주우소비注于疏匕 ⑧-430

주원무무周原膴膴 ⑧-209

주음장음酒飮漿飮 ⑤-159

주의 학교(序) ②-22

주이방조周以房俎 ①-201

주이포작周以蒲勺 ⑧-274

주인主人 ①-73, 105 ②-446
　④-94 ⑧-36, 49

주인酒人 ③-27

주인경시지가主人敬尸之加 ⑧-322

주인달기의主人達其意 ⑧-144

주인대主人對 ⑧-418

주인배숭주主人拜崇酒 ⑧-452

주인변헌중빈主人辯獻衆賓 ⑧-142

주인불언이배主人不言而拜 ⑧-329

주인비답배主人備答拜 ⑧-146

주인사양主人四讓 ④-221

주인수개主人酬介 ②-123

주인수궤主人授几 ⑧-414

주인수빈主人酬賓 ①-195, 368
　②-59, 233 ⑧-142

주인수시主人酬尸 ⑧-485

주인수유主人酬侑 ⑧-545

주인수작작主人受酢爵 ⑧-452

주인수장빈主人酬長賓 ⑧-505

주인양조主人羊俎 ⑧-440

주인어우자主人御于子 ②-327

주인용비主人用臂 ⑧-426

주인읍입主人揖入 ①-322

주인입대지主人立待之 ⑧-530

주인입문이우主人入門而右 ①-149

주인자작主人自酢 ④-329 ⑧-142

주인자작主人自醋 ⑧-127

주인자작장빈主人自酢長賓 ⑧-501

주인장치삽周人牆置翣 ⑦-343

주인재외主人在外 ⑧-359

주인재우主人在右 ⑧-529

주인정례主人正禮 ②-155

주인제主人啼 ⑦-360

주인증이축숙우시主人贈而祝宿虞尸
　⑦-470

주인지리主人之吏 ②-34

주인지찬자主人之贊者 ①-171, 174

주인초헌主人初獻 ⑧-21, 336

주인취동계主人就東階 ①-149

주인치작우주부主人致爵于主婦
　⑧-127

주인친척主人親戚 ①-189

주인탈모主人說髦 ⑦-391

주인항립主人恒立 ⑧-341

주인헌개主人獻介 ②-66

주인헌공主人獻公 ③-83

주인헌공主人獻工 ②-93

주인헌내빈主人獻內賓 ⑧-514

주인헌내형제主人獻內兄弟 ⑧-142

주인헌빈主人獻賓 ②-77, 217, 439
　③-62 ⑧-142

주인헌빈형제主人獻賓兄弟 ⑧-21

주인헌시主人獻尸 ⑧-338

주인헌유主人獻侑 ⑧-414, 447

주인헌작主人獻爵 ⑧-414

주인헌장빈主人獻長賓 ⑧-492

주인헌장형제主人獻長兄弟 ⑧-142

주인헌좌主人獻佐食 ⑧-338

주인헌중빈主人獻衆賓 ②-77

주인헌중형제主人獻衆兄弟 ⑧-142

주인헌축主人獻祝 ⑧-338, 348

주인헌형제主人獻兄弟 ⑧-509

주입사州立謝 ②-301

주장州長 ②-25, 195, 394, 520

주장酒漿 ③-32

주장처우酒漿處右 ⑤-98

주전자(匜) ⑧-63

주정酒正 ③-38

주정지출酒正之出 ③-38

주제周祭 ⑧-100

주제周制 ④-76

주제폐周祭肺 ⑧-300

주조이수장周朝而遂葬 ⑦-250

주좌종묘周左宗廟 ①-154

주준酒尊 ④-213

주청효건酒清肴乾 ②-445

주축周祝 ⑦-166, 245

주판(算) ⑦-330

주피主皮 ②-199

주학州學 ②-300, 301

죽竹 ②-257

죽竹 → 대나무

죽죽粥 ⑥-48

죽鬻 ⑦-377

죽궤방竹簋方 ④-87

죽기竹器 ①-125, 128, 350

죽두위지변竹豆謂之籩 ⑧-333

죽멸竹篾 ⑦-100

죽불성용竹不成用 ⑦-271

죽비곤등竹閟緄縢 ⑦-149

죽여반鬻餘飯 ⑦-99

죽왈변竹曰籩 ①-140

죽은 희생(死牢) ④-98

죽은 희생(饔) ④-97

죽장竹杖 ⑦-393

죽장竹杖 → 대나무로 만든 지팡이

죽전위지어竹前謂之禦 ①-141

죽지관포竹之貫匏 ②-259

죽홀竹笏 ⑦-66

준蕢 ⑧-376, 377, 596, 601

준純 ①-247, 248 ②-369 ③-435 ⑤-143 ⑧-280

준純 → 가선

준純 → 신발의 가선 장식

준尊 ②-28 ⑤-33 ⑥-133

⑦-542, 544 ⑧-61

준尊 → 술동이

준餕 ①-39, 331, 342 ⑧-21, 181,
　　376, 377

준개尊蓋 ⑧-298

준기尊器 ④-402

준남尊南 ⑧-497

준동尊東 ②-248

준두尊枓 ①-142

준둔逡遁 ②-434 ④-125

준둔피위逡遁辟位 ⑦-187

준몌純袂 ④-334

준몌純袂 → 소맷부리의 가선

준사俊士 ③-39

준소尊所 ①-508

준양시회遵養時晦 ③-226

준자遵者 ②-142, 246, 475 ③-237

줄(絀) ④-230

줌통(弣) ②-295, 378 ⑦-433

중中 ②-205, 282, 297, 430, 435

중中 → 산가지통

중重 ⑥-28 ⑦-98, 245, 251, 253

중衆 ①-500

중衆 → 뭇사람

중衆 → 백성

중개衆介 ④-23, 61

중격中隔 ①-166

중격重鬲 ⑦-54, 377

중격重鬲 → 중에 매달 솥

중경重卿 ④-103

중공衆工 ③-149

중궁시衆弓矢 ③-365

중금삼십량重錦三十兩 ⑤-205

중당中堂 ④-125, 126

중대中帶 ⑦-376

중등中等 ①-163

중례重禮 ①-102, 421, 422

중례청조重醴清糟 ①-195

중리유강中離維綱 ③-411

중매인(媒氏) ①-276

중목重木 ⑦-99

중문中門 ①-95 ③-45 ⑦-232

중봉中封 ⑦-216

중부인衆婦人 ⑦-36

중빈衆賓 ①-105, 107, 196 ②-22,
　　201, 211, 361 ⑧-49, 142, 492

중빈개답일배衆賓皆答壹拜 ②-237

중빈계사衆賓繼射 ②-361

중빈여수衆賓旅酬 ②-126

중빈의衆賓儀 ⑧-144

중빈입음衆賓立飲 ⑧-146

중빈장(次賓) ⑧-72

중빈장衆賓長 ②-453 ⑧-158, 496

중빈장가작衆賓長加爵 ⑧-21

중빈장자좌수여衆賓長自左受旅
　⑧-166

중빈장헌시衆賓長獻尸 ⑧-545

중빈지장衆賓之長 ②-238, 435

중빙重聘 ④-28

중사衆士 ③-181

중사中士 ③-39

중사무수重賜無數 ⑤-205

중산보仲山甫 ①-246

중삼후개획中三侯皆獲 ③-411

중상中殤 ⑥-164

중상지복中殤之服 ⑥-172

중생衆笙 ②-265 ③-158

중생衆笙 → 여러 악공들

중서衆庶 ②-201

중서지산中西之算 ②-353

중석重席 ②-158, 159, 248 ③-40,
　122, 329, 330

중손衆孫 ⑥-131

중수仲遂 ⑧-390

중순中旬 ①-97

중시포中視抱 ①-500

중십척中十尺 ②-506

중앙 부위를 완전하게 끊어서 자른
　허파(祭肺) ⑧-277

중앙 부위를 조금 남기고 자른 허파
　(舉肺) ⑧-277

중앙 부위를 조금 남기고 자른 허파
　(離肺) ①-209 ②-173, 478

중엄中掩 ②-209

중엄속지中掩束之 ②-205, 208

중에 매달 솥(重鬲) ⑦-54

중예노빈重豫勞賓 ⑧-53

중옥리위中屋履危 ⑦-28

중옥북면中屋北面 ⑦-25

중외상응中外相應 ⑥-20

중우衆耦 ②-285, 329, 363 ③-397

중월이담中月而禫 ⑦-563

중의中衣 ④-338

중자衆子 ⑥-105

중적重適 ⑥-104

중정中庭 ②-116, 324 ③-171, 358
　④-97, 117 ⑧-66

중정中庭 → 뜰 중앙

중정위지주中庭謂之走 ①-489

중정지서中庭之西 ⑦-54

중제中制 ③-262

중주인衆主人 ⑦-35

중주인문衆主人免 ⑦-124

중지(將指) ②-493

중지위준中之爲俊 ③-260

중폐衆幣 ④-181

중폐유호重閉牖戶 ⑦-531

중표복이中表服異 ⑥-219

중형제衆兄弟 ⑦-36

중회반폐重賄反幣 ④-444

즉갈卽葛 ⑥-207

즉상이전卽牀而奠 ⑦-366

즉석좌卽席坐 ①-86

즉위卽位 ①-81

즉진卽陳 ⑦-45

즐櫛 ①-124, 161, 168

즐櫛 → 빗

즐계櫛笄 ⑥-260

즙광기汁光紀 ⑥-136

증香 ①-201 ②-144 ③-138, 222 ⑧-150, 167, 310, 354, 497

증証 ③-34

증贈 ①-370 ④-300, 351 ⑦-44, 302

증繒 ④-56

증繒 → 비단

증烝 ⑦-243

증蒸 ⑦-243

증甑 ⑧-270

증甑 → 2층 시루

증손曾孫 ⑥-155, 230

증손후씨曾孫侯氏 ③-477

증송贈送 ④-303

증시부삼增豕膚三 ⑧-440

증조부모曾祖父母 ⑥-154

증조부모위사자曾祖父母爲士者 ⑥-157

증체脅體 ⑧-497

증행贈行 ④-319

지摯 ①-191, 276, 380, 457 ④-385

지摯 → 예물

지漬 ③-177

지蚳 ④-232

지只 ④-44

지咫 ④-44

지鮨 ⑤-85

지鮨 → 젓갈

지軹 ⑦-250

지軹 → 굴대

지池 ⑦-266

지池 → 빗물받이 장식

지경이가도至竟而假道 ④-58

지계우양至階又讓 ⑧-402

지구우궁止柩于堭 ⑦-424

지궤持几 ①-395

지도地道 ①-284

지례불망악志禮不忘樂 ③-519

지물선악知物善惡 ④-36

지붕의 날개(屋翼) ①-131

지사자상知死者傷 ⑦-308

지사자증知死者贈 ⑦-305

지산자식물地產者植物 ⑧-490

지산작양덕地產作陽德 ⑧-490

지생자부知生者賻 ⑦-305

지생자조知生者弔 ⑦-308

지설승持舌繩 ②-204

지속종심遲速從心 ③-478

지시志矢 ⑦-435

지시골촉志矢骨鏃 ⑦-435

지신地神 ⑤-223

지우묘문至于廟門 ①-322

지자支子 ①-439 ⑥-29, 109

지작止爵 ⑧-127, 134, 483, 540

지재배至再拜 ③-62 ⑤-46

지정至庭 ③-58

지존至尊 ⑥-26, 32

지존녜知尊禰 ⑥-109

지주기서旨酒旣湑 ①-240

지주기청旨酒旣淸 ①-239

지주영방旨酒令芳 ①-241

지중持重 ⑥-109

지중어대종持重於大宗 ⑥-109

지추志趨 ④-390

지친至親 ⑥-83, 113

지친이기단至親以期斷 ⑥-127

지환효止讙囂 ⑦-197

지황地黃 ①-121 ⑧-209

지휘봉(畢) ③-409

직職 ②-435, 477 ④-403

직稷 ①-309, 334, 358 ④-216
⑤-67 ⑥-109 ⑦-477

직稷 → 메기장 밥

직대稷敦 ⑧-568

직대稷敦 → 메기장 밥그릇

직동숙直東塾 ①-222

직실동우直室東隅 ⑧-72, 358

직심배지의直心背之衣 ②-495

직우동영直于東榮 ①-130

직유각왈완直有脚曰梡 ⑧-301

직이행直而行 ④-78

직제축우주直祭祝于主 ⑦-504

직학사直學士 ①-68

진瑱 ⑦-60, 92

진瑱 → 귀마개

진陳 ④-229

진陳 → 진열한다

진扺 ⑦-80

진搢 ②-296 ③-418 ⑦-94

진進 ⑧-87

진계盡階 ①-166 ②-99, 362, 372
⑦-78

진계榛笄 ⑥-260

진규鎭圭 ①-192

진기進鬐 ⑤-57 ⑦-170

진기리進其理 ⑤-56

진동振動 ①-329 ④-91

진리進理 ②-174, 478

진몌振袂 ④-152

진물왈헌進物曰獻 ②-221

진미進尾 ⑧-296

진배進拜 ①-350

진복摺扑 ②-322, 346, 398, 412
③-387

진사進士 ③-39

진삼이협일개摺三而挾一个 ②-296,
300

진삼협摺三挾 ③-372

진삼협일개摺三挾一个 ②-342, 355,
359, 404 ③-404, 419, 427

진설陳設 ⑤-136 ⑧-21

진식盡飾 ④-120

진실榛實 ⑧-573

진애지도盡愛之道 ⑦-28

진열한다(陳) ①-84

진용進容 ①-163

진용건抾用巾 ⑦-80

진용백광抾用白纊 ⑦-60

진용욕의抾用浴衣 ⑦-80

진유進腴 ⑧-296

진유중동進由中東 ②-368

진의계지陳衣繼之 ⑦-105

진이두읍우양하進二豆湆于兩下

⑧-379

진이지물珍異之物 ④-406

진일형우상進一鉶于上 ⑧-379

진일형우차進一鉶于次 ⑧-379

진저進柢 ⑦-133

진정陳鼎 ⑤-30 ⑧-291, 392, 407

진정辰正 ⑦-508

진제振祭 ①-339 ⑦-477 ⑧-91,
100, 324, 325, 434, 555, 569

진제제지振祭嚌之 ⑧-325

진주進腠 ②-173, 478 ⑧-295

진주효陳酒肴 ③-332

진취현획進取賢獲 ②-372

진폐振幣 ④-172

진폐陳幣 ④-29, 342

진폐북수陳幣北首 ④-74

진피陳皮 ④-74

진하進下 ②-484 ⑧-295, 296

진헌進獻 ⑤-195

진홀搢笏 ⑦-93

진홍색(絳) ②-519

진홍색 치마(纁裳) ①-171 ⑦-24

질姪 ①-362

질質 ②-208 ⑦-63

질質 → 바탕

질質 → 상체 부분

질絰 ⑥-21

질昳 ⑦-264

질겸수요經兼首要 ⑥-217

질그릇 밥솥(瓦敦) ⑦-206

질그릇 술동이(甒) ①-125, 204

　　③-271 ⑦-276 ⑧-280

질그릇 술동이(瓦大) ③-27

질그릇 술동이(瓦甒) ③-27

질그릇제기(瓦豆) ⑧-324

질남姪男 ⑥-190

질녀姪女 ⑥-190

질대經帶 ⑥-25, 248

질대지차經帶之差 ⑦-113

질로耋老 ⑤-207

질명質明 ①-350 ⑦-257 ⑧-265

질명멸촉質明滅燭 ⑦-257

질명이시행사質明而始行事 ⑧-389

질명행사質明行事 ①-111

질쇄質殺 ⑦-117

질시처북용하疾時處北墉下 ⑦-23

질심왈병疾甚曰病 ⑦-358

질이표수経以表首 ①-67

질자재疾者齊 ⑦-357

질장부부인姪丈夫婦人 ⑥-178

질장여수제質長與手齊 ⑦-63

질제姪娣 ⑥-229

질지복고疾止復故 ⑦-362

질추疾趨 ①-521

짐승가죽(皮) ④-29

집執 ②-425

집緝 ⑥-40

집게손가락(食指) ③-420

집관자執冠者 ①-163

집궁執弓 ②-296, 303, 359 ③-446

집궁반사위執弓反射位 ②-377

집궁협시執弓挾矢 ③-470

집규執圭 ④-120

집기천執其薦 ②-393

집멱執冪 ③-52, 181

집멱執冪 → 덮개보를 잡는 사람

집멱자執冪者 ③-52, 223, 283, 284

집부執柎 ②-295, 378 ③-444

집사執事 ⑧-62

집서이조왕執書以詔王 ④-36

집소취산執所取筭 ②-348

집시형이종執豕鉶以從 ⑧-462

집오리(匹) ①-464

집오리 → 木鶩

집옥執玉 ①-521

집옥귀습執玉龜襲 ④-120

집옥불추執玉不趨 ①-489

집외렴執外廉 ⑧-417

집월執越 ②-255 ③-142

집이궁執弛弓 ②-378

집이순옥執匜淳沃 ⑧-218

집작執爵 ⑧-129

집작배執爵拜 ⑧-479

집작이흥執爵以興 ⑧-382, 501

집작자執爵者 ②-381, 382, 384

집작흥執爵興 ②-72 ③-303

집장궁執張弓 ②-377, 378 ③-443

집전執奠 ⑧-88

집정이부후執旌以負侯 ②-309

집조이종執俎以從 ⑧-494

집지상견執摯相見 ①-521

집지왈촉執之曰燭 ⑦-152

집진견지執紖牽之 ④-244

집책執策 ④-61

집책執筴 ①-85

집책執茦 ①-96

집책시벌執策示罰 ④-61

집촉執燭 ⑦-315

집촉전마執燭前馬 ①-316

집치執觶 ①-177 ②-234 ③-102

집치자執觶者 ②-435, 452

집치흥執觶興 ①-177 ②-442

집폐執幣 ①-521

집폐자執幣者 ④-192

집피執披 ⑦-337

집현執弦 ②-295, 378

집현이좌환執弦而左還 ②-335

징유소욕徵唯所欲 ②-163, 468

징주澄酒 ⑧-147

징주재하澄酒在下 ⑧-147

짙은 검은색 → 치緇

짚단(苫) ⑥-49

짝(耦) ②-280, 358

짝수의 날짜(柔日) ⑧-254

쪽문(闈門) ①-181

쫓겨난 어머니(出母) ⑥-94

ㅊ

차次 ①-186, 319 ④-111 ⑤-25,
178 ⑧-305, 363, 310

차次 → 가채

차次 → 옷 갈아입는 곳

차次 → 임시 장막

차叉 ⑧-73

차개次介 ④-58

차개가도次介假道 ④-58

차경次卿 ③-119

차국次國 ②-106 ③-162

차는 수건(佩巾) ⑧-478

차대부次大夫 ②-439

차봉차전且賵且奠 ⑦-304

차빈次賓 ②-453 ⑧-292, 468, 569

차빈次賓 → 중빈장

차빈설양번次賓設羊燔 ⑧-447

차빈설유양번次賓設侑羊燔 ⑧-450

차빈수뇌번次賓羞牢燔 ⑧-569

차빈수번次賓羞燔 ⑧-414

차빈수비읍次賓羞匕湆 ⑧-455

차빈수양번次賓羞羊燔 ⑧-479

차빈수주인번次賓羞主人燔 ⑧-452

차빈수주인비읍次賓羞主人匕湆

　⑧-452

차빈진비읍次賓進匕湆 ⑧-414

차사次舍 ⑦-337

차석次席 ①-94 ⑤-186

차석次席(붉은 대나무자리) ①-94

차석次席 → 붉은 대나무자리

차우次耦 ②-316, 363

차자且字 ⑧-250

차제승수헌次第升受獻 ⑧-496

차준次罇 ⑧-85, 188, 306, 379, 394

차향次享 ⑤-196

차형제次兄弟 ⑧-214

착著 ⑦-60

착錯 ②-453 ④-211

착辵 ⑤-47

착笮 ⑦-278, 417

착笮 → 화살통

착배鑿背 ②-498

착치斲治 ⑦-99

찬饌 ①-84

찬爨 ⑦-441 ⑧-60, 269

찬爨 → 부뚜막

찬爨 → 아궁이

찬贊 ①-187 ④-259 ⑦-459

　⑧-129

찬관자贊冠者 ①-106, 107, 171, 176

찬구饌具 ⑤-75

찬례부贊醴婦 ①-189

찬명贊命 ①-85

찬물饌物 ⑤-29

찬사讚辭 ③-45

찬신爨神 ⑧-227

찬요방饌要方 ⑧-77

찬우동방饌于東方 ④-214

찬우동방饌于東房 ⑤-34

찬자贊者 ①-152, 153, 160, 161,

　196, 338, 516 ②-381 ⑧-75, 290,

　304

찬자개예贊者皆與 ①-156

찬자관贊者盥 ①-155

찬자수빈贊者隨賓 ①-153

찬자졸贊者卒 ①-163

찬자졸굉贊者卒紘 ①-168

찬자철정贊者徹鼎 ⑦-462

찬지우상橫至于上 ⑦-150

찬치우서서橫置于西序 ⑦-150

찬폐자좌贊幣自左 ⑦-214

찬합유호贊闔牖戶 ⑦-503

찰기장 밥(嗇) ⑧-110

찰기장 밥(黍) ①-309 ④-105, 211

찰기장 밥그릇(敦黍) ⑧-307

찰기장으로 빚은 술(黍) ④-272

참驂 ⑤-169

참驂 → 곁말

참斬 ⑥-23

참승驂乘 ⑥-141

참승종복驂乘從服 ⑥-141

참이파擥而播 ④-78

참최복斬衰服 ①-36

참최부인斬衰婦人 ⑦-113

참최불서수월斬衰不書受月 ⑥-26

참최삼년斬衰三年 ⑥-21

참최상斬衰裳 ⑥-21

참최의려斬衰倚廬 ⑦-176

참최정복斬衰正服 ⑥-267

참최지대斬衰之帶 ⑥-24 ⑦-114

창(牖) ①-283 ④-231

창昌 ⑧-419

창鬯 ①-189, 192, 282

창鬯 → 울창주

창벽蒼璧 ⑤-218

창본昌本 ④-231 ⑤-65 ⑧-420, 436

창본昌本 → 창포뿌리 절임

창빈嬪賓 ①-189

창언蹌焉 ④-393

창자(腸) ⑧-277

창자와 위(腸胃) ④-100

창저昌菹 ⑧-419

창저昌菹 → 창포뿌리 절임

창즉영위앙蒼則靈威仰 ⑥-136

창포뿌리 절임(昌本) ④-105

창포뿌리 절임(昌菹) ⑧-419

창획唱獲 ②-291

채菜 ⑧-78

채菜 → 나물

채갱菜羹 ⑦-462

채갱菜羹 → 나물국

채소절임(菹) ①-308

채소절임(全菹) ⑦-148

채속중菜餗烝 ⑧-490

채의采衣 ①-148

채의彩衣 ①-149

채지采地 ③-162 ⑥-27

채찍(策) ⑦-260

채화갱지기菜和羹之器 ⑤-70

채후采侯 ②-435, 488

책策 ④-361

책策 → 채찍

책簀 ⑦-367

책책簀 → 대자리

책량幘梁 ①-121, 123

책서冊鼠 ⑦-62

책축策祝 ④-376

처妻 ⑥-83

처귀어실妻貴於室 ⑥-119

처마(屋翼) ②-29

처사處士 ②-198, 472

처위부妻爲夫 ⑥-30

처종복시妻從服緦 ⑥-236

처지부모妻之父母 ⑥-233

처치자유妻穉子幼 ⑥-112

척脊 ②-173, 307, 478 ⑧-91

척脊 → 등뼈

척척滌 ③-256 ⑧-253

척척滌 → 씻는다

척剔 ⑦-120

척개滌溉 ⑦-55

척골진처脊骨盡處 ⑧-351

척무중협무전脊無中脅無前 ⑧-230

척우어撫于魚 ⑧-559

척종전위정脊從前爲正 ⑧-278

척협견비노지속脊脅肩臂臑之屬
  ⑧-411

천薦 ①-294 ②-45, 389 ⑧-41, 72,
  482

천薦(대나무제기와 나무제기) ①-181

천薦 → 말린 고기·고기젓갈

천縑 ⑦-222, 274

천輲 ⑦-402

천輲 → 상여의 덮개휘장

천蒨 ①-118

천蒨(꼭두서니) ①-117

천강淺絳 ①-134 ⑥-248

천강淺絳 → 옅은 진홍색

천거薦車 ⑦-257

천거지례薦車之禮 ⑦-260

천구遷柩 ①-37

천구우조遷柩于祖 ⑦-237

천남薦南 ③-104

천남전치薦南奠觶 ⑧-168

천동薦東 ①-181, 207 ②-236
  ⑧-494

천두薦豆 ⑧-310, 325

천마薦馬 ⑦-259, 287

천마영삼취薦馬纓三就 ⑦-259

천묘지주遷廟之主 ④-101

천무현주賤無玄酒 ③-273

천부天府 ②-199

천부전계賤不專階 ⑧-447

천불비례賤不備禮 ③-342

천산자동물天産者動物 ⑧-490

천산작음덕天産作陰德 ⑧-490

천서薦西 ②-223

천서직薦黍稷 ⑧-20

천수天數 ⑥-52

천숙薦孰 ⑧-20

천숙薦熟 ⑧-573

천숙시薦孰始 ⑦-20

천시薦尸 ⑦-122

천시어당우일상薦尸於堂又一牀
　⑦-86

천시어복상薦尸於服上 ⑦-122

천시우상薦尸于牀 ⑦-23

천신薦新 ①-37 ⑦-210, 405

천신전薦新奠 ⑦-174

천악遷樂 ②-433

천악우하遷樂于下 ②-292

천엽(膍胊) ⑦-314

천왕天王 ⑥-122

천왕후天王后 ⑥-122

천우薦右 ②-442

천우조용축遷于祖用軸 ⑦-250

천읍天揖 ⑤-226

천읍동성天揖同姓 ⑤-220

천자기내지민天子畿內之民 ⑥-152

천자대사팔天子大蜡八 ⑦-90

천자면이집진규天子冕而執鎮圭
　⑤-222

천자목목天子穆穆 ①-167

천자불허賤者不虛 ⑧-236

천자소대天子素帶 ⑥-88

천자순수례天子巡守禮 ④-44

천자어정天子御珽 ⑦-71

천자오문天子五門 ①-156

천자웅후天子熊侯 ②-487

천자이구옥天子以球玉 ⑦-66

천자이희우天子以犧牛 ⑧-21

천자제후왈세자天子諸侯曰世子
　⑥-56

천자제후왈역天子諸侯曰繹 ⑧-388

천자제후이종고天子諸侯以鍾鼓
　②-461

천자제후장이월天子諸侯葬異月
　⑥-149

천자지존天子至尊 ⑥-27

천자진정天子搢珽 ⑦-66

천자창天子鬯 ①-192

천자취천골賤者取賤骨 ⑧-236

천자헌이산賤者獻以散 ⑧-114

천저기석薦諸其席 ②-239

천조薦俎 ⑧-133

천조전遷俎奠 ⑦-266, 283

천좌薦左 ①-181, 295 ⑧-506

천주遷主 ④-94 ⑤-182

천주소장왈조遷主所藏曰祧 ④-101

천증薦香 ⑧-515, 517

천증설어기위薦香設於其位 ⑧-510

천지사맹天之司盟 ⑤-217

천지사방天地四方 ②-306

천지지신상질天地之神尙質 ⑦-111

천지지잡색天地之雜色 ①-120

천차상사薦此常事 ⑦-562

천차상사薦此祥事 ⑦-563

천첩賤妾 ⑥-191

천출자동방薦出自東房 ①-206

천토踐土 ⑤-229

천포오정薦脯五挺 ②-172

천포해薦脯醢 ①-211, 354 ②-45,
55, 68, 467 ③-331 ④-322
⑧-143

천현이지황天玄而地黃 ①-120

천혈성薦血腥 ⑧-20

천혈성시薦血腥時 ⑧-310

천환지방天圜地方 ④-369

철綴 ①-121

철徹 ⑤-110 ⑧-195

철건徹巾 ⑦-156

철궤徹饋 ⑧-601

철궤개연徹几改筵 ④-150

철기조불출문徹胏俎不出門 ⑧-376

철멱徹鼏 ②-186

철멱徹冪 ③-204

철방綴旁 ⑦-63

철서수徹庶羞 ⑧-181

철설徹楔 ⑦-87

철설의徹褻衣 ⑦-358

철시조徹尸俎 ⑧-180

철유徹帷 ⑦-39

철읍歠湆 ⑤-95

철읍잡장歠湆咂醬 ①-338

철인哲人 ③-266

철정徹鼎 ⑦-171

철조徹俎 ②-140, 141, 435, 446
⑧-21

철조조徹阼俎 ⑧-195

철조천조徹阼薦俎 ⑧-595

철족綴足 ⑦-30, 364

철족용연궤綴足用燕几 ⑦-30

철주부천조徹主婦薦俎 ⑧-196

철죽歠粥 ⑥-25 ⑦-192, 395

철지이식이불수綴之以食而弗殊
⑥-110

철찬徹饌 ⑦-157

철천작徹薦爵 ①-211

철천조대徹薦俎敦 ⑧-395

철축두徹祝豆 ⑧-196

철침徹枕 ⑦-87

철풍여치徹豐與觶 ②-384

첨袩 ①-318 ⑦-399

첨袩 → 상여휘장

첨檐 ①-129

첩妾 ⑥-115

첩부득체군妾不得體君 ⑥-117, 121

첩상呫嘗 ①-509

첩선呫膳 ①-509

첩위군妾爲君 ⑥-32

첩위사형제妾爲私兄弟 ⑥-257

첩위여군妾爲女君 ⑥-115

첩자복기사친妾自服其私親 ⑥-185

첩지사여군妾之事女君 ⑥-115

청淸 ④-272

청淸 → 걸러 낸 맑은 예주

청淸 → 청주

청菁 ⑤-66

청견請見 ①-463

청계기請啓期 ⑦-237

청계사지기請啓殯之期 ⑦-237

청관請觀 ④-426

청구靑絇 ①-247

청귀請歸 ④-439

청규靑圭 ⑤-225

청기請期 ①-282, 304

청명聽命 ④-84, 221

청명집역자請命執役者 ③-52

청빈請賓 ③-47

청사請事 ④-69, 82

청사請射 ②-277

청석획우빈請釋獲于賓 ②-345

청수請受 ④-181

청승명請承命 ①-432

청안우빈請安于賓 ②-113

청여시신請旅侍臣 ③-228

청예종자請醴從者 ①-416

청자위유請子爲侑 ⑧-394

청저菁菹 ⑤-65

청저菁菹 → 순무절임

청적請覿 ①-443 ④-149

청제기請祭期 ⑧-265

청조淸糟 ①-198

청조기請祖期 ⑦-264

청조영靑組纓 ①-121

청조영靑組纓 → 푸른색 끈목으로 만든 관끈

청종사견請終賜見 ①-444

청좌請坐 ②-435, 445

청주(酒) ①-203

청주(淸) ④-272

청주淸酒 ④-272 ⑤-34 ⑧-153

청주제사지주淸酒祭祀之酒 ⑧-153

청하聽嘏 ⑧-109

청행請行 ④-82

체鬄 ⑦-118

체禘 ⑦-374

체體 ⑧-230

체瑹 → 칼집 위의 옥 장식

체명體名 ⑧-284, 408

체백體魄 ⑦-32

체불수골體不殊骨 ⑦-311

체암이제逮闇而祭 ⑧-389

체자언기부절體者言其不折 ⑧-499

체천體薦 ⑤-59

체해體解 ⑧-101, 284

체협禘祫 ④-133

초宵 ①-320

초醮 ①-203, 205

초稍 ④-341

초楚 ⑦-224

초爐 ⑦-224

초爐 → 홰

초爐 → 횃불

초醋 ⑧-108, 564

초綃 → 비단

초계爐契 ⑦-225

초기여수初起旅酬 ②-120

초돈楚焞 ⑦-224

초래읍양初來揖讓 ⑤-111

초례醮禮 ①-203, 407

초모지신草茅之臣 ①-522

초복楚扑 ②-435, 510

초복楚扑 → 종아리채

초사醮辭 ①-239

초속稍屬 ③-422

초식稍食 ③-27 ④-345

초용주醮用酒 ①-203

초위初位 ②-247

초위初位 → 본래 위치

초의宵衣 ①-320 ⑧-64

초의宵衣 → 비단 옷깃을 한 검은색
　　웃옷

초의綃衣 ⑧-304, 306

초이의招以衣 ⑦-25

초종예初終禮 ①-36

초지稍地 ⑥-55

초향初享 ⑤-196

초헌初獻 ①-194 ④-327

초혼初昏 ①-306

초혼招魂 ⑦-25

초혼복백招魂復魄 ⑦-24

촉屬 ①-121

촉鏃 ②-425

촉鏃 → 화살촉

촉촉燭 ①-316, 344 ③-210 ⑦-152,
　　243, 315, 412

촉燭 → 횃불

촉용증燭用烝 ⑦-243

촉인屬引 ⑦-268

촌폐刌肺 ①-217 ②-397, 435
　　⑧-89, 90

촌폐불세수刌肺不挩手 ⑧-130

촌폐삼刌肺三 ⑧-231

총總 ①-149 ⑥-33

총總 → 머리끈

총각總角 ①-150

총부冢婦 ⑥-190 ⑧-65

총승마總乘馬 ④-168

총육승總六升 ⑥-35

총인冢人 ⑦-213

총자冢子 ⑥-105

총재冢宰 ①-96 ③-253, 256

쵀崒 ②-48, 224

쵀례崒醴 ①-177 ④-156, 164

쵀주崒酒 ①-207 ②-47, 249 ③-78
　⑧-89, 336, 341, 350, 432, 478

쵀주어석말崒酒於席末 ②-231

쵀주이부졸작崒酒而不卒爵 ⑧-369

최衰 ⑥-21, 33, 264

최衰 → 상의

최복衰服 ①-36 ⑥-255

최상衰裳 ⑥-38

최상綕裳 ⑥-66

최상역저색衰裳亦苴色 ⑥-38

최우관衰于館 ④-339

최이거衰而居 ④-347

최이종지衰而從之 ④-347

최이표심衰以表心 ①-67

최장육촌박사촌衰長六寸博四寸

⑥-264

최질衰絰 ⑦-470

최질봉비衰絰奉篚 ⑦-470

추萑 ⑤-143 ⑧-63

추鬐 ⑦-391

추鬐 → 황새머리

추緅 ①-82, 117, 149

추緅(검붉은 색) ①-82, 117

추芻 ④-59, 60, 70

추芻 → 꼴

추갈麤葛 ①-310 ⑦-74

추경抽肩 ⑧-75

추경취몌抽肩取罪 ⑦-132

추공麤功 ⑥-72

추군명상질趨君命尙疾 ④-159

추근秋覲 ①-455

추녀(榮) ②-29

추녀(屋翼) ①-115 ⑧-205

추복追服 ⑥-141

추불거진推拂去塵 ⑧-416

추불궤推拂几 ⑧-416

추빙군지명趨聘君之命 ④-250

추상趨翔 ①-487

추상독抽上轐 ⑦-215

추석萑席 ①-138 ②-158 ③-40
　⑤-143 ⑦-487, 488

추석萑席 → 가는 갈대자리

추수왈읍推手曰揖 ②-36

추우騶虞 ②-414

추위기崔葦器 ③-420

추이진推而進 ④-78

추이채제趨以采齊 ③-294

추일諏日 ⑧-24, 254

추자즉중齹者則重 ⑥-239

추정사지일諏丁巳之日 ⑧-24

추제문秋祭門 ⑦-363

추종芻從 ④-218

추종화芻從禾 ④-218

추지이시강계왈단수椎之而施薑桂曰鍛
脩 ⑧-397

추질趨疾 ⑦-185

추차모사諏此某事 ⑧-33

추하독抽下櫝 ⑧-250

추회秋會 ⑤-217

추회동秋會同 ⑤-217

축祝 ①-38, 232, 374 ④-38
⑤-182 ⑧-37

축縮 ②-182, 369

축杭 ③-268 ⑦-343

축軸 ⑦-150

축강祝降 ⑦-245

축고告 ④-39 ⑧-260

축고왈이성祝告曰利成 ⑧-597

축고우주인왈이성祝告于主人曰利成

⑧-597

축고이성祝告利成 ⑧-21, 603

축관祝官 ③-45 ④-356

축금감築圻坎 ⑦-380

축기륜軸其輪 ⑦-151

축단이비築壇而卑 ④-66

축당찬주인사祝當贊主人辭 ⑧-328

축명이대祝命爾敦 ⑧-319

축명타제祝命按祭 ⑧-319

축배수祝拜受 ⑧-364

축빈祝擯 ⑧-259

축사祝辭 ①-32, 232 ⑧-309

축사祝史 ③-43

축송祝頌 ③-45

축수시작祝受尸爵 ⑧-367

축순軸輴 ⑦-268

축언이불배祝言而不拜 ⑧-329

축연시祝延尸 ⑧-87

축위빈자祝爲擯者 ⑧-259

축이불납逐而不納 ④-304

축이위지縮而委之 ②-369 ③-435

축이횡삼縮二橫三 ⑦-273

축자삼횡자오縮者三橫者五 ⑦-148

축작수시祝酌受尸 ⑧-340

축작수시祝酌授尸 ⑧-368

축재縮載 ⑧-296

축전시중縮奠豕香 ⑧-468

축접신祝接神 ⑧-316

축제어팽祝祭於祊 ⑧-396

축조縮俎 ⑤-56 ⑧-409

축조침우縮俎寢右 ⑤-56

축지언직縮之言直 ⑧-410

축집縮執 ⑧-431

축집시중縮執豕香 ⑧-468

축집조縮執俎 ⑧-336, 434

축집조이강縮執俎以降 ⑧-468

축찬변제祝賛籩祭 ⑧-118

축철祝徹 ⑦-156

축축祝祝 ⑦-465

축합유호祝闔牖戶 ①-376

축호祝號 ⑤-222

축호좌식허락祝呼佐食許諾 ⑧-220

춘보春輔 ⑦-250

춘물초생春物初生 ④-56

춘용총추용개春用蔥秋用芥 ⑤-86

춘제호春祭戶 ⑦-363

춘조春朝 ①-455

춘추전春秋傳 ⑧-390

춘회春會 ⑤-217

춘회동春會同 ⑤-217

출出 ⑧-119

출강出降 ⑥-104, 220

출궁이퇴出宮而退 ⑦-346

출모出母 → 쫓겨난 어머니

출문좌出門左 ①-105, 107

출방입졸작出房立卒爵 ⑧-479

출빙出聘 ④-336

출숙우제出宿于濟 ⑦-541

출영出迎 ②-195

출이동위좌出以東爲左 ①-153

출입삼적出入三積 ④-228

출접빈왈빈出接賓曰擯 ④-130

출조出祖 ④-366

출처出妻 ⑥-83, 94

출처지자出妻之子 ⑥-94

출처지자위모出妻之子爲母 ⑥-83

출청出請 ④-83, 196, 290

출청명出請命 ④-118

출청예빈出請醴賓 ①-189

출청입고出請入告 ①-152

충신忠信 ④-397

충신위주忠信爲周 ②-63

충위의복忠謂衣服 ②-63

충이充耳 ①-142

취䨞 ⑤-182

취就(市) ①-142

취궁시우당서取弓矢于堂西 ③-416

취궁시우차取弓矢于次 ③-368

취기우就其耦 ②-406

취기천좌就其薦坐 ②-396

취만물이색향지聚萬物而索饗之

⑦-90

취면毳冕 ①-92, 326 ⑤-190

취명치우인取銘置于茵 ⑦-286

취명치우중取銘置于重 ⑦-100, 245

취물就物 ③-420

취복진지取扑搢之 ②-304

취빈관就賓館 ①-370

취서직왈희炊黍稷曰饎 ⑧-60

취서직우사대取黍稷于四敦 ⑧-320

취석就席 ②-242, 251, 405 ③-324

취습取拾 ③-421

취시불색取矢不索 ②-325 ③-393

취연就筵 ①-207 ⑧-457, 479

취위就位 ②-399

취이지醉而止 ③-201

취작取爵 ②-218

취족聚足 ③-243

취족연보聚足連步 ③-228

취중지팔산取中之八筭 ②-352

취진판본聚珍版本 ①-52

취차就次 ①-186

취처지례娶妻之禮 ①-273

취치取觶 ②-233 ⑧-168

측側 ①-125, 141 ④-125

측강側降 ②-112, 268

측막이좌側幕而坐 ④-73

측변왈렴側邊曰廉 ②-89

측살側殺 ⑧-59

측수側授 ④-184

측습側襲 ④-125

측실側室 ③-33

측작側酌 ①-175

측작례側酌醴 ①-174, 178

측재側載 ①-358

측전側尊 ①-125, 140, 178

측전무례側尊甒醴 ①-354

측지側持 ②-280

측지현시側持弦矢 ②-280, 425
　③-481

측팽側亨 ⑦-441

치觶 ①-125, 126, 140, 176, 294
　②-59, 171, 233 ③-184 ④-154
　⑤-70 ⑦-458, 463 ⑧-79, 271

치觶 → 3승 용량의 술잔

치觶 → 술잔

치絺 ③-272 ⑤-182

치絺 → 가는 칡베

치雉 ①-457 ⑤-120

치雉 → 꿩

치緇 ①-118

치緇(짙은 검은색) ①-82

치齒 ⑧-163, 220

치거부구治去莩垢 ⑥-200

치경致敬 ①-326

치관治官 ③-253

치관致館 ④-94, 95 ⑤-173

치관설손致館設飧 ④-94

치구緇絇 ①-248

치금정리緇衾赬裏 ⑦-104

치기사致其辭 ①-106

치남觶南 ②-272

치대緇帶 ①-81, 90, 117~119, 132, 147 ③-219 ⑦-65, 93 ⑧-202

치대緇帶 → 검은색 비단으로 가선 장식을 한 허리띠

치대緇帶 → 검은색 비단의 가선 장식을 한 허리띠

치례致禮 ④-281

치마(裳) ①-117

치마폭(幅邊) ⑦-379

치면緇冕 ①-92

치면希冕 ①-92 ⑤-190

치면希冕(緇冕) ①-326

치명致命 ①-302 ④-35, 123, 288 ⑤-197

치모정쇄緇冒赬殺 ⑦-63

치문雉門 ④-133 ⑤-42

치사緇纚 ①-121

치사緇纚 → 검은색 머리싸개

치사緇絲 ①-89

치사致辭 ⑤-197

치산어지置算於地 ②-353

치삼승觶三升 ⑧-207

치상緇裳 ①-278, 284

치상緇裳 → 검은색 치마

치색緇色 ①-89, 93

치어향리齒於鄉里 ②-328

치어향인齒於鄉人 ②-505

치옹致饔 ④-281

치우주인致于主人 ⑧-576

치위사徵爲事 ③-388

치의緇衣 ①-316

치의고구緇衣羔裘 ⑥-253

치이緇袘 ①-316

치자致者 ③-130, 314

치작致爵 ③-106, 450 ⑧-128, 134, 580

치작우주부致爵于主婦 ⑧-591

치작우주인致爵于主人 ⑧-591

치작주부致爵主婦 ⑧-584

치작주인致爵主人 ⑧-521, 542

치작지례致爵之禮 ③-449

치장治藏 ①-93

치재致齋 ⑧-254, 263

치재致齊 ⑧-30

치전時田 ①-489

치조治朝 ①-495 ④-24, 315

치조굉緇組紘 ①-121

치조굉緇組紘 → 검은색 끈목으로 만
든 관끈

치준緇純 ⑦-379

치중우중정置重于中庭 ⑦-98

치질緇質 ⑦-62

치폐致幣 ④-224

치포緇布 ⑦-443

치포관緇布冠 ①-32, 121, 123, 127,
137 ⑥-21

치포관의 뒷부분(項) ①-163

치포상유緇布裳帷 ⑦-402

치포의緇布衣 ①-89, 133, 148

치포준緇布純 ②-170, 474 ③-29
④-151

치피훈리緇被纁裏 ①-399

치필緇韠 ⑧-202

치필緇韠 → 검은색 무릎가리개

치필용사雉必用死 ①-458

친친親 ⑥-133

친견시구親見尸柩 ⑥-256

친계속親戒速 ⑤-131

친군명사致君命辭 ③-217

친복親服 ⑥-104

친부親父 ①-221

친부적존親不敵尊 ⑥-192

친소親疏 ⑥-19

친소융쇄지례親疏隆殺之禮 ⑥-19

친소행례지처親所行禮之處 ⑦-353

친시사親始死 ⑥-48

친압親狎 ②-166

친영親迎 ①-282, 392

친이진親以進 ⑦-46

친자수親者襚 ⑦-45

친자재실親者在室 ⑦-35

친자촉親者屬 ⑥-84

친제사親娣姒 ⑥-245

친준親餕 ⑧-602

친철親徹 ①-355 ⑤-134

친총구경사닐親寵苟敬私昵 ③-126

친친親親 ①-280 ⑥-192

친탈부지영親說婦之纓 ①-343

칠거漆車 ①-317 ⑦-399

칠궤漆几 ④-151

칠궤漆几 → 검은 칠을 한 안석

칠반七飯 ⑧-553

칠세츤치七歲齔齒 ⑥-170

칠십로이전七十老而傳 ①-439

칠십자七十子 ①-45

칠월불영질七月不纓絰 ⑥-173

칠월생치七月生齒 ⑥-170

칠일국중남녀복七日國中男女服
⑥-162

칠일수사장七日授士杖 ⑥-43

칠체七體 ⑧-554

칠통漆桶 ⑦-347

침寢 ①-183 ③-24

침沈 ⑤-228

침枕 ⑦-79

침동寢東 ③-33

침묘寢廟 ①-178

침문寢門 ①-156, 188, 306 ③-33
　④-28

침불탈질대寢不說経帶 ⑥-25

침상 위에 깔개(第) ⑦-364

침상의 깔개(第) ⑦-115

침와지석寢臥之席 ⑦-123

침우寢右 ④-216 ⑤-56 ⑦-507

침유석寢有席 ⑥-49

침점침괴寢苫枕塊 ⑥-25 ⑦-177,
　394

침제沈齊 ①-139

칭수자지자稱酬者之字 ②-436

큰사슴고기 젓갈(麋臡) ④-105

큰어머니(世母) ⑥-144

ㅋ

칼집 위의 옥 장식(瑒) ①-250

콩잎(藿) ⑤-148

큰 가마솥(鬻) ⑧-61

큰 동이(大盆) ⑧-284

큰사슴고기(麋) ⑧-279

ㅌ

타秅 ④-217, 456

타墮 ⑧-341

타墮 → 고수레를 할 제물

타墮 → 제물

타개他介 ④-306

타시妥尸 ⑦-473 ⑧-87

타제綏祭 ⑦-528 ⑧-340, 360, 564

타제墮祭 ⑦-476 ⑧-88, 317

타하墮下 ⑦-477

탁卓 ⑤-196

탁濯 ⑦-55

탁극櫻棘 ⑦-61

탁상卓上 ⑤-199

탁왕손卓王孫 ⑤-196

탁체왈의度體曰儀 ⑧-499

탈挩 ②-224

탈결습說決拾 ③-386

탈구說屨 ②-146, 435

탈구즉구의說屨則摳衣 ②-451

탈모說髦 ⑦-391

탐醓 ⑤-65

탐해醓醢 → 고기즙

탐해醓醢 ④-210 ⑤-65 ⑧-305

탐해醓醢 → 고기젓갈

탕簜 ③-267

탕목湯沐 ⑦-404

탕장湯漿 ⑦-277

태갱泰羹 ⑦-479

태갱읍泰羹湆 ⑦-479

태고관포大古冠布 ①-253

태뢰大牢 ④-59

태뢰太牢 ④-103

태배鮐背 ①-236

태복大僕 ③-43, 142

태사大姒 ①-430

태사大師 ②-94, 262, 413 ③-163

태사大史 ③-280, 409 ⑤-207

태상大常 ⑤-221

태수太守 ②-25

태왕大王 ③-161

태음太陰 ⑤-223

태자문학太子文學 ①-68

태재大宰 ③-62

태조大祖 ⑥-109

태조묘太祖廟 ①-385

태조지정체太祖之正體 ⑥-160

태주大蔟 ③-167, 264

태축泰祝 ④-44

태학太學 ②-518

택澤 ②-435, 501

택宅 ⑦-213

택궁澤宮 ②-500

택란澤蘭 ⑦-420

택부왈륜擇膚曰倫 ⑧-499

택빈지현자擇賓之賢者 ⑧-393

택생擇牲 ⑧-247

택전宅田 ①-522, 523

토토兔 ③-490 ⑤-120

토끼고기를 담은 세발솥(腊鼎) ⑧-73

토물유의土物有宜 ④-396

토석兔腊 ①-307 ⑧-397

토석兔腊 → 말린 토끼고기

통統 ⑧-143

통각기두通刻其頭 ①-140

통례通例 ①-27

통문상지通問相知 ⑦-305

통백通帛 ④-54 ⑦-51

통백위전通帛爲旜 ⑦-51

통어공統於公 ②-185

통어기석統於其席 ⑧-402

통어기위統於其位 ⑧-143

통어당統於堂 ②-179, 186

통어대統於敦 ⑦-513

통어동統於東 ⑧-73

통어두統於豆 ④-215

통어문統於門 ②-179

통어빈統於賓 ②-474

통어빈객統於賓客 ⑧-401

통어생統於牲 ⑧-276

통어정統於鼎 ⑦-447

통어존統於尊 ②-248

통어후統於侯 ③-274

통재通裁 ⑦-75

통해通解 ①-23

퇴공退共 ②-116

퇴규退圭 ④-73

퇴립退立 ②-436

퇴립우서단退立于序端 ②-126

퇴복위退復位 ④-73

퇴사追師 ①-319

퇴읍退揖 ④-316

투구(胄) ⑦-278

투호投壺 ③-188

특特 ①-178

특特 → 단독

특달特達 ④-52

특돈特豚 ①-209, 210, 306, 358, 380

특돈特豚 → 새끼 돼지 한 마리

특면特面 ④-259

특배特拜 ⑦-42

특부特膚 ⑤-67 ⑧-307

특생特牲 ⑦-311

특생궤사特牲饋食 ⑧-24

특생삼정特牲三鼎 ⑦-311

특선수特鮮獸 ⑦-318

특시特豕 ⑧-20

특시궤사特豕饋食 ⑦-441

특약特礿 ⑦-561

특우特牛 ⑧-20

특정特鼎 ⑧-72

특조特俎 ⑧-237

특현特縣 ②-182 ③-34, 269

특현경特縣磬 ③-34

ㅍ

파여우비播餘于篚 ⑦-479

파여우회播餘于會 ⑦-479

파의이임제跛倚以臨祭 ⑧-389

판板 ④-362

판판瓣 ⑧-65

판현判縣 ③-34, 269

팔광八筐 ④-276

팔궤八簋 ④-97, 211

팔다리(四體) ⑥-102

팔두八豆 ④-97, 210

팔반八飯 ⑧-552, 553

팔산八筭 ②-348 ③-410, 414

팔세츤치八歲齔齒 ⑥-169

팔시八矢 ②-413

팔월생치八月生齒 ⑥-169

팔음八音 ②-260

팔호八壺 ④-97, 212

패貝 ⑦-73, 267

패貝 → 조개껍질

패佩 ⑧-479

패건佩巾 ①-434

패건佩巾 → 차는 수건

패륵貝勒 ⑦-417

패삼실우변貝三實于籩 ⑦-73

팽祊 → 묘문

팽亨 ①-210

팽생체지기왈확亨牲體之器曰鑊 ⑧-284

팽이역祊而繹 ⑧-390

팽제祊祭 ⑧-396

팽지어동방祊之於東方 ⑧-396

편編 ①-319 ⑧-310

편가偏駕 ⑤-191, 233, 234

편가지거偏駕之車 ⑤-233

편경編磬 ②-98, 256

편고編藁 ⑥-48

편기중앙編其中央 ⑤-31

편성徧省 ④-450

편시유지便尸捳之 ⑧-337

편옥偏屋 ⑥-48

편조徧覠 ④-450

편존偏存 ④-450

편집緶緝 ①-91

편헌내천徧獻乃薦 ⑧-498

폄窆 ④-209 ⑦-341

폄사窆事 ⑦-272

폄용목窆用木 ④-209

평고대(柎) ⑦-50

평민무특平民無忒 ③-266

평상시 타고 다니는 수레(乘車) ⑦-187

평상지조석平常之朝夕 ⑦-207

폐韠 ⑦-417

폐肺 ①-307 ②-173, 223, 478 ⑤-77 ⑧-91, 234

폐肺 → 허파

폐蔽 ①-141 ⑦-397

폐蔽 → 수레 양옆의 가림막

폐幣 ①-519

폐幣 → 비단

폐算 ⑧-274

폐算 → 발

폐경蔽敬 ④-120

폐대廢敦 ⑦-54, 55

폐대廢敦 → 다리가 없는 밥솥

폐미즉몰례幣美則沒禮 ④-397

폐백幣帛　④-369

폐백바구니(筐)　①-350　⑦-73, 74

폐백바구니의 덮개(筐蓋)　①-400

폐슬蔽膝　①-91

폐유여호閉牖與戶　⑧-603

폐의廢衣　⑦-374

폐작廢爵　⑦-485, 545

폐제肺祭　⑦-477　⑧-89, 90

폐존자지제廢尊者之祭　⑥-242

포匏　②-259　③-156

포匏 → 박

포脯　①-176, 217　②-44, 46, 222,
　389　⑦-503, 542　⑧-397

포脯 → 말린 고기

포苞　⑦-272, 275

포鮑　⑧-437

포蒲　①-140　⑦-396

포袍　⑦-65, 96

포袍 → 속옷

포袍 → 솜옷

포갑(服)　⑦-397

포건布巾　⑦-59

포귀초抱龜燋　⑦-227

포단의布單衣　⑦-76

포대布帶　⑥-36

포대布帶 → 베로 만든 허리띠

포돈炮豚　③-177

포막布幕　④-72

포막우침문외布幕于寢門外　④-28

포막이승폐布幕以承幣　④-29

포벽蒲璧　①-192, 282　④-373
　⑤-184

포변脯籩　⑧-568

포별炮鼈　③-490

포사정脯四脡　⑦-148

포생苞牲　⑦-325

포석布席　①-160

포석蒲席　①-94

포석蒲席(부들자리)　①-94

포연蒲筵　①-124　②-158, 170, 435,
　474　③-29　⑤-143

포연蒲筵 → 검은 베로 가선 장식을
　한 부들자리

포연蒲筵 → 부들자리

포연상蒲筵常　④-151

포오직脯五臘　④-403

포용변脯用籩　②-477

포의상상布衣牀上　⑦-86

포의이소상布衣而素裳　①-82

포의이후래布衣而後來　⑦-188

포이苞二　⑦-275

포인包人　③-32

포작蒲勺　①-140　⑧-274

포장炮牂　③-177

포재조동脯在棗東 ⑧-568

포제炮祭 ⑧-100

포좌布髽 ⑥-66

포진신좌布陳神坐 ⑧-288

포진왈연鋪陳曰筵 ②-158

포첨布襜 ⑦-399

포총布總 ⑥-33, 259

포최상이마질대布衰裳而麻経帶
　⑥-223

포추蒲蒭 ⑦-397

포폐蒲蔽 ⑦-396

포필유표袍必有表 ⑦-65

포해脯醢 ①-125, 140, 205　③-67,
　303, 342　⑧-143

포후布侯 ②-208, 435, 487

폭변幅邊 ⑦-379

폭변幅邊 → 치마폭

폭삼구幅三袧 ⑥-261

표豹 ②-488

표麃 ⑥-76

표곡이미식豹鵠而糜飾 ③-258

표괴지비薼蒯之菲 ⑥-72

표구表裘 ⑦-189

표구불입공문表裘不入公門 ⑦-189

표후豹侯 ②-208

푸른색 끈목으로 만든 관끈(靑組纓)
　①-121

품稟 ④-345

품덕品德 ③-197

품상식品嘗食 ①-508

품식稟食 ④-341

풍豐 ②-106, 282, 376　③-27, 365
　④-402　⑤-34, 70

풍豐 → 술동이 받침대

풍豐 → 술잔 받침대

풍䴷 ⑧-419, 420

풍䴷 → 볶은 보리

풍년내유서직豐年乃有黍稷 ⑧-344

풍대부지례豐大夫之禮 ⑧-420

풍비豐碑 ④-230

풍송諷誦 ③-234

풍화지원風化之原 ②-257

피髮 ①-319

피皮 ①-380　④-29, 141

피皮 → 가죽

피皮 → 짐승가죽

피辟 ⑤-42

피披 ⑦-268

피披 → 끈

피被 → 이불

피구皮屨 ①-249

피구皮屨 → 가죽신발

피군辟君 ④-276

피마皮馬 ④-29

(ㅎ)

하苄 ⑧-209

하叚 ⑧-109

하간헌왕본河間獻王本 ①-17

하갈구夏葛屨 ⑦-67

하갑下甲 ⑧-308

하강下綱 ②-204 ③-484

하강下綱 → 아랫줄

하개下个 ②-208

하개下介 ⑤-187

하개상족下个象足 ②-509

하관下管 ③-240

하관下棺 ⑦-341

하관이율요下棺以綍繞 ④-230

하규夏葵 ⑧-208

하내지황苄乃地黃 ⑧-209

하달下達 ①-276

하대下敦 ⑧-345

하대下敦 → 남쪽의 밥그릇

하대부下大夫 ⑤-119

하대부무존빈下大夫無尊賓 ⑧-603

하대부지신下大夫之臣 ⑧-203

하독下牘 ①-95 ⑦-219

하독下牘 → 아래통

하리下利 ⑧-295

하리승시下利升豕 ⑧-295

하리집시조下利執豕俎 ⑧-307

하만夏縵 ⑦-423

하문下門 ④-426

하물下物 ②-301 ③-372

하물반사夏物半死 ④-56

하배下拜 ③-114, 320

하벽下璧 ⑤-218

하벽下辟 ①-91

하보불기夏父弗綦 ⑧-227

하본재좌下本在左 ⑦-112

하비下篚 ①-139 ②-482 ⑧-359

하비下篚 → 당 아래의 대광주리

하사下射 ②-287, 301, 358 ③-372

하사下士 ③-39

하사叚辭 ⑧-109, 342

하사공묘下士共廟 ⑥-60

하사공묘下士共庿 ⑦-411

하사조녜공묘下士祖禰共廟 ⑦-239

하사칭자下射稱字 ②-288

하상下庠 ②-305

하상下殤 ⑥-165

하상下裳 ①-133

하상강이등下殤降二等 ⑥-204, 205, 237

하상대부지례下上大夫之禮 ⑧-604

하생下牲 ⑤-67

하설下舌 ②-208, 209, 435, 508

하수夏收 ①-262

하슬何瑟 ③-142

하옥夏屋 ①-115, 129, 131 ③-36

하옥夏屋 → 맞배지붕

하완下阮 ⑦-90, 121

하완상단下阮上簞 ⑦-364

하완상점下阮上簟 ⑦-162

하왈교夏曰校 ②-25

하왈류下曰留 ③-423

하왈쇄下曰殺 ⑦-63

하용규夏用葵 ⑦-518

하위말下爲末 ②-223

하음下飮 ⑧-532

하의(裳) ⑥-21

하적우색夏翟羽色 ⑦-27

하전夏篆 ⑦-423

하전불납苄翦不納 ⑦-177

하제下制 ③-262

하제下祭 ⑧-345

하제왈타下祭曰墮 ⑦-477 ⑧-345

하제조夏祭竈 ⑦-363

하종夏宗 ①-455

하좌식下佐食 ⑧-320

하준下蕇 ⑧-188, 379

하준下餕 ⑧-187, 378

하지우사인下至于私人 ⑧-544

하채夏采 ⑦-24

하체下體 ⑧-349

하체 부분(殺) ⑦-62

하초夏楚 ②-515

하초이물夏楚二物 ②-515

하추용생규夏秋用生葵 ⑦-518

하축夏祝 ⑦-77, 83, 99, 245

하향下鄕 ②-301

하회夏會 ⑤-217

하회동夏會同 ⑤-217

하후씨이궐夏后氏以厥 ①-201

하후씨이용작夏后氏以龍勺 ⑧-274

하후씨제심夏后氏祭心 ⑧-300

하후씨즐주夏後氏堲周 ⑦-343

하후씨지사련夏后氏之四連 ⑧-274

하후씨질夏后氏質 ①-262

학곡堅穀 ⑦-182

학관學官 ①-17

학교지사學校之士 ③-39

한 겹(一重) ②-248

한구거寒具筥 ④-87

한 몸(一體) ⑥-102

한서지복寒暑之服 ④-128

한유漢儒 ①-22 ⑥-61

한척漢尺 ①-30

한천韓穿 ④-144

한학漢學 ①-22

할기복이위대련割其腹以爲大臠

⑧-428

할두조轄頭粗 ④-302

할부정불식割不正不食 ⑧-299

할폐割肺 ①-210

함含 ⑦-44

함가이복咸加爾服 ①-234, 241

함상舍牀 ⑦-90

함상舍牀 → 반함을 할 침상

함옥含玉 ①-140

함이緘耳 ⑦-340

함이緘耳 → 묶은 줄

함이주옥含以珠玉 ⑦-44

함일상含一牀 ⑦-86

함종函鍾 ③-167

함추뉴含樞紐 ⑥-136

합근合卺 ①-311

합금석사죽이가지合金石絲竹而歌之
    ②-257

합문閤門 ④-132

합문闔門 ⑦-352

합부合祔 ⑦-560

합비闔扉 ①-446

합승合升 ①-306 ⑦-152

합승사체合升四鬐 ⑦-152

합승좌우반合升左右胖 ⑧-280

합식왈배合食曰配 ⑧-250

합악合樂 ②-105, 150, 260, 459

③-161, 164

합악낙빈合樂樂賓 ②-254

합악삼종合樂三終 ③-165

합유호闔牖戶 ⑧-603

합제어조두지제合祭於俎豆之祭
    ⑧-321

합족合足 ②-311, 318

합족이사合足而俟 ②-311 ③-380

합좌우체승어정合左右體升於鼎
    ⑦-152

합증왈이合蒸曰餌 ⑧-490

합향악무차수合鄕樂無次數 ②-457

합호闔戶 ⑦-173

합혼인合昏姻 ①-276

항桁 ⑦-276

항項 ①-163, 168 ⑥-33

항項 → 치포관의 뒷부분

항行 ④-41

항금抗衾 ⑦-375

항금이욕抗衾而浴 ⑦-375

항례伉禮 ③-62

항례抗禮 ⑧-161

항목抗木 ⑦-272, 280

항목간抗木刊 ⑦-419

항목횡삼축이抗木橫三縮二 ⑦-272

항백巷伯 ⑦-406

항석抗席 ⑦-272, 273

항중抗重 ⑦-324

해醢 ①-176, 294, 308, 334 ②-45,
   222, 389, 452 ⑦-444, 459, 476,
   488, 503, 535, 545 ⑧-72, 95, 167,
   419, 448

해醢 → 고기젓갈

해醢 → 돼지고기 젓갈

해解 ③-484 ⑦-120

해강解綱 ③-484

해두醢豆 ⑧-82

해두醢豆 → 달팽이 젓갈을 담은 나무
   제기

해이두醢以豆 ②-477

해인醢人 ③-32

행궁行宮 ⑤-171

행근례行覲禮 ⑤-164

행기行器 ⑦-326

행도우오사行禱于五祀 ⑦-360

행불상行不翔 ⑦-362

행석폐行釋幣 ④-323

행신行神 ④-41

행신行神 → 길신

행이사하行以肆夏 ③-294

행이장공왈상行而張拱曰翔 ①-489

행이장족왈추行而張足曰趨 ①-489

행적례行敵禮 ④-453

행주行主 ⑤-182

향鄕 ①-191 ②-20, 168

향豂 ④-208 ⑤-85

향饗 ④-279 ⑤-31, 212 ⑧-88

향享 ④-51, 52 ⑤-195

향남직진지向南直陳之 ⑧-435

향내상수鄕內相隨 ⑧-280

향당鄕堂 ②-293

향대부鄕大夫 ①-33 ②-19, 414,
   435

향락유욕鄕樂唯欲 ②-164, 469

향례饗禮 ①-33, 197, 365, 376
   ④-279 ⑤-31, 212

향례享禮 ④-144

향로鄕老 ②-21

향리鄕吏 ②-21

향미지명香美之名 ⑤-85

향복鄕服 ②-160

향복鄕服 → 어제 입었던 옷

향사饗辭 ⑦-554

향사鄕射 ②-435

향사위의생鄕射威儀省 ②-313

향삼물鄕三物 ②-21

향상鄕庠 ②-200

향색부鄕嗇夫 ①-74

향선생鄕先生 ①-32, 191 ②-435,
   468

향수鄕遂 ⑦-371

향신饗神 ⑧-98, 310

향신사饗神辭 ⑦-464

향악鄕樂 ②-106, 164, 257, 457
③-225

향유성자饗有腥者 ⑤-56

향음주례鄕飮酒禮 ②-19

향의 학교(庠) ②-35

향의 학교 문(庠門) ②-97

향인鄕人 ②-22, 168, 389

향자暴者 ①-469

향중노인鄕中老人 ①-191

향하제지向下祭之 ⑧-345

향학鄕學 ①-33 ②-37, 194, 301

향합香合 ⑦-534

향헌享獻 ⑤-163

향후鄕侯 ②-435, 506

허가許嫁 ①-383 ⑥-32

허락許諾 ①-86 ②-412

허리띠(帶) ②-296 ③-374

허리띠(大帶) ①-89

허리띠(紳) ①-148

허반虛反 ⑦-26

허불부용虛不復用 ⑧-455

허숙중許叔重 ⑦-429

허작虛爵 ②-227 ③-75, 79, 351

허조虛俎 ⑧-455

허치虛觶 ③-117

허파(肺) ①-307 ②-173, 391, 478
⑧-293

헌獻 ①-195, 365 ②-389, 439
⑧-20, 112

헌개獻介 ②-68

헌공獻工 ②-435, 479 ③-349

헌공여생獻工與笙 ②-262

헌내형제獻內兄弟 ⑧-150

헌대부獻大夫 ②-479

헌례獻禮 ②-235 ③-87

헌불용작獻不用爵 ③-289

헌빈獻賓 ②-39, 221 ⑧-143

헌사인獻私人 ⑧-584

헌사인우조계상獻私人于阼階上
⑧-517

헌사지례獻士之禮 ③-197

헌상좌식獻上佐食 ⑧-564

헌생獻笙 ③-157

헌서자지례獻庶子之禮 ③-197

헌성獻成 ⑦-222

헌소獻素 ⑦-222

헌수교착獻酬交錯 ⑧-547

헌수유절獻酬有節 ②-460

헌시獻尸 ①-195 ⑧-357, 418, 482

헌용작獻用爵 ②-476

헌용작기타용치獻用爵其他用觶
②-171

헌유獻侑 ⑧-521

헌작獻酢 ②-158

헌종자獻從者 ④-325

헌좌식獻佐食 ⑧-113, 127

헌주獻酒 ②-437 ③-284

헌주獻主 ③-60, 62

헌주중軒輈中 ⑦-435

헌중형제獻衆兄弟 ⑧-150

헌축獻祝 ⑧-111, 348, 364, 564, 570

헌하좌식獻下佐食 ⑧-564

헌현軒縣 ③-34, 267

헌형제獻兄弟 ⑧-133, 509

헌획자우후獻獲者于侯 ②-389

헌후포석獻後布席 ③-343

혁대革帶 ①-82 ⑥-21, 39

혁로革路 ⑤-209 ⑦-259

혁로革輅 ⑤-233

혁로조영革路條纓 ⑦-259

혁순革順 ⑧-297

현見 ⑦-342

현鉉 ①-210, 313

현縣 ②-204, 259 ③-24, 156

현縣 → 걸어 둔 악기

현弦 ②-425

현絇 ④-371

현玄 ①-82 ⑤-182

현가弦歌 ③-234

현경縣磬 ②-204

현곤玄袞 ⑤-205

현관玄冠 ①-73, 81, 133 ③-219
　　⑥-253 ⑧-24, 202

현관玄冠 → 검은색 비단으로 만든 관

현관을 쓰고 조복을 입는다(玄冠朝服)
　　①-76

현관조복玄冠朝服 → 현관을 쓰고 조
　　복을 입는다

현단玄端 ①-116, 119, 120, 146,
　　147, 156 ②-161, 211, 435, 465
　　③-219 ⑤-25 ⑧-59, 203

현단玄端 → 검은색 베로 만든 웃옷

현단복玄端服 ①-75, 278 ⑧-25

현단이의피변복玄端而衣皮弁服
　　②-168

현단흑구玄端黑屨 ①-247

현면玄冕 ①-82, 83, 326 ⑤-190

현면복玄冕服 ①-316

현면재계玄冕齊戒 ①-326

현모보쇄玄冒黼殺 ⑦-63

현백준玄帛純 ④-151

현북縣北 ③-353

현분보縣賁父 ①-270

현상玄裳 ①-119, 120, 147, 284
　　⑧-203

현상玄裳 → 검은색 치마

현손玄孫 ⑥-155

현우중縣于重 ⑦-100

현의玄衣 ①-147

현의玄衣 → 검은색 웃옷

현이소광見以蕭光 ⑧-310

현자賢者 ②-194

현자위본賢者爲本 ③-161

현자위빈賢者爲賓 ①-196

현조絢組 ④-371

현주玄酒 ①-125, 141, 178, 310
②-28, 202 ③-27, 53, 272 ⑧-61,
281

현주玄酒 → 물

현주재서玄酒在西 ①-310

현준玄尊 ③-272

현준玄尊 → 물을 담은 술동이

현중縣中 ②-256 ③-154

현중앙縣中央 ③-155

현지縣地 ⑥-55

현피훈리玄被纁裏 ④-87

현호이대곡縣壺以代哭 ⑦-136

현황玄黃 ①-120

현획賢獲 ②-372 ③-438

현훈玄纁 ④-39 ⑦-292

현훈계玄纁繫 ④-371

현훈속玄纁束 ⑦-295, 335

현훈속백玄纁束帛 ①-302 ⑦-295

현훈지율玄纁之率 ④-39

혈성血腥 ⑦-448 ⑧-310

혈성血腥 → 희생의 피와 날고기

혐유죄악嫌有罪惡 ④-304

협脅 ②-173, 478 ⑧-232, 234

협脅 → 갈비뼈

협挾 ②-277, 428

협篋 ①-121, 123 ⑤-205

협篋 → 상자

협篋 → 장방형의 상자

협궁挾弓 ②-306

협궁시挾弓矢 ②-314

협궁이횡집현挾弓以橫執弦 ⑦-62

협도夾道 ①-130

협로俠略 ⑦-315

협문당夾門堂 ⑧-31

협방중위정脅旁中爲正 ⑧-278

협배俠拜 ①-182, 188, 447

협배夾拜 ⑧-117

협비夾碑 ④-215

협사袷事 ⑦-328, 536

협상俠牀 ⑦-35

협상袷嘗 ⑦-561

협승시挾乘矢 ②-277, 295

협승시어궁외挾乘矢於弓外 ③-362

협시挾矢 ②-435, 493 ③-384

협실夾室 ④-104

협이골脅二骨 ⑧-232

협일개挾一个 ②-398

협일개이진挾一个以進 ②-411

협작夾爵 ②-435, 517 ③-232, 450
　⑧-570

협작俠爵 ⑧-340

협작배俠爵拜 ⑧-340

협제祫祭 ⑦-556

협종夾鍾 ③-167

협증祫烝 ⑦-561

협체祫禘 ⑦-561

협현挾弦 ③-443

형鈃 ④-100

형衡 ①-135, 143 ③-34

형衡 → 멍에

형鉶 ⑤-70 ⑦-444, 463, 478, 479
　⑧-48, 90, 463

형鉶 → 국그릇

형亨 ⑧-60, 226

형갱鉶羹 ⑤-73 ⑦-559

형갱성지우형鉶羹盛之于鉶 ⑤-74

형돈荊焞 ⑦-224

형모鉶芼 ⑤-148 ⑦-518 ⑧-82,
　208

형백形魄 ⑦-24, 27

형백귀우지形魄歸于地 ⑦-27

형염形鹽 ⑧-437

형인亨人 ⑤-30

형정鉶鼎 ⑤-74

형제兄弟 ⑦-352 ⑧-49, 509

형제곡兄弟哭 ⑦-360

형제구래兄弟具來 ①-239

형제구재兄弟具在 ①-234

형제언지兄弟言止 ⑧-539

형제이친닐래兄弟以親昵來 ⑧-509

형제장유입음兄弟長幼立飲 ⑧-509

형제장이번종兄弟長以燔從 ⑧-119

형제지국兄弟之國 ④-408

형제지복兄弟之服 ⑥-154

형제지자유자兄弟之子猶子 ⑥-106

형제지장兄弟之長 ⑧-509

형제지후생兄弟之後生 ⑧-538

형제지후생자兄弟之後生者 ⑧-538

형제필균현兄弟畢袗玄 ①-146

혜醢 ④-215

혜醢 → 식초

혜곡醢穀 ④-215

혜불과족친惠不過族親 ⑧-186

혜육醢肉 ④-215

혜장醢醬 ①-308, 309 ⑤-63

혜장醢醬 → 식초로 조미한 장

호琥 ①-198 ④-282 ⑤-218

호虎 ②-488

호好 ⑤-171

호弧 ⑤-183

호瑚 ⑧-191

호呼 ⑧-220

호戶 ⑤-33 ⑧-61, 128

호戶 → 문

호壺 ④-100, 213 ⑧-48

호壺 → 술동이

호동戶東 ①-175

호랑이의 머리를 장식한 산가지통(虎中) ②-519

호서戶西 ①-174, 206 ③-29 ⑧-400

호서戶西 → 실문의 서쪽

호수보건가실胡壽保建家室 ⑧-381

호약문互約文 ④-182

호유지간戶牖之間 ②-201

호이수琥以繡 ①-521

호전餬饘 ⑥-48

호종扈從 ⑦-399

호중虎中 ②-285, 435, 519 ③-188

호중虎中 → 호랑이의 머리를 장식한 산가지통

호총縞總 → 비단으로 만든 머리끈

호총이추상縞總以趨喪 ⑥-65

호표虎豹 ②-435, 487

호표지피虎豹之皮 ⑤-196

호황작琥璜爵 ④-282

호후虎侯 ②-208

혹용혹유或春或抗 ⑧-430

혼昏 → 저녁

혼거魂車 ⑦-257

혼기魂氣 ⑦-27

혼기귀우천魂氣歸于天 ⑦-27

혼례昏禮 ①-273, 379

혼사昏辭 ①-409

혼유溷腴 ⑧-279

혼인閽人 ③-210

혼인위형제婚姻爲兄弟 ⑦-37

혼천가渾天家 ⑦-280

혼혼昏昕 ①-379

홀笏 ⑦-66

홀수의 날짜(剛日) ⑧-254

홍鴻 ②-435, 492

홑이불(衿) ⑦-147, 383

화和 ②-482

화和 → 연주에 맞추어 노래하는 악공

화禾 ④-98

화禾 → 볏짚

화貨 ④-397 ⑤-196

화貨 → 재화

화려한 무늬 비단(錦) ①-148

화살(矢) ②-282

화살꽂이 통(福) ②-282, 404, 430 ③-391

화살대(矢幹) ②-293 ③-419

화살막이(乏) ②-205, 392

화살이 나가는 길(達) ⑦-433

화살촉(鏃) ②-339

화살통(笮) ⑦-278

화시사뢰禾視死牢 ④-98

화오미지보기和五味之寶器 ⑦-241

화용和容 ②-199

화이말마禾以秣馬 ④-60

화재왈부貨財曰賻 ⑦-301

화재지왈료火在地曰燎 ⑦-152

화톳불(火燋) ⑦-143

화톳불(燎) ⑦-315

확膗 ④-208, 209

확膗 → 고깃국

확鑊 ①-201, 210 ⑧-61, 269

환葟 ⑦-518 ⑧-208, 209

환葟 → 바꽃

환葟 → 제비꽃

환관장가還館裝駕 ④-296

환궁桓宮 ④-308

환규桓圭 ①-192 ④-373 ⑤-184

환기후還其後 ②-323

환벽還璧 ⑤-168

환시후중還視侯中 ③-380

환옥還玉 ④-291

환옥우관還玉于館 ④-287

환왈단圜曰簞 ⑦-76

환우還右 ③-419

환위음식歡謂飮食 ②-63

환의擐衣 ⑦-464

환장還璋 ④-290

환지還摯 ①-481

환질環絰 ⑥-252

환폭環幅 ⑦-59

환폭불착環幅不鑿 ⑦-59

환호圜壺 ②-207 ③-27, 273

환호圜壺 → 원형 술동이

활(弓) ②-282

활滑 ⑤-148

활고자(弭) ⑦-432

활고자(簫) ②-312 ③-381

활깍지(決) ②-276, 282, 358, 366
　⑦-61

활도지개(柲) ⑦-433

활시위를 매는 곳(依) ⑦-433

활쏘기 시범(誘射) ②-511

활쏘기에 필요한 기물(射器) ③-364

활어(生魚) ⑤-125

활어(鮮魚) ④-99

활의 줌통(拊) ②-277

활중闓中 ⑥-263

활집(韣) ⑦-434

활팔찌(遂) ②-276, 358, 366

활팔찌(拾) ②-282, 378

황璜 ①-198 ④-282 ⑤-218

황䁠 ①-409 ③-217 ④-124

황皇 ④-390

황荒 ⑦-266

황간黃骭 ⑦-362

황고皇姑 ①-375, 378

황고皇姑 → 시어머님

황고모씨皇姑某氏 ①-375

황구皇舅 ①-374, 378

황구皇舅 → 시아버님

황고모자皇考某子 ④-418

황구모자皇舅某子 ①-374

황구무강黃耈無疆 ①-234

황명䁠命 ①-415

황밀皇密 ⑥-97

황발黃髮 ①-235

황상黃裳 ①-119, 120 ⑧-203

황상黃裳 → 누런색 치마

황새머리(鬐) ⑦-401

황시皇尸 ③-141 ⑦-487 ⑧-93, 327

황시명공축皇尸命工祝 ⑧-342

황시미실皇尸未實 ⑧-327

황시졸작皇尸卒爵 ⑦-487

황시청거작皇尸請擧爵 ⑧-132

황이보璜以黼 ①-521

황조皇祖 ⑧-79

황조모보皇祖某甫 ④-418

황조모자皇祖某子 ⑧-27

황조백모皇祖伯某 ⑧-251, 258, 309

황조비모씨皇祖妣某氏 ⑦-553

황종黃鍾 ③-167

황종黃琮 ⑤-218, 225

황즉함추뉴黃則含樞紐 ⑥-136

황차행皇且行 ④-394

해(爎) ⑦-224

횃불(爎) ③-210

횃불(燭) ①-344 ⑦-315

회賄 ④-290, 291, 398

회會 ①-144, 335 ⑤-72, 216
⑦-209, 479, 492

회會 → 뚜껑

회會 → 솔기

회膾 ⑤-85

회膾 → 저민 생고기

회灰 ①-249, 398

회灰 → 재

회견문조會見問覜 ⑥-198

회귀상비懷歸傷悲 ③-144

회동會同 ③-39

회동이맹會同而盟 ⑤-217

회동지례會同之禮 ⑤-220

회리膾鯉 ③-490

회맹會盟 ④-361

회반會飯 ⑤-108

회반會飯 → 뚜껑 덮인 밥

회반폐賄反幣 ④-444

회용속방賄用束紡 ④-290

회차續次 ①-249

회폐賄幣 ④-318, 319

획獲 ②-315

획獲 → 명중

획산獲筭 ②-421

획이미석획獲而未釋獲 ②-315
　③-385

획자獲者 ②-205, 290, 364 ③-258,
　461

획자좌이획獲者坐而獲 ②-314
　③-385

획자지조獲者之俎 ③-457

획지지효畫地識爻 ⑧-28

횡궁橫弓 ②-335 ③-401, 403

횡대橫帶 ⑦-94

횡량橫梁 ②-216

횡복지橫覆之 ⑦-271

횡섭지橫攝之 ⑦-131

횡어하橫於下 ②-370

횡위橫委 ②-347

횡재橫載 ⑧-297, 522

횡재지橫載之 ⑧-428

횡재혁순橫載革順 ⑧-297

횡척橫脊 ⑧-229, 233, 277, 421

횡척橫脊 → 등뼈의 뒤쪽 부위

효殽 ①-381 ②-149 ③-177
　⑤-95 ⑧-235

효殽 → 뼈 붙은 희생고기

효효肴 ④-208 ⑤-85 ⑧-94, 95

효효肴 → 돼지고기 국

효爻 ⑧-28

효대絞帶 ⑥-21

효마效馬 ④-161, 171

효손孝孫 ④-418 ⑧-27, 79

효손모孝孫某 ④-418 ⑧-249

효승절조肴升折俎 ①-241

효양效羊 ④-171

효우시격孝友時格 ①-58, 239

효자모孝子某 ④-418

효자불감수孝子不敢殊 ⑥-73

효자지양례孝子之養禮 ⑧-372

효전殽全 ①-380

효증殽香 ⑧-235

효현상孝顯相 ⑦-558

후猴 ⑦-434

후후侯 ②-204, 435 ③-258 ⑤-219

후후侯 → 과녁

후경後脛 ⑦-325, 510

후경後脛 → 다리

후경골後脛骨 ②-173 ⑧-284

후경골後脛骨 → 희생의 뒤쪽 몸체

후경절취격後脛折取骼 ⑦-326

후관候館 ④-76

후관유적候館有積 ④-79

후급後扱 ④-403

후내侯內 ③-458

후대종後大宗 ⑥-109

후도侯道 ②-205, 507 ③-258, 417

후도侯道 → 과녁과 활 쏘는 사람 사
    이의 거리

후도오십보侯道五十步 ②-205

후백사적侯伯四積 ④-204

후백오개侯伯五介 ④-70

후백지사자侯伯之使者 ④-68

후부後夫 ⑥-138

후사폭後四幅 ⑥-261

후상後裳 ①-120, 133, 135 ⑦-379

후생後生 ⑧-538

후생위매後生爲妹 ⑥-140

후수後首 ②-90 ③-346

후순後肫 ⑦-313

후순後肫 → 뒷다리 뼈의 위쪽 부위

후승선강後升先降 ②-380

후시猴矢 ⑦-434

후신규侯信圭 ⑤-184

후씨侯氏 ⑤-164, 166

후씨환벽侯氏還璧 ⑤-168

후유상하강侯有上下綱 ③-411

후정례야後正禮也 ②-189

후족後足 ④-141

후중侯中 ②-290, 390, 435, 507
    ③-380

후직后稷 ④-101

후현지도厚賢之道 ③-174

훈훈膗 ④-208 ⑤-85

훈훈膗 → 양고기 국

훈葷 ①-505

훈纁 ①-93, 117, 134

훈纁 → 옅은 진홍색

훈구纁屨 ①-249

훈리纁裏 ⑦-61

훈변纁邊 ①-121~123

훈상纁裳 ①-117, 125, 132, 171, 316
    ⑦-64

훈상纁裳 → 옅은 진홍색 치마

훈상纁裳 → 진홍색 치마

훈상매겹纁裳袺輅 ①-171

훈유纁襦 ③-232

훈효膗臇 ⑧-325

훼불멸성毀不滅性 ⑦-137

훼종엽행毀宗躐行 ④-41

휘장(幃) ③-362

휴髹 ②-495

휴훼 ⑦-187

휴훼 → 수레바퀴원주

휴무주문休武主文 ②-500

흉노匈奴 ①-94

흉례凶禮 ①-29 ⑦-19

흉례애방국凶禮哀邦國 ③-252

흉배凶拜 ①-329 ④-91

흑黑 ⑧-420

흑黑 → 볶은 기장

흑구黑屨 ①-247

흑구黑絢 ①-249

흑즉즙광기黑則汁光紀 ⑥-136

흑증대黑繒帶 ①-82

흑증지대黑繒之帶 ⑦-65

혼昕 → 새벽

흙덩이(塯) ⑦-378

흙 받침대(西坫) ①-127

흙 받침대(坫) ⑧-60

흙 받침대 → 점坫

흥대興對 ②-228

흥대필강석興對必降席 ③-491

흥례사시興禮事尸 ⑧-394

흥무興舞 ②-199

희饎 ⑦-442 ⑧-60, 210

희餼 ④-59, 206

희餼 → 살아 있는 희생

희궁僖宮 ④-308

희생(牲) ①-303 ③-24 ④-59

희생고기의 뼈를 잘라서 올려놓은 희
생제기(折俎) ②-45, 389

희생의 뒤쪽 몸체(後脛骨) ②-173

희생의 앞쪽 몸체(前脛骨) ②-173

희생의 피와 날고기(血腥) ⑧-310

희생제기(俎) ①-39, 200 ⑤-53
⑧-269

희우犧牛 ⑧-21

희찬饎爨 ⑧-210, 226

희평熹平 석경石經 ①-15, 31

희흥噫興 ⑦-245

흰 강아지가죽(白狗皮) ⑦-396

흰 개가죽(白犬皮) ⑦-397

흰 명주(縛) ④-291

흰 베로 만든 관(白布冠) ①-254

흰색 무릎가리개(素韠) ①-80, 118
③-219

흰색 신발(白屨) ③-219

흰색 주름치마(素積) ①-73, 118, 248

흰색 치마 → 소상素裳

흰색 치마(素裳) ①-81

흰색의 안석(素几) ⑦-444

흰 웃옷에 붉은 옷깃(素衣朱襮)
①-321

색인

인물

㉠

가공언賈公彦　①-21, 74, 97　②-386

강균江筠　③-240

강영江永　①-23　⑧-54

강조석姜兆錫　⑧-410

경보慶普　①-16

경씨慶氏　①-17

경함慶咸　①-16

고광기顧廣圻　①-54

고당백高堂伯　①-61

고명건高明乾　⑧-67

고염무顧炎武　①-25　⑥-62

고유高愈　⑧-551

공안국孔安國　⑧-599

공영달孔穎達　①-20

공왕恭王　①-43

공첨孔僉　①-19

곽박郭璞　①-15, 94　④-229

곽중견郭仲堅　①-20

관헌요官獻瑤　⑧-31

교인橋仁　①-16

구양수歐陽脩　⑥-133

김악金鶚　⑤-49

김장생金長生　⑥-90

㉡

나초생羅椒生　①-28

노문초盧文弨　⑧-586

노식盧植　①-61　④-302

뇌정雷鄭　①-19

뇌차종雷次宗　①-19　⑥-134

능정감凌廷堪　①-27　⑤-49　⑧-332

㉢

단옥재段玉裁　①-15

대대大戴　①-16

대덕戴德　①-14, 16

대성戴聖　①-16

대진戴震　①-24

도홍경陶弘景　①-74　⑦-20

동균董鈞　①-18

두우杜佑　①-22

두자춘杜子春 ②-153, 463

ㄹ

류희劉熙 ⑥-69
리쉐친(李學勤) ④-91

ㅁ

마국한馬國翰 ①-43
마융馬融 ①-61, 74 ⑥-40
마정란馬廷鸞 ①-50
만사대萬斯大 ①-26 ⑥-145
맹경孟卿 ①-16
명산빈明山賓 ①-19
모진毛晉 ①-51
문인통한聞人通漢 ①-16

ㅂ

반고班固 ①-23, 78
방각方愨 ⑦-32
방포方苞 ①-26 ③-32, 39 ⑥-144
　⑧-480

ㅅ

사마균司馬筠 ①-19
사마소司馬昭 ①-62
사마염司馬炎 ①-62
서건학徐乾學 ①-27 ⑥-146
서량徐良 ①-16
서면徐勉 ①-22
서준명徐遵明 ①-20
선원쥐沈文倬 ①-17
섭숭의聶崇義 ①-23 ④-105
성세좌盛世佐 ①-26 ②-387, 431
　③-56
소대小戴 ①-16
소분蕭奮 ①-16
손영휘孫靈暉 ①-20
손희단孫希旦 ①-76 ⑥-46 ⑧-204
순숭荀崧 ①-15
신도경왕信都景王 ①-61
신재선생信齋先生 ①-54
심대성沈大成 ①-53
심동沈彤 ①-26
심문탁沈文倬 ⑥-40
심수沈洙 ①-19
심준沈峻 ①-19
심중深重 ①-20
쑨지(孫機) ①-46

㉠

자하子夏 ①-31

장돈인張敦仁 ①-49

장봉상張鳳翔 ①-25

장사형張士衡 ①-21

장석공張錫恭 ①-28

장순張淳 ①-22, 48 ⑧-331, 495

장이기張爾岐 ①-23, 107 ⑧-82

장일張鎰 ①-23

장참張參 ①-15

장평章平 ⑥-145

장혜언張惠言 ①-24

저인량褚寅亮 ①-26, 178 ③-239

전겸익錢謙益 ①-51

정사농鄭司農 ①-62, 77 → 정중

정시丁恃 ①-20

정안丁晏 ①-43

정약용丁若鏞 ⑥-90

정요전程瑤田 ①-24, 166 ⑥-99

정이천程伊川 ⑥-133

정중鄭衆 ①-62, 74

정현鄭玄 ①-15

정흥鄭興 ①-62

제오원선第五元先 ①-74

조원필曹元弼 ①-49

조충曹充 ①-18

조포曹襃 ①-18

주공周公 ①-65

주조영朱朝瑛 ①-25

주학건周學健 ⑧-440

주희朱熹 ①-23 ③-32 ⑥-92

중량자仲梁子 ⑦-32

증공曾鞏 ⑥-133

증예曾隸 ①-22

증체曾逮 ①-52

진개陳介 ①-64

진립陳立 ⑥-20

진몽가陳夢家 ⑥-40

진무동陳茂同 ⑤-191

진혜전秦蕙田 ①-23 ⑧-311

진호陳澔 ③-38

㉡

채덕진蔡德晉 ①-26 ②-439

채옹蔡邕 ④-327

척곤戚袞 ①-19

천명자(陳夢家) ①-17

첸쉬안(錢玄) ③-187 ④-135

초순焦循 ④-104

최개崔凱 ⑥-100

최영은崔靈恩 ①-19 ⑧-55, 383

ㅋ

카게야마 센이이치(影山誠一) ⑥-55

ㅌ

타니다 타카유키(谷田孝之) ⑥-41
태희太姬 ②-366

ㅍ

팽림彭林 ①-44
포천鮑泉 ①-19
피석서皮錫瑞 ①-20, 44

ㅎ

하간헌왕河間獻王 ①-61
하동지何佟之 ①-19
하안何晏 ⑧-599
하창賀瑒 ①-19

하후경夏侯敬 ①-16
하휴何休 ①-15
학경郝敬 ①-25 ②-387, 431 ⑥-76
학의행郝懿行 ⑤-73 ⑧-80
허신許愼 ①-96
혜동惠棟 ①-53
호광충胡匡衷 ①-24 ③-39 ⑧-254
호배휘胡培翬 ①-23 ④-101
호승공胡承珙 ⑤-199
호조흔胡肇昕 ②-459
화학천華學泉 ⑥-133
황간皇侃 ①-19 ④-302
황간黃榦 ①-23
황경黃慶 ①-21, 58
황비열黃丕烈 ①-50
황이주黃以周 ①-15 ⑤-49
황종희黃宗羲 ①-25
후정後鄭 ①-58 →정현
후지카와 마사카즈(藤川正數) ⑥-92
후창后倉 ①-16 ⑧-410

색인

서적

국자감國子監 주소본注疏本 ①-51

금문본 ①-14, 58

남감본南監本 ①-63

대대본大戴本 ①-73 ③-251

대덕본戴德本 ①-29

민각閩刻 주소본注疏本 ①-49

민본閩本 ①-50

방각본坊刻本 ①-55

번각翻刻 송宋 단주본單注本 ①-49

북감본北監本 ①-51, 63

소대본小戴本 ①-73 ③-251

송宋 단소본單疏本 ①-49

엄주嚴州 단주본單注本 ①-48

엄주본嚴州本 ①-49

엄중본淹中本 ①-17

영회당永懷堂 단주본單注本 ①-49

종인걸鐘人傑 단주본單注本 ①-49

「가화현학장서기嘉禾縣學藏書記」
    ①-51

「갈담葛覃」 ②-105 ③-161

「감본정오監本正誤」 ①-55

「개하祴夏」 ②-463

「거渠」 ②-106 ③-162

「걸수삼례찰자乞修三禮札子」 ①-53

「관저關雎」 ②-105 ③-161

「국풍國風」 ②-105

「권이卷耳」 ②-105 ③-161

「남산유대南山有臺」 ②-102 ③-160

「남유가어南有嘉魚」 ②-102 ③-160

「남해南陔」 ②-97 ③-154

「납하納夏」 ②-463

「녹명鹿鳴」 ②-92 ③-143, 349

「대명大明」 ②-106 ③-162

「면綿」 ②-106 ③-162

「명당음양明堂陰陽」 ①-17

「문왕文王」 ②-106 ③-162

「백화白華」 ②-97 ③-154

「번알繁遏」 ②-106 ③-162

「복전服傳」 ①-17

「사모四牡」 ②-92 ③-143, 349

「사하肆夏」 ②-106, 463 ③-162,
    287

「상복경전喪服經傳」 ①-31

「상복전喪服傳」 ①-45

「석거의주石渠議奏」 ①-22

「석경정오石經正誤」①-55

「소남召南」②-469 ③-161

「소뢰궤사례少牢饋食禮」⑧-71

「소아小雅」②-102

「소하昭夏」②-463

「송송頌」②-469

「숭구崇丘」②-102 ③-160

「시매時邁」③-287

「신궁新宮」③-225, 352

「아雅」②-469

「어리魚麗」②-102 ③-160

「역대연혁례歷代沿革禮」①-22

「오鶩」③-520

「오하鶩夏」②-463 ③-520, 521

「왕사씨기王史氏記」①-17

「왕하王夏」②-463

「유경由庚」②-102 ③-160

「유림열전儒林列傳」①-15

「유의由儀」②-102 ③-160

「육예론六藝論」①-41

「의례개술儀禮槪述」①-44

「의례방통도儀禮旁通圖」①-55

「의례정의서儀禮正義序」①-28

「이수貍首」③-476, 477

「작勺」③-226

「작소鵲巢」②-105, 460 ③-161

「장하章夏」②-463

「제하齊夏」②-463

「족하族夏」②-463

「종씨鍾氏」①-93

「주남周南」②-469 ③-161

「증손曾孫」③-477

「주송周頌」③-226

「채빈采蘋」②-105, 414, 460
③-161

「추우騶虞」②-413

「춘추전春秋傳」③-162

「해陔」②-151, 435, 461 ③-519

「해하陔夏」②-151, 435, 461
③-519

「화서華黍」②-97 ③-154

「황황자화皇皇者華」②-92 ③-143,
349

『개원례開元禮』⑥-143

『경의술문經義述聞』④-443 ⑤-50

『경전석문經典釋文』①-21, 52

『경절고의磬折古義』①-27

『경학역사經學歷史』①-44

『고공창물소기考工創物小記』①-26

『고론古論』⑧-599

『고문상서古文尚書』①-17

『고의례古儀禮』①-43

『공고기考工記』①-24

『광아소증廣雅疏證』⑧-273

『구경요의九經要義』①-54

『신정삼례도新定三禮圖』①-23
　③-70
『심의석례深衣釋例』①-24
『악경樂經』①-42
『역易』①-80
『연산連山』⑦-220
『영락대전永樂大全』①-25
『예禮』①-14
『예경禮經』①-14
『예경교석禮經校釋』①-49
『예경본의禮經本義』①-26
『예경석례禮經釋例』①-27　⑤-49
　⑦-32　⑧-332
『예경집주禮經集注』①-25
『예기禮記』①-14
『예기음禮記音』①-63
『예기의禮記義』①-63
『예기의의禮記疑義』①-26
『예기집설禮記集說』③-38
『예기집해禮記集解』①-76　⑧-204
『예서강목禮書綱目』①-23, 27
『예서통고禮書通考』①-24　⑤-49
『예위禮緯』⑤-202
『예친속기禮親屬記』⑥-140
『오경문자五經文字』①-15
『오경정본五經定本』①-20
『오경정의五經正義』①-20
『오례통고五禮通考』①-23

『옥함산방집일서玉函山房輯佚書』
　①-43, 62
『요의要義』①-54
『의례儀禮』①-14
『의례강목儀禮綱目』①-53
『의례경전통해儀禮經傳通解』①-23
　③-32
『의례관견儀禮管見』①-26
『의례도儀禮圖』①-24　④-104
『의례방통도儀禮旁通圖』①-24
『의례상儀禮商』①-26
『의례상교儀禮詳校』⑧-586
『의례상복족징기儀禮喪服足徵記』
　①-26
『의례석관儀禮釋官』①-24　⑧-254
『의례석궁儀禮釋宮』①-24
『의례석궁증주儀禮釋宮增注』①-26
　⑧-54
『의례석문儀禮釋文』①-52
『의례석의儀禮析疑』①-26
『의례소소儀禮小疏』①-26
『의례역주儀禮譯注』①-44
『의례요의儀禮要義』①-22
『의례음儀禮音』①-63
『의례의儀禮義』①-20, 63
『의례의소儀禮義疏』①-63
『의례의소견儀禮義疏見』①-63
『의례의의儀禮疑義』①-26

『의례일경전儀禮逸經傳』①-24

『의례장구儀禮章句』①-23, 26
　③-105 ④-229

『의례절해儀禮節解』①-25 ②-431

『의례정씨주儀禮鄭氏注』①-52

『의례정의儀禮正義』①-23 ②-397
　③-166

『의례정주구두儀禮鄭注句讀』①-23

『의례주儀禮注』①-21

『의례주소儀禮注疏』①-21 ③-32

『의례주소교감기儀禮注疏校勘記』
　①-49

『의례지오儀禮識誤』①-22 ⑧-331

『의례집석儀禮集釋』①-22 ②-431
　③-188

『의례집설儀禮集說』①-24

『의례집편儀禮集編』①-26 ②-431
　③-127

『이아爾雅』①-15 ②-482

『이아의소爾雅義疏』⑤-73

『일례逸禮』①-17

『일례부징逸禮扶徵』①-43

『일지록日知錄』①-58

『정화례政和禮』⑥-90

『제론齊論』⑧-599

『종법소기宗法小記』①-26

『주관周官』①-14

『주례周禮』⑧-35

『주례론周禮論』①-61

『주례음周禮音』①-63

『주례의周禮義』①-62

『주례의의周禮疑義』①-26

『주례정사농해고周禮鄭司農解詁』
　①-62

『주역周易』⑦-220

『주자가례朱子家禮』⑥-91

『주자어록朱子語錄』①-52

『중흥예문지中興藝文志』①-53

『집석集釋』③-237

『체우태묘례禘于大廟禮』⑧-250

『춘추공양전』④-102

『춘추공양전해고春秋公羊傳解詁』
　①-15

『춘추난기조례春秋難記條例』①-62

『춘추좌씨전』①-17

『춘추좌전』③-166

『칠경소전七經小傳』①-22

『통전通典』①-22

『통해通解』①-54 ③-237

『한례漢禮』①-18

『한서漢書』「경십삼왕전景十三王傳」
　①-14

『한서漢書』「예문지藝文志」①-14

『한예기제도漢禮器制度』⑦-83

『흠정의례의소欽定儀禮義疏』②-415